金融市场
创新与发展

纪志宏 ◎ 主　编

JINRONG SHICHANG
CHUANGXIN YU FAZHAN

中国金融出版社

责任编辑：黄海清　李　哲
责任校对：孙　蕊
责任印制：裴　刚

图书在版编目（CIP）数据

金融市场创新与发展（Jinrong Shichang Chuangxin yu Fazhan）/纪志宏主编 .—北京：中国金融出版社，2018.1
（新世纪中国金融改革与发展丛书）
ISBN 978 – 7 – 5049 – 9264 – 2

Ⅰ.①金… Ⅱ.①纪… Ⅲ.①金融市场—经济发展—研究—中国 Ⅳ.①F832.5

中国版本图书馆 CIP 数据核字（2017）第 262488 号

出版 中国金融出版社
发行
社址　北京市丰台区益泽路 2 号
市场开发部　（010）63266347，63805472，63439533（传真）
网上书店　http://www.chinafph.com
　　　　　（010）63286832，63365686（传真）
读者服务部　（010）66070833，62568380
邮编　100071
经销　新华书店
印刷　保利达印务有限公司
尺寸　169 毫米 ×239 毫米
印张　23.75
字数　296 千
版次　2018 年 1 月第 1 版
印次　2018 年 1 月第 1 次印刷
定价　79.00 元
ISBN 978 – 7 – 5049 – 9264 – 2
如出现印装错误本社负责调换　联系电话（010）63263947

新世纪中国金融改革与发展丛书
编 委 会

丛书编委会：

易 纲　陈雨露　潘功胜　范一飞　张晓慧
万存知　朱 隽　阮健弘　纪志宏　孙天琦
李 波　陆 磊　邵伏军　苟文均　钟 平
徐 忠　谢 众　霍颖励　穆长春

丛书编写工作组：

邵伏军　魏革军　苟文均　穆长春　钟 平
傅 勇　袁 鹰　黄海清　叶 蓁　匡 桦
孙国良

《金融市场创新与发展》
编委会

主　编：纪志宏
副主编：邹　澜　马贱阳
统　稿：高　飞　唐　磊

执　笔：第一章　唐　磊　袁沁敔
　　　　第二章　唐　磊　罗惟丹　郭辉铭
　　　　第三章　罗惟丹　邹春昊　李昕阳
　　　　第四章　曾　辉　马　捷
　　　　第五章　苟　宇　包晓川　史　祎
　　　　第六章　曹媛媛　王丽明　许　琛
　　　　第七章　曹媛媛　宋玮玮
　　　　第八章　罗惟丹　王浩年　张　颂
　　　　第九章　戴　赜　陆　杨　韩迪铮
　　　　第十章　苟　宇　曾梓梁　包晓川
　　　　第十一章　江会芬　张婕珂
　　　　第十二章　张美娟　鲍欣欣　罗　江

中国金融改革发展：
内在逻辑与若干经验

一、新世纪中国金融改革发展的背景和起点

自1978年党的十一届三中全会作出改革开放的决定以来，中国金融业开始了从计划经济体制向市场经济体制的深刻转轨。在传统的计划经济背景下，金融活动更多从属于财政活动，服从于经济计划，金融发展处于被抑制状态。随着人们对社会主义市场经济认识的逐步深化，以及改革开放进程的不断推进，需要尊重金融自身发展规律，对金融体系进行重大改革，减少干预，不断增强市场配置金融资源的作用。

（一）建立双层银行体系，引进市场经济金融体系基本结构

20世纪70年代末80年代初，我国尚处于向市场经济转轨的早期，当时的经济体制改革主要强调改变政府直接干预市场的做法，即通过政府调控影响市场，由市场引导企业，而不是由国家直接调控企业。1979年，国家决定在固定资产投资领域进行将财政拨款改为银行贷款的"拨改贷"试点，这要求银行改变其国家计划执行者和国家财政出

纳员的角色。

在这个背景下,按照邓小平同志"要把银行真正办成银行"的指导思想,当时金融领域改革的主要任务是引进市场经济金融体系的基本结构,厘清政府在金融领域的职能边界,重点是通过政企分开,将中央银行和商业性金融体系分开,构建一个双层银行体系。在这个体系中,中央银行专注于宏观调控、金融监管和为银行提供支付清算等金融服务;专业性金融机构则从人民银行独立出来,向企业和居民提供专业金融服务。按照该思路,自1979年开始,中国农业银行、中国银行、中国建设银行、中国工商银行等金融机构先后建立或恢复建立。建立双层金融体制是我国金融改革的第一步,具有非常重要的意义,否则后面对金融机构、市场、监管、调控的一系列改革都无从谈起。

(二)完善公司治理结构,推动国有专业银行向商业化转型

20世纪90年代早中期,工、农、中、建四大银行还是国有专业银行,分别服务于工商业、农业、国际业务和项目建设等领域,相互之间缺乏充分竞争。同时,这些银行还承担着各自领域的一些政策性业务,一旦国家有要求,银行必须予以支持,当时甚至出现"包饺子"贷款。这显然不符合竞争性市场的基本要求,也不利于金融健康发展。

1992年,党的十四大正式提出"我国经济体制改革的目标是建立社会主义市场经济体制",第一次把"社会主义基本制度和市场经济结合起来"。1993年,党的十四届三中全会通过了《关于建立社会主义市场经济体制若干问题的决定》,初步形成了社会主义市场经济基本框架。建立社会主义市场经济必然要求推动专业银行向商业银行转型,建立市场化的金融机构。而且,按照党的十四届三中全会关于建立现代企业制度的要求,银行作为商业性机构也应像国有企业一样进行公司治理改革,剥离政策性业务,转变为市场竞争主体。

基于上述考虑,1993年12月,国务院发布《关于金融体制改革的

决定》，决定成立国家开发银行、中国进出口银行、中国农业发展银行三家政策性银行，专门承担政策性金融服务。同时，要求专业银行逐步改革转变为国有独资商业银行，只承担商业性业务，不再按专业领域划分业务，相互之间可以交叉、竞争，以便改进服务。1995年，《商业银行法》出台，从法律上将工、农、中、建四家专业银行正式定位为国有商业银行。

（三）启动汇率改革，配合实体经济对外开放

1979年，为吸引外资，实施对外开放战略，我国颁布了《中外合资经营企业法》。搞中外合资，必然涉及外国资本到国内兑换人民币，必然要有合理的汇率机制，否则外资不愿意进来。这些背景都要求必须对汇率以及外汇管理体制进行改革。

1981年，我国启动汇率改革，人民币兑美元汇率从过去的1美元兑1.53元人民币改为双轨制，即贸易汇率1美元兑2.8元人民币，非贸易汇率不变。这是金融领域改革比较早的一项工作，在当时是相当大的变化。后期，企业要求取消外汇管制的呼声越来越高，但当时思想还不够解放，各方面顾忌较多，采取了过渡性措施，即开始实行外汇留成制度。实际上，外汇留成的本质仍是双轨汇率制度，容易造成价格体系扭曲，甚至寻租、腐败。

1993年筹备党的十四届三中全会过程中，党中央、国务院开始酝酿设计新一轮外汇体制改革。1994年1月1日，正式宣布"改革外汇管理体制，建立以市场为基础的有管理的浮动汇率制度和统一规范的外汇市场"，取消外汇留成制度和外汇兑换券的流通使用，人民币官方汇率和外汇调剂市场汇率并轨，将人民币兑美元汇率统一为1美元兑8.7元人民币。同时，决定实施银行结售汇制度，建立分层次、统一的外汇市场。这标志着人民币汇率形成机制改革迈出了重大步伐，开始转向以市场供求为基础，人民币汇率在外汇资源配置中开始发挥重要作用。

(四) 加强整顿，应对亚洲金融风波冲击

到1997年亚洲金融风波前，金融改革发展取得不少重要进展，但由于金融标准规制不规范、公司治理结构不完善、资本金不充足等原因，金融体系出现一定程度的混乱，不仅案件频发，还普遍存在不良贷款率高、市场恶性竞争等一系列问题。在亚洲金融风波冲击下，银行业积累了大量不良贷款，相当一部分金融机构经营困难，甚至关闭破产。当时国内外一些学者和媒体认为，中国大型国有商业银行已经到了"技术性破产"的边缘，银行体系迟早会出大问题。

这一阶段金融领域的主要任务是进行整顿并支持国有企业脱困。一是调整金融体系的结构。当时，整个经济体制改革需要在适当分权的基础上，建立合理的中央与地方关系。但在金融方面，需实行垂直管理，减少地方对金融的干预，治理金融"三乱"。因此，1997年第一次全国金融工作会议对金融体系的组织结构作了一系列调整，明确人民银行和国有商业银行分支机构党组和人事不再由地方领导。二是补充国有独资商业银行资本金。1997年，将国有独资商业银行所得税税率从55%（外加7%的调节税）下调至33%，提升商业银行利用内源性融资增加资本金的能力。1998年，由财政部发行2 700亿元特别国债筹集资金补充四家银行资本金。三是配合国家应对亚洲金融风波造成的重大冲击进行恢复。一方面，决定通过债转股减轻国企债务负担。另一方面，1999年成立了信达、长城、东方、华融四家资产管理公司剥离大型银行不良资产，帮助国企休养生息，摆脱大量职工下岗和效益下滑的困境。

总的来看，经过二十多年的改革探索，到20世纪末我国初步建立了与社会主义市场经济相适应的现代金融组织体系、金融市场体系、金融调控和监管体系，市场在资金配置中的作用明显增强，也使我国成功抵御了亚洲金融风波的冲击。但同时，金融领域的转轨特征和传统计划

经济色彩仍较明显，一些重大体制机制问题还有待解决。尤其是，为配合服务国企改革攻坚和应对亚洲金融风波的影响，金融体系的健康性遭受一定冲击，国有商业银行和农村金融体系形成了巨大规模的坏账，资本账户可兑换、利率汇率市场化等改革未能按计划推进。如果不妥善解决健康性问题，金融机构和金融市场就很难继续为实体经济改革发展提供支撑，如果处理不及时、不妥当，甚至可能爆发金融危机，拖累实体经济发展。而且新世纪初中国加入世界贸易组织后，扩大开放有了更高要求，金融改革开放也面临更多新的任务和挑战。

二、新世纪以来金融改革发展主要进展

新世纪以来，尤其是党的十八大以来，在党中央、国务院的正确领导下，我国金融改革开放发展取得重大进展，大型国有商业银行成功股改上市，银行业金融机构资产质量、经营效益不断提升，多家机构入选全球系统重要性金融机构，金融体系健康性明显提升；坚持市场化方向，遵循渐进可控原则，不断深化利率汇率市场化改革，基本完成利率市场化改革，人民币汇率弹性显著增强，市场配置金融资源的能力不断提高；宏观审慎政策框架不断完善，成功应对了百年一遇的国际金融危机的冲击，守住了不发生系统性金融风险的底线；以场外市场和机构投资者为主的债券市场快速发展，市场深度和广度显著提升，有效促进直接融资比重提高；金融业双向开放不断扩大，人民币国际化扬帆起航并成功加入国际货币基金组织特别提款权货币篮子，我国金融国际竞争力和影响力显著提高，整个金融业发展迈入新时代。

（一）深化银行业改革

由于长期的政企不分、产权模糊、管理低效等历史原因，我国的金融机构积累了严重的系统性风险。20世纪90年代末，按照当时较低的

会计标准，我国银行业不良率在30%左右，虽然1999年剥离了1.4万亿元不良资产，但大型国有商业银行历史包袱仍然很重，不良率依然过高，资本充足率依然很低，甚至为负。因此，迫切需要采取强有力措施，下大的决心，对银行业进行全面深刻的改革，清理财务不健康问题，对金融机构特别是有影响的大型金融机构进行财务重组，使其恢复到健康状态。

要真正实现我国金融机构的健康化，首要任务是引入国际上更高的标准，提高金融规制的规范化程度。过去，我国很多金融领域的法律法规、制度规则是滞后的，很多标准是在实践的摸索中建立的，有些规则一开始甚至是缺失的。当时银行的贷款分类很不合理，主要采用期限法（"一逾两呆"），结果导致大量不良资产被掩盖。基于此，2001年颁布了《金融企业会计制度》，对会计准则进行了改进，同时开始实行贷款五级分类制度。这都是非常实质性的、基础性的工作，有助于弄清楚银行不良资产的真实情况，摸清家底，为后续金融机构健康化发展奠定基础。

大型国有商业银行股改上市

建立规范化的金融规则标准后，金融机构财务状况基本合格，但要跟上国民经济迅速发展的步伐，还需要不断增强资本实力。2002年2月，朱镕基总理在第二次全国金融工作会议上指出，要对国有独资商业银行进行股份制改造，条件成熟的可以上市。对银行等金融机构而言，上市除了可以筹集资本外，更重要的是可以按照现代企业制度建立公司治理结构，提升透明度。只有受到来自广大投资者特别是股票市场投资者和战略投资者的压力和监督约束，金融机构才有足够动力加强财务和风险管理。

由于当时的财政资源十分紧张，党中央、国务院在通盘考虑国家可用于金融改革的资源以及运用这些资源对宏观经济的影响后，明确提出了"抓两头、带中间"改革总体战略，即集中有限资源重点推动政策性历史包袱较重的大型商业银行和农村信用社改革，带动政策性历史负担较轻的股份制和城市商业银行等其他金融机构立足自身进行改革发展。

2003年5月19日，人民银行行长周小川向国务院作了关于《改革试点——国有商业银行的财务重组》的汇报。这份报告在认真总结我国经济与金融体制改革经验的基础上，研究论证各种可能的注资资源选择，创造性地提出运用国家外汇储备注资大型商业银行，并详细设计了核销已实际损失掉的资本金、剥离处置不良资产、外汇储备注资、境内外发行上市的"四步曲"方案。2003年9月，党中央、国务院原则通过了关于国有独资商业银行股份制改革的总体方案。为推进该项工作，国务院成立了国有独资商业银行股份制改革试点工作领导小组，办公室设在人民银行。

推进国有商业银行股改上市的过程也是形成共识的过程。在税收方面，财政部门给予了较大支持，同意按照新的会计准则核销损失，解决国有商业银行养老退休、医疗、住房货币化等历史包袱，并暂缓银行业营改增，同时将营业税税率从8%降到5%。在注资方式方面，当时也有一些争议。有观点认为，通过再贷款进行注资即可，不需要其他改革方案。最后经过反复征求意见，使用外汇储备注资这个新方案得到国内和国际社会的广泛支持。在机构选择方面，最初因担心改革花费资金太多，只定了一家进行改革。实际上如果只选择一家，其容易与中央讨价还价；选择两家改革，可以形成相互竞争的局面。最后事实证明选择两家进行改革达到了很好的效果。在战略投资者方面，当时有观点认为引进的战略投资者应是商业银行，这样可以借鉴其经营管理经验、引进新产品和客户等，但另一种观点是引进投资者应主要考虑资本，只要投资者关心资本回报率，就会通过多种方式促进银行发展。后来，大型国有商业银行也引入了高盛、淡马锡等非银行的战略投资者，事实表明它们的投资持续期反而比国外商业银行更长。

2003年以来，交行、建行、中行、工行、农行陆续进行股份制改革，并成功上市，初步建立了相对规范的公司治理结构，内部管理和风险控制能力、市场约束机制明显增强，资产规模和盈利水平均位居全球前列。2016年末，商业银行业资本充足率13.3%、拨备覆盖率176.4%，均显著提高。2011年以来，中行、工行、农行和建行先后入选全球系统重要性银行（G-SIBs）。改革的实践充分证明，党中央、国务院关于大型商业银行改革的重大决策部署是完全正确的，正是通过改革，大型金融机构的健康性实现了质的飞跃，我国才能成功抵御2008年国际金融危机的严重冲击。

农村信用社改革深入推进

新世纪之初，农村信用社资产占到金融系统总量的10%左右，不良资产在50%左右。2002年末，全国共有农村信用社2 535个，其中97.8%资不抵债。为克服农村金融服务不断萎缩和农村金融机构可持续发展能力薄弱等问题，2003年6月，国务院决定在浙江等8个省份实施农村信用社改革试点。

考虑到农村信用社比较分散，情况参差不齐，当时改革设计了正向激励机制，把中央银行专项贷款和专项票据的兑付与农村信用社实际改革成效相挂钩，充分调动地方政府和农村信用社的积极性，引导农村信用社逐步"上台阶"。第一个台阶，参加改革的农村信用社，必须对改革计划作出承诺，然后才能获得资金支持和相关鼓励政策。第二个台阶，农村信用社必须使资本充足率上升到0的水平后，人民银行方可用专项票据置换其不良资产，同时向农村信用社支付专项票据利息。第三个台阶，专项票据两年到期后，农村信用社资本充足率提高到2%，公司治理和不良资产消化也达到相应指标，经过验收确认，人民银行可以将票据兑现成现金。

在正向激励约束机制作用下，农村信用社资产质量、盈利能力、支农资金实力、可持续性经营能力均得到明显提高，"花钱买机制"的政策效应不断显现。2016年末,全国农村信用社资本充足率12.13%,与2002年末相比提高了20.63个百分点。农村信用社自2004年实现首次轧差盈利后,利润总额快速增长,截至2016年末,累计实现盈利13 437亿元。

(二)稳步推进利率汇率市场化改革

在金融机构和金融市场逐步健康化、规范化之后,金融改革发展的基础不断巩固,特别是2013年党的十八届三中全会更加鲜明地提出"使市场在资源配置中起决定性作用",在认识和要求上较以往迈上了一个新的大台阶,作为资金主要价格的利率、汇率市场化改革得以再次提速。

利率市场化改革实现重大突破

利率市场化改革的要点是体现金融机构在竞争性市场中的自主定价权,通过差异化定价优化资源配置。从调控的角度看,特别是从以直接调控转向以间接调控为主的过程中,需要有一个顺畅、有效的利率传导机制,并对市场价格形成产生必要的影响。这都要求必须进行改革,形成市场化的利率定价和传导机制。

实现利率市场化是一个长期过程。1993年12月,国务院发布《关于金融体制改革的决定》,提出了利率市场化改革的基本设想。1996年6月1日,人民银行取消同业拆借利率上限管理,由拆借双方根据市场资金供求自主确定,这标志着利率市场化迈出具有开创意义的一步。进入新世纪后,人民银行按照"放得开,形得成,可调控"的原则,"先贷款后存款、先大额后小额、先外币后本币"的总体思路,继续稳步推进利率市场化,着力完善市场化的利率调控传导机制,给予金融机构更大利率定价自主权,充分发挥市场在资源配置中的决定性作用。2006年,人民银行组织构建了上海银行间同业拆放利率(Shibor),为各类金融产品交易定价发挥了基准作用。同时,分步有序扩大存贷利率浮动范围，抓住成功应对 2008 年国际金融危机的有利时机，加快推进利率市场化改革，分别于 2013 年 7 月 20 日、2015 年 10 月 24 日放开贷款利率下限和存款利率上限管制。

一般而言，存款利率关系到全社会的资金成本，其市场化对国民经济的影响更加广泛而深刻，完全放开的条件也相对较高。从国际经验看，放开存款利率管制是利率市场化进程中最为关键、风险最大的阶段，一般应置于相对靠后的阶段推进。存款利率市场化这个利率市场化的最后一步，是分若干小步迈出来的。在过去的几年中，存款利率浮动上限经过多次调整直到最后放开，走了五步。2015 年 10 月存款利率上限的最终放开，标志着我国持续 20 多年的利率市场化基本完成，这在利率市场化改革以及整个金融改革历史上，都具有重要的里程碑意义。

在推动利率市场化的同时，货币政策调控框架也在逐步从数量型为主向价格型为主转型。在利率市场化逐步推进的背景下，人民银行在探索构建利率走廊机制方面取得了很好的效果。例如，为稳定短期利率，持续在 7 天回购利率上进行操作，通过开展常备借贷便利（SLF）操作，按需足额提供短期流动性支持，探索发挥其利率作为利率走廊上限的作用。

汇率市场化改革稳步推进

我国汇率市场化改革也走过了较长阶段。新世纪之初，大型商业银行改革刚刚提上议程，很多金融机构的公司治理和抗风险能力尚不足以有效抵御汇改可能带来的风险，因此一方面采取内部磋商开展金融对外交流与合作，化解外部压力；另一方面果断决定先行改革国有商业银行和农村信用社，待这两项改革取得重要进展，宏观调控走上正轨，诸多基础条件成熟之后再正式启动汇改。实践证明，这样的金融改革顺序决策和战术安排是合理的，尽可能地降低了汇改的风险。

2005 年，经过两年多的精心准备和周密部署，人民银行按照"完善人民币汇率形成机制，保持人民币汇率在合理、均衡水平上的基本稳定"的要求，遵循"主动性、可控性、渐进性"原则，再次启动人民币汇率改革。2005年7月21日，我国宣布开始实行以市场供求为基础、参考一篮子货币进行调节、有管理的浮动汇率制度，人民币汇率不再盯住单一美元。这要求人民币汇率更多反映经济基本面尤其是国际经常项目收支平衡情况，汇率形成主要由外汇市场的供求关系决定。沿此改革思路，经过2007年、2012年和2014年连续三次调整，人民币兑美元交易价日浮动幅度从3‰扩大至2%，同时央行基本退出常态外汇干预，人民币汇率弹性显著增强。随着外汇市场对外开放水平的不断提高，金融机构自主定价和风险管理能力不断增强，2015年8月11日，人民银行宣布完善人民币兑美元汇率中间价报价机制，强调中间价报价要参考上日收盘汇率，以反映市场供求变化。2017年5月，在中间价报价模型中新增"逆周期因子"，以适度对冲市场顺周期因素，使中间价更加充分地反映宏观经济等基本面因素。

1997年到2017年8月，人民币兑美元汇率在6.09～8.30区间波动，波动幅度远小于其他主要经济体和新兴市场经济体货币，在合理均衡水平上保持了基本稳定。同时，汇率市场化改革对我国经济转型发展和走向均衡产生了积极影响，为宏观调控创造了有利条件，在应对国内外形势变化中发挥了重要作用。

（三）实施逆周期调控并成功应对国际金融危机

新世纪以来，在经济发展的不同阶段，货币政策根据经济金融形势和物价水平的变化情况，适时适度进行调整，始终坚持金融服务实体经济的本质要求，为经济平稳健康发展和经济体制改革营造了适宜的金融环境。

货币政策调整灵活适度

中国经济自2003年进入新一轮上升周期，经济增长速度加快，物价水平有所上升。人民银行及时调整货币政策操作，综合运用中央银行票据、存款准备金等多种货币政策工具，加强流动性管理和货币信贷调控，适当回收流动性，抑制了货币信贷增长偏快的势头。2003—2007

年,先后15次上调存款准备金率,对冲了外汇占款所投放流动性的大约80%。其中,2007年是调控力度最大的一年,10次上调存款准备金率,6次上调存贷款基准利率。2008年美国次贷危机蔓延加深,国内外经济金融形势发生重大转变,一些金融改革发展任务被迫暂停,首要工作是配合国家应对金融危机冲击。人民银行坚决贯彻落实党中央、国务院应对危机的一揽子计划,及时调整了货币政策的方向、重点和力度,将全年新增贷款预期目标提高至4万亿元左右,指导金融机构扩大信贷总量,并与结构优化相结合,向"三农"、中小企业和灾后重建等倾斜;综合运用多种工具,采取一系列灵活、有力的措施,及时释放确保经济增长和稳定市场信心的信号,5次下调存贷款基准利率,4次下调存款准备金率,保持银行体系流动性充分供应,促进货币信贷合理平稳增长,帮助中国经济在2009年率先实现企稳回升。

对于应对危机的临时性刺激措施,出拳要猛、收拳也要及时。考虑到中国易热不易冷的体制特征,宽松货币条件可能产生一定的副作用,随着形势好转必须果断决策,适时调整政策取向和力度,及时退出相关刺激措施。2010年10月,人民银行周小川行长在北京大学光华管理学院的演讲指出,"根据我的观察,在2009年第二季度,基本上已经看到中国经济强劲复苏,但这种复苏带来了一些问题。因此,在2010年初期,我们很快发现了超调问题,并开始反方向调整,先后三次上调准备金率,以收缩经济中的流动性",并且强调"如果刺激措施的剂量过大,就可能产生超调问题,如果力度不足,就可能导致经济复苏缓慢"。

探索逆周期的宏观审慎政策框架

国际社会普遍认为宏观不审慎是2008年国际金融危机发生的重要原因。这次危机的破坏性如此之大,其中一个原因是危机传染的渠道发生了很大变化,例如金融衍生品市场缺乏清算机制,风险的跨市场传染发散非常快。另外,这次危机暴露出金融体系存在非常明显的顺周期性。当经济好的时候,各方面信心都很足,金融机构和客户的评级都比较高，资产价格特别是房价不断上涨，此时大多数金融机构是健康的，交易对手一般不会出问题。泡沫一旦破裂，就会出现连锁反应，市场的非理性行为和"羊群效应"会加剧波动。为此，需要引进一些逆周期的因素，增强系统稳定性，如逆周期资本缓冲、系统重要性附加资本以及更高的流动性要求，同时也要加强金融基础设施管理，建立中央对手方等。这些措施在概念上被命名为宏观审慎政策框架。宏观审慎政策框架的提法在国际上被写入了 G20 文件，在国内被写进了党的十八大、十八届三中全会的文件，也连续几年被写进了政府工作报告。

人民银行较早在逆周期宏观审慎管理方面进行了创新性探索。2009年下半年中国经济出现复苏迹象，在扩大内需等一揽子经济刺激政策的带动下，人民币贷款快速增长。人民银行对此高度关注和警惕，提出应按照宏观审慎政策框架的原理设计新的逆周期措施。2010 年，人民银行通过引入差别准备金动态调整措施，将信贷投放与宏观审慎要求的资本充足水平相联系，探索开展宏观审慎管理。当时大家的认识还不一致，有些事还有争论，2010 年底的中央经济工作会议明确提出要使用宏观审慎工具。此后，人民银行不断完善宏观审慎政策，将差别准备金动态调整机制"升级"为宏观审慎评估（MPA），逐步将更多金融活动和资产扩张行为纳入宏观审慎管理，并将全口径跨境融资纳入宏观审慎管理。从实践来看，宏观审慎政策框架在促进金融机构稳健审慎经营、维护系统性金融稳定等方面发挥了重要作用，向全球输出了中国经验。党的十九大报告明确提出要健全货币政策和宏观审慎政策双支柱调控框架。

（四）构建层次丰富的现代化金融体系

2003 年党的十六届三中全会《关于完善社会主义市场经济体制若干问题的决定》，明确提出要"建立多层次资本市场体系，完善资本市场结构，丰富资本市场产品"。最初建设多层次资本市场的想法相对比较简单，定义的层次少一些，当时主要考虑建设主板市场和创业板市场，后来逐步认识到，需要建立一个更丰富的多层次资本市场乃至多元化的金融体系。金融体系的多元化涉及很多方面，如金融机构多元化、金融产品创新、多层次金融市场等。新世纪以来，按照多元化的方向，全面推动由债券市场、货币市场、外汇市场、黄金市场、股票市场等构成的、分层有序、互为补充的金融市场体系规范创新发展。同时，积极探索发展开发性金融，推动设立民营银行，积极稳妥地发展互联网金融，这些都反映了当前我国金融改革发展所处阶段的多元化特点。随着金融市场体系的复杂化、多元化，金融监管也逐步迈向专业化。

债券市场实现跨越式发展

上个世纪，债券市场在支持国民经济运行发展中的作用相当有限。而且，由于市场化改革不到位、市场定位不准确、市场约束不健全、市场制度不完善，出现了1992年"327国债期货风波"、银行资金违规进入股市、企业债大量违约等风险事件，使整个金融体系隐含了相当大的风险。这些挫折有其时代背景，也与经济处在转轨早期，计划经济色彩比较浓厚，市场经济的思维、环境尚未建立有关。

新世纪之初的金融改革任务非常重，党中央、国务院决定将债券市场改革任务交由人民银行牵头负责。人民银行周小川行长在2005年中国债券市场发展高峰会上明确提出，发展债券市场要以市场经济为思维主线，以合格机构投资者和场外市场为逻辑主线，以完善法规、会计、信息披露和破产制度为环境主线，使有较强分析能力和风险承担能力的机构能够在市场中唱主角。在认真总结经验教训的基础上，银行间债券市场明确了场外市场和定位于机构投资者的发展方向；不断加大市场化改革力度，减少不必要的行政审批，将发行审批制逐步改革为核准制、备案制和注册制；借鉴国际经验，探索行业自律组织和基础设施建设，促进发挥信息披露、信用评级等市场激励与约束机制的作用。

目前，我国债券市场初步形成了以场外市场为主体、场内市场为补充，互联互通的市场体系，2016年末，债券市场托管余额为63.7万亿元，规模位居世界前列。债券市场的发展，大大拓宽了企业和实体经济直接融资渠道，优化了社会融资结构，直接融资比重从2003年的3.9%提升到2016年的27.2%，有效分散了原来高度集中于银行体系的金融风险，增强了整个金融体系的稳定性。

开发性金融散发新活力

金融多元化的另一个重要实践就是开发性金融运用。关于是否有必要发展开发性金融，有过一些争论。最初全球思潮不太倾向于开发性金融。不过，2008年国际金融危机后，全球范围内长期公共融资难觅投资者，加之商业性金融体系"惜贷"，国际社会开始重新认识到开发性金融的重要性。新世纪以来，中国初步探索出了一条富有中国特色的开发性金融道路，即服务国家战略、依托信用支持、不靠政府补贴、市场运作、自主经营、注重长期投资、保本微利、财务上有可持续性的金融模式。一方面，这种模式能够自我权衡经济与政策目标，投向周期长、资金需求大、商业机构难以提供的项目，更有利于满足符合国家长期战略和利益以及大额项目建设资金的需求。另一方面，其在服务国家战略的同时，能坚持市场化运作，能够确保机构的长期可持续发展。近年来，以国开行为代表的开发性金融，在没有财政补贴的情况下，实现了一定回报和财务的可持续性，为"一带一路"建设等国家长期战略和利益作出了贡献，形成了开发性金融的有益实践。

金融监管专业水平和协调性不断提升

金融体系从"不健康"到"健康"的过程中，最开始往往倾向于将监管独立出来，寄希望于专门的监管机构能更好地履行监管职责，同时推动本行业更好发展。当时普遍的观点是，学西方发达国家的早期经验，实行分业经营，分业监管。

证券业监管职责是最早从人民银行分离出去的。1992年10月，国务院决定成立国务院证券委员会和中国证券监督管理委员会，后来证券委员会的发行审核功能合并纳入了证监会。一般而言，资本市场与传统的银行业务相差甚远，而且涉及上市公司监管等专业工作，多数国家的证券业监管大多是独立的，不属于中央银行职责范围，这是比较容易理解的。随后，1998 年设立了保监会，加强了对保险业的统一监管。2003 年，分设银监会，进一步完善了金融监管体系，明确了银监会、证监会、保监会三家专业性监管机构的目标责任，理清了金融监管和宏观调控之间的责任关系。总体看，分业经营和分业监管模式在提高监管专业性、培养监管人才、防范和化解金融风险、促进金融业改革发展等方面发挥了积极作用。

近年来，随着金融业的改革发展，金融创新活动增多，理财或资产管理类交叉性金融产品加速发展，金融综合经营发展步伐加快。"铁路警察，各管一段"的传统分业监管模式较难适应金融发展新趋势，监管缝隙较大，加大了防范和化解跨市场、跨行业的金融风险的难度。按照国务院的要求，2013 年 8 月人民银行牵头成立了金融监管协调部际联席会议制度。2017 年 7 月召开的第五次全国金融工作会议决定成立国务院金融稳定发展委员会，强化监管协调和监管问责，指定人民银行承担委员会办公室工作，牵头防范化解系统性金融风险。

（五）推动人民币国际化和资本项目可兑换实现新突破

在持续多年的市场化改革基础上，金融改革发展开始加大国际化的步伐，以前是不具备这个条件的。最近几年，尤其是 2008 年国际金融危机以后，我国抓住有利时机，顺应市场需求，稳步有序推进人民币国际化和资本项目可兑换。

人民币国际化迈上新台阶

人民币国际化起步比设想得要早，主要是因为 2008 年国际金融危机期间西方国家金融市场一度非常疲弱，加之由于金融危机导致的货币不稳定，市场上缺乏美元，且对美元信心不足，欧元、日元也比较不稳定，国际社会要求改革现有国际货币体系的呼声越来越大，对人民币的欢迎程度超过预期。最早是韩国出于稳定需要，主动要求和我国开展人民币互换。随后陆续有20多个发展中国家提出货币互换，一些发达国家也加入进来。

在国际社会需要，同时于我有利的情况下，人民银行按照党中央、国务院部署，顺势而为，沿着"逐步使人民币成为可兑换的货币"的长期目标，进一步减少不必要的行政管制和政策限制。2009年7月，在上海和广东四市率先启动跨境贸易人民币结算试点，随后逐步扩大至全国。陆续推出人民币合格境外机构投资者（RQFII）、人民币合格境内机构投资者（RQDII）、沪港通、深港通、基金互认、债券通等创新制度安排，完善人民币国际化基础设施体系。经过不懈的努力，人民币国际化取得一系列积极成效。据环球银行金融电信协会（SWIFT）统计，2017年8月，人民币为第五大国际支付货币，市场份额为1.94%。

随着中国经济和人民币国际地位的不断提升，国际上建议将人民币纳入SDR的声音日益增强。人民银行周小川行长在2009年发表文章《关于改革国际货币体系的思考》，激发了国际社会对改革国际货币体系的热烈讨论，以及对增强SDR作用的关注。2015年适逢IMF五年一次的SDR审查，人民币加入SDR面临难得的历史性机遇。党中央、国务院高瞻远瞩、审时度势，及时作出了推动人民币加入SDR的重要战略部署。2015年11月30日，IMF执董会认定人民币为可自由使用货币，决定将人民币纳入SDR货币篮子，并于2016年10月1日正式生效。这是人民币国际化的重要里程碑，代表了国际社会对中国改革开放成就的高度认可，对中国和世界是双赢的结果。

资本项目可兑换改革持续推进

1996年实现经常项目可兑换以后，正当我国研究如何进一步推进资本项目可兑换时，亚洲金融风波爆发了，一些受到较大冲击的国家和地区开始采取资本项目管制抵御风波。我国自身遭受金融风波的冲击也比较严重，国内金融稳定形势比较严峻，资本项目可兑换进程不得不暂停。从 2002 年下半年开始，我国经济和外贸形势明显改善，国际收支交易规模急剧增加，有经常项目和资本项目双重属性的跨境交易日益增多。在这种背景下，资本项目可兑换进程再次被提上日程。2003 年 10 月，党的十六届三中全会正式重新提出"在有效防范风险前提下，有选择、分步骤地放宽对跨境资本交易活动的限制，逐步实现资本项目可兑换"。但当时我国的银行体系不良资产率非常高，亏损严重。如果微观基础不牢固，推进资本项目可兑换的风险就会非常大，因此没有给出具体的改革时间表。由于涉及资本项目可兑换的各方面条件不太成熟以及 2008 年国际金融危机爆发的影响，我国的资本项目可兑换改革进程一直比较缓慢。国际金融危机后，随着我国经济逐步稳定复苏，党中央、国务院关于资本账户可兑换的提法开始出现积极变化，多次强调要"逐步实现人民币资本项目可兑换"。2013 年 11 月，党的十八届三中全会进一步提出，要"建立健全宏观审慎管理框架下的外债和跨境资本流动管理体系，加快实现人民币资本项目可兑换"。

从实际效果看，这些年人民币资本项目兑换的方便性取得了很大的进展，并已经体现在我国对外贸易、投资和其他国际经济往来的各个方面。从 IMF 资本项目交易分类标准下的 40 个子项来看，目前可兑换和部分可兑换的项目 37 项，占 92.5%，仅剩 3 项尚未放开。应该说，人民币资本项目可兑换仍是我国经济金融改革开放的一个重要方向，是下一步要重点研究和积极推进的工作。经过这么多年努力，资本项目可兑换已经迈出了相当大的步子，具备了进一步推进的条件。

三、中国金融业改革发展的内在逻辑及经验总结

作为整个经济体制改革的重要组成部分，中国的金融改革发展始终伴随着社会主义市场经济体制改革尤其是实体经济改革开放而持续

推进，与整体经济体制改革进程相衔接、与之配套并为之服务，呈现出一个内部连贯、逻辑一致的过程。新世纪以来的中国金融改革发展的巨大成就来之不易，其间虽有过反复、搁置，但总体进程是不断向前发展的，有很多值得总结的经验。

（一）坚持市场化取向，稳步推进金融改革发展

自1992年党的十四大正式提出"建立社会主义市场经济体制"目标以来，中国金融始终坚持市场化取向，按照界定产权、政企分开、依法治国、激励相容、社会监督五个市场经济特征，稳步推进各项改革。

市场经济要求等价交换，前提是界定产权。过去只有人民银行一家银行，现在成立了几百家银行和几千家相对独立的农村信用社，而且很多银行都完成股改上市，产权不断清晰，经营效率大幅提升。在市场经济中，经济决策是分散的，主要由企业和家庭选择和决策，因此必须将政府和企业分开，过去银行是政府和财政的出纳，一切听从于政府，现在自主经营，是发挥资源配置作用的市场主体。产权清晰了，决策分散了，如果没有规矩，就乱了，还得要依法治国。在金融领域，陆续颁布了《中国人民银行法》《银行业监督管理法》《商业银行法》《证券法》《保险法》等法律法规，为宏观调控、监管和金融机构经营提供了重要依据。

在法治框架下，市场经济主体的努力和创造力与其物质利益挂钩，能最大限度调动市场主体的积极性，这也是市场经济效率的源泉。过去银行领导干好干坏只体现在政治升迁上，现在银行业已经有了相当的经济激励。但仅有激励是不够的，缺乏现代公司治理和内在约束机制的情况下，单纯的经济激励改革最终不会成功。为此，我国进一步完善了会计准则和披露制度，现在银行每年要披露年报，尤其是上市银行必须接受来自内部和外部的更加严格的监督。

同时，很多市场化改革在推进过程中，难免会面临一些争议。例如，在进行利率市场化改革时，初期可能出现利率中枢上移，对中小微

企业的融资有一定影响。再例如，在进行汇率市场化改革时，汇率弹性增强可能放大外贸出口类企业的风险敞口，对一些缺乏经验的企业可能会造成一定冲击。尽管改革或多或少都存在一些成本代价，但与整体经济通过市场机制获得效率改进相比，推进改革是利大于弊的。在推进改革时需要综合权衡利弊，总体大的方向是要坚持有利于优化资源配置和效率改进，不能因"小弊"而失"大利"。

（二）坚持问题导向，一切从实际需要出发

从实践来看，我国的金融改革一直立足国情实际，坚持问题导向，缺什么、补什么、建什么。从计划经济向市场经济转轨，首先是缺资本，资本不足将严重影响金融机构的健康性，因此需要针对金融机构资本不足、治理不完善问题，对国有专业银行进行商业化和股份制改造，推进农村信用社改革。其次是缺竞争，对于市场经济而言，其本质是在建立激励约束机制的基础上，通过竞争发现价格，进而通过价格引导资源优化配置，促进经济走向均衡，进而提升经济整体效率，这就需要推进利率、汇率市场化改革，发展多元化、多层次金融机构体系，通过竞争提升效率。再次是缺开放，市场经济本质是打破封闭，走向开放型经济，通过扩大开放可以促进竞争，也会倒逼国内改革，因此需要推动贸易与投资自由化和便利化、汇率市场化、放宽外汇管制三大政策改革，降低市场准入门槛，逐渐使竞争和市场成为普遍使用的机制。最后是缺金融市场，现代化的金融体系必然要求高效、富有深度和广度的金融市场，否则金融的价格发现功能就缺乏基础，因此我国加大建设力度，发展了债券市场、衍生品市场、交易所市场、黄金市场、外汇市场、货币市场等。

另外，有些改革过去曾经打算做，却由于遇到危机等各种各样的原因，被耽搁了下来，需要及时补齐改革短板。比如存款保险制度。2015年5月1日，出台了《存款保险条例》。存款保险制度是市场经济条件下银行体系健康发展的一个重要要素,按道理存款保险制度早就应该建立,但因为各种原因没有做。既然允许大家办银行,现在又提出允许民营资本发起设立中小型银行,改善对社区、农村等薄弱环节的金融服务,就需要建立存款保险制度,按照市场化原则处置银行倒闭问题。

(三)坚持以稳促进,通过有力有效调控营造良好金融环境

每一项金融改革的成功推进都离不开良好的经济金融环境。没有良好的环境,金融改革就会遇到较大阻力;当环境比较好时,改革就会事半功倍。为经济稳定发展、金融改革营造稳定良好的经济金融环境,宏观调控尤其是货币政策调控必须有力,必须根据经济形势变化灵活适度调整,加强逆周期调控。在经济过热或资产价格出现泡沫时,必须采用适当工具"慢撒气""软着陆",实现平稳调整;在经济衰退或遭遇外部冲击时,必须及时出手,稳定形势,增强信心。例如,在1997年亚洲金融风波期间,很多国家货币竞相贬值,有些货币贬值在30%、40%甚至50%以上,但党中央、国务院审时度势,认为人民币贬值虽然有利出口,但会加剧东南亚以及全球金融动荡局面,也不利于国内经济金融稳定,所以坚持人民币不贬值,为国内金融改革稳定发展奠定了坚实基础。2008年国际金融危机期间,我国"出手快、出拳重、措施准",成功应对了金融危机冲击,当经济在全球率先复苏并初显过热苗头时,又及时启动货币政策正常化,防止政策过冲,同时探索建立完善宏观审慎政策框架。这些措施为经济社会稳定发展营造了良好的货币金融环境,也守住了不发生系统性金融风险的底线。可以说,正是我国成功应对了1997年亚洲金融风波,才能启动国有大型商业银行股改,也正是基本完成了国有大型商业银行股改和农村金融改革,才又成功抵御了2008年国际金融危机冲击,才有可能进一步推进利率汇率市场化等改革,推动现代金融体系健康发展。

(四) 坚持立足国情实际，走渐进式改革道路

转轨经济的"休克疗法"和渐进式改革的目标一样，都希望市场起主导作用，把企业搞活，但不同模式效果截然不同。"休克疗法"倾向于全面否定过去的体制，在此过程中，新的机制尚未建立，涉及金融业的法律法规都直接从西方国家照搬引入。在国内缺乏相应的经济背景、实践经验以及人才储备的背景下，这么做可能导致业界和公众一般都很难理解，往往是部分先理解的人占到很大便宜，从中牟利，最终可能导致贫富差距过大，偏离改革初衷。另外，"休克疗法"不太倾向救助濒临倒闭的金融机构，苏联的金融机构在"休克疗法"后基本全垮了，之后国内先后成立了1 000多家私有制的商业银行，几乎没有一家是国有的，都是小银行，这种市场结构不利于抵御金融危机冲击。同时，像中国这么大的国家全世界也没有几个，在如何处理中央与地方关系等问题方面，可借鉴的国际经验比较少，诸多改革很难参照标准模式一步到位，只能坚持走渐进式改革道路。

相比而言，我国的渐进式改革更符合人的一般认识规律。从过去的计划经济转向市场经济体制并谋划下一步发展时，总有个逐步转变、逐步适应的过程，很多传统思想理念很难在短期消除。有的时候，往前走两步甚至会往后退一步，但总体仍是向前的。从金融和实体经济关系的角度看，通常实体经济的改革开放步子走得快一些，或者说实体经济改革开放发展到一定程度，金融业就要加快推进自身的改革开放，跟上实体经济改革开放的步伐，更好地提供金融服务。反之，如果在实体经济的企业改革还没有充分展开，企业还没有获得充分自主权、公司治理还没有充分建立的情况下，金融企业要实现自主经营、建立现代企业制度、形成规范的公司治理等，也是不现实的，有的时候甚至会因为实体经济遭受重创，一些金融改革不得不暂停。另外，从我国实践来看，"摸着石头过河"还体现在对自下而上式改革的重视，因为很多改革造

成的影响可能很大,"试错"成本很高,采取小范围试点,可以减少这种成本,一旦发现有问题,也可以很好地控制风险、吸取经验教训。

坚持渐进式改革,还体现在协调配合,把握改革发展的节奏和机会窗口方面。从过去经验看,一般会先提出一个单子,列出需要推进的重大的改革开放任务,同时研究其横向配合关系和优先顺序。例如,有些工作需要财税部门配合,有些则需要商务部门配合,还有些需要外交部门或者国际组织配合等。实际上,经济转轨过程中推进金融改革,各项政策的选择、设计和配套的形成过程也是各方面达成共识的过程。

新世纪以来,尤其是党的十八大以来,在党中央、国务院的正确领导下,我国金融改革发展蹄疾步稳,重要领域和关键环节改革取得突破性进展。金融体系市场化、双向开放水平明显提高,现代化金融体系更加完善,对经济社会平稳健康发展形成了有力支撑。展望未来,中国特色社会主义进入新时代,我国社会主要矛盾已经转化为人民日益增长的美好生活需要和不平衡不充分的发展之间的矛盾,金融体系改革发展开放面临诸多新的挑战和任务。我们坚信在党中央、国务院的坚强领导下,中国金融事业的巨轮将继续扬帆远航,行稳致远,再创金融改革发展新辉煌!

《新世纪中国金融改革与发展丛书》编委会
2017 年 11 月

积极稳妥推进债券市场对外开放[①]

潘功胜

按：尽管近年来债券市场对外开放取得了积极进展，但市场开放的深度依然有限。下一阶段应坚持市场化方向，把握好渐进可控、平衡效率与安全的原则，提高境外机构在境内债券市场发行和交易的便利性，推动债券市场相关规则与国际接轨；并加强宏观审慎管理，防范跨境资本流动风险。

在中国经济改革开放的进程中，债券市场借鉴国际经验并结合中国实际，坚持市场化的改革方向，取得了较好的发展成绩，债券市场对外开放也积累了一定的经验。

在中国深入融入全球化发展的背景下，需要进一步推进债券市场对外开放。党的十九大报告指出，要推动形成全面开放新格局。全国金融工作会议明确提出，要扩大金融业双向开放，允许更多符合条件的境

---

① 本文原载于 2016 年第 21 期《财新周刊》，根据党的十九大报告略有文字修改。本书编委会谨以此文作为本书导读。

外机构参与证券等市场交易,发行人民币债券,逐步扩大与境外资本市场互联互通。

为贯彻落实上述战略部署,需要认真总结债券市场对外开放的经验,坚持市场化方向,把握好渐进可控、平衡效率与安全的原则,注重顶层设计与统筹安排,加强宏观审慎管理,继续积极稳妥地推进债券市场对外开放。

一、基础设施体现一定的优越性和先进性

中国债券市场经历了较为曲折的发展过程。市场发展初期,由于计划经济思维的束缚,债券市场出现过一些问题。随着改革开放的深入推进,市场化的理念日益深入,债券市场发展更加注重吸收国际经验并结合中国国情,遵循市场发展的客观规律,按照市场化的改革方向,面向合格机构投资者,依托场外市场,取得了较好的发展成绩。

目前,我国债券市场已成为世界第三大债券市场,具有多元化的投资者结构,以及国债、政策性金融债、金融债、公司信用类债券等多样性的债券产品,债券市场基础设施也较为完善。同时,债券市场对于支持稳增长调结构、拓宽企业融资渠道、降低融资成本、促进价格发现、提高资源配置效率以及有效传导货币政策发挥了重要作用。

利率市场化、人民币国际化等重大金融改革开放举措也与债券市场发展相互促进。在债券市场改革发展的过程中,中国积极学习借鉴国际先进经验,坚持市场化的改革方向。根据债券市场以机构投资者为主的特征,减少行政管制,强调会计报表的质量、强化信息披露、信用评级等市场化约束机制,探索建立外部增信机制等市场化的风险分担机制,引导市场参与者更多关注发行人的信用风险和中介机构的专业服务。

此外,还借鉴国际债券市场主要依靠行业自律管理的经验,推动成

立自律组织，对非金融企业债务融资工具实行成熟债券市场普遍采用的发行注册制，推动市场创新，满足投资人和发行人的多元化投融资需求。

在债券市场基础设施方面，中国也充分借鉴国际经验，并结合本国实际，做出了一些相对超前的制度安排。如，较早实现了债券的无纸化、建立了统一的中央存管体系、实行集中的电子交易及信息报告平台、实行全市场券款对付（DVP）结算、通过央行货币结算、实现交易和结算系统数据的直通式处理等。在这样的制度安排下，管理部门可以实时监测市场状况和逐笔交易情况等。在此次金融危机中，中国债券市场的基础设施体现出一定的优越性和先进性。

2008年国际金融危机后，全球经济治理体系和规则面临重大调整，国际监管标准向一致化、标准化方向发展。顺应这一趋势，中国积极参与全球经济治理体系的改革完善，稳妥推进国际金融监管改革和稳健标准在国内实施，并加强与有关国家和地区的跨境监管合作。

2009年，中国成立了独立的中央对手方清算机构，开始为债券等金融产品提供集中清算服务。2014年，以人民币利率互换集中清算业务为起点，确立了场外金融衍生品集中清算的整体框架，随后开始实施部分人民币利率互换产品强制集中清算。中国成为落实G20承诺，在场外金融衍生品集中清算方面走在前列的国家之一。

2016年，中国成功争取全球中央对手方协会（CCP12）法人实体落户中国，在推动中央对手方清算机制方面将发挥更大的作用。

二、对外开放成效显著

作为金融市场的重要组成部分，债券市场兼有"价格锚"和"蓄水池"作用。推进债券市场对外开放是我国构建市场化、开放型金融市场体系的必然要求。

中国债券市场的对外开放始于2005年。这一年，国际金融公司和亚洲开发银行等国际开发性机构获准在银行间债券市场发行人民币债券，泛亚基金和亚债基金也获准在银行间债券市场开展投资。

2008年国际金融危机爆发后，美元等主要货币大幅波动。为防范汇率风险，国内外企业使用人民币进行跨境贸易结算的需求迅速上升，人民币跨境使用业务逐步发展。

2010年，为满足跨境人民币结算业务快速发展而带来的境外人民币回流投资的需求，人民银行允许三类机构（即境外中央银行或货币当局、人民币清算行、人民币结算境外参加行）投资银行间债券市场。

近年来，随着人民币跨境和国际使用的领域和范围逐步扩大，人民币的国际地位显著上升，债券市场对外开放的步伐不断加快。发行方面，国际开发机构、境外非金融企业、金融机构以及外国政府等在银行间债券市场发行人民币债券已均有实践。

截至2017年10月末，各类境外发债主体已累计发行人民币债券1 184亿元。境内机构赴境外发行债券也进展顺利。投资方面，境外机构投资境内债券市场的主体范围和投资品种不断扩大，管理方式更加市场化。

2015年，央行类境外机构投资银行间债券市场已经完全符合资本项目可兑换的要求。2016年2月，人民银行发布了3号公告，允许境外依法注册成立的各类金融机构及其发行的投资产品，以及养老基金等中长期机构投资者，通过备案的方式投资银行间债券市场，自主决定其投资规模。2017年7月，人民银行联合香港金管局推出内地与香港债券市场互联互通合作（简称"债券通"），进一步丰富了境外投资者投资渠道。截至2017年10月末，共有543家境外机构投资银行间债券市场，持债总额达1.1万亿元。

三、积极稳妥推进对外开放

尽管近年来债券市场对外开放取得了积极进展，但与发达市场的开放程度相比还有较大差距。境外发行人在境内市场发行债券还处于试点阶段，境外投资人持有境内债券的余额占比尚不到2%，市场开放的深度依然有限。

当前，中国已经成为世界第二大经济体，经济实力和国际影响力显著提高，人民币已成为第三大贸易融资货币、第五大支付货币，并进入国际货币基金组织特别提款权（SDR）货币篮子，未来将有更多人民币资产配置的需求。

下一阶段，应该按照党的十九大和全国金融工作会议的有关部署，认真总结债券市场对外开放的经验，坚持市场化改革方向，把握好渐进可控、平衡效率与安全的原则，注重顶层设计与统筹安排，加强宏观审慎管理，继续积极稳妥地推进债券市场对外开放。

第一，坚持市场化改革方向，推动创新，提高境外机构在境内债券市场发行和交易的便利性。

一是在总结现有经验的基础上，不断完善适合境外发行人的信息披露、信用评级等制度，为不同国家和地区的境外机构在境内发行债券提供便利。二是顺应境外投资者的需求，为其投资银行间债券市场提供资金汇兑、风险对冲等方面的便利，实行更加市场友好的管理举措。三是根据境外投资者的交易和结算习惯，探索境内外交易平台、清算结算机构等基础设施合作，研究中国现有的中央存管制度与国际广泛采用的多级托管制度之间的衔接。四是推进自律机制、自律组织、自律规则在对外开放中的运用和完善。

第二，完善制度安排，推动债券市场相关规则与国际接轨。

一是进一步提高债券发行管理的透明度。建立境外机构境内发行人民币债券的制度框架,推动境外机构境内发债走向程序明晰、制度规范。二是结合资本项目可兑换进程,将境内机构赴境外发行人民币债券、美元债券与境外商业贷款等外债管理相结合,统筹纳入全口径外债宏观审慎管理框架。三是为境外机构投资者在境内债券市场投资提供更加丰富的交易工具,推动将中国债券市场纳入国际主要债券指数。四是推动完善会计、审计、税收和募集资金使用管理等各方面的配套政策支持。

第三,健全宏观审慎管理框架,防范跨境资本流动风险。

健全针对外债和跨境资本流动的宏观审慎政策框架,提高可兑换条件下的风险管理水平。综合考虑资产负债币种、期限等匹配情况,合理调控外债规模,优化外债结构,做好外债监测,防范外债风险。

研究通过市场化手段抑制短期投机性资本冲击,加强对境外投资者投资行为和跨境资金大额异常流动的日常监测和风险预警,督促参与机构认真履行一线监测和信息报送义务,防范违规交易和异常跨境资本流动风险。

第四,加强金融市场基础设施建设和统筹管理,保障市场安全高效运行和整体稳定。

金融市场基础设施具有系统重要性,是市场安全高效运行的基础和核心。要借鉴国际金融市场基础设施的基本原则,消除金融市场基础设施的扭曲和风险。

研究优化对外开放中金融市场基础设施整体布局,做好境内外市场体系和制度的衔接。继续推动人民币跨境支付系统建设,稳妥推进境内外金融基础设施合作,为人民币跨境金融交易提供更好的支撑。推进交易报告库建设,集中汇总债券市场全口径的交易数据,增强市场透明度。建立由中央银行对金融基础设施统筹管理的框架,确保金融市场在不断深化对外开放的背景下安全高效运行和整体稳定。

目　　录

第一章　新世纪以来中国金融市场发展面貌一新 …………… 1

　　第一节　重新认识和厘清金融市场发展的客观规律………… 2
　　第二节　坚持市场化改革方向，建立市场化约束机制……… 5
　　第三节　加强基础设施建设与统筹………………………… 8
　　第四节　稳步推进金融市场对外开放 ……………………… 11
　　第五节　坚持服务实体经济发展的"初心" ……………… 14
　　第六节　加强金融市场监管，防范金融市场风险 ………… 19

第二章　中国债券市场发展取得重要成就 …………………… 22

　　第一节　债券市场经历曲折与反复 ………………………… 22
　　第二节　建立以合格机构投资者和场外市场为主的债券市场 …… 28
　　第三节　中国债券市场发展成绩显著 ……………………… 38
　　第四节　中国债券市场改革发展经验 ……………………… 43

第三章　以创新推动中国债券市场健康快速发展 …………… 47

　　第一节　大力推动债券市场制度机制创新 ………………… 47

第二节 不断推进债券市场产品创新 …………………… 54
   第三节 深入推动交易工具与交易方式创新 …………… 61
   第四节 持续推进清算结算机制创新 …………………… 63
   第五节 创新发展利率和信用衍生产品 ………………… 68

第四章 积极推动资产证券化市场稳健深化发展 ………… 77
   第一节 推动信贷资产证券化市场功能优化和体量扩大 … 77
   第二节 开展资产证券化更好服务实体经济 …………… 83
   第三节 推动银行间债券市场资产证券化产品快速发展 … 86
   第四节 进一步创新银行间债券市场资产证券化产品 … 91

第五章 统筹建设与发展债券市场基础设施 ……………… 96
   第一节 加强基础设施建设，支持债券市场发展 ……… 97
   第二节 完善债券发行系统，促进发行定价更加科学合理 … 99
   第三节 打造创新高效的交易系统，提升市场流动性 … 101
   第四节 发展高效安全的托管结算系统，确保市场稳健运行 … 105
   第五节 积极推进清算系统建设，有效防范市场风险 … 110

第六章 建立市场化约束和风险分担机制 ………………… 116
   第一节 建立严格的信息披露制度 ……………………… 116
   第二节 加快发展和完善信用评级行业 ………………… 119
   第三节 我国评级行业发展展望 ………………………… 124
   第四节 推进信用增进制度建设 ………………………… 128

第七章 加强债券市场管理体系建设 ……………………… 133
   第一节 着力构建适合我国债券市场的管理体系 ……… 133
   第二节 建立多层次的债券市场监管体系 ……………… 136

第三节　不断探索债券市场自律管理 ·· 139

第八章　稳步推进债券市场对外开放 ·· 145

　　第一节　积极推动债券发行"请进来"与"走出去" ············· 146
　　第二节　加快推进境外机构投资中国债券市场 ························ 152
　　第三节　积极参与国际规则制定 ·· 162

第九章　推动同业拆借市场规范创新发展 ····································· 167

　　第一节　建立全国统一的同业拆借市场 ···································· 168
　　第二节　加强金融市场基准利率体系建设 ································ 174
　　第三节　推动同业拆借市场改革开放和发展 ···························· 178
　　第四节　完善同业拆借市场，促进货币政策传导 ···················· 181

第十章　推动债券回购市场健康平稳发展 ····································· 188

　　第一节　债券回购市场的发展历程 ·· 188
　　第二节　推动银行间债券回购市场健康平稳发展 ···················· 194
　　第三节　回购市场的功能得到充分发挥 ···································· 197

第十一章　推进票据市场建设和规范发展 ····································· 205

　　第一节　票据市场发展成为金融市场重要组成部分 ················ 205
　　第二节　票据市场的问题和风险原因 ·· 213
　　第三节　加强票据市场体系建设和规范发展 ···························· 216

第十二章　建立功能完备的中国黄金市场 ····································· 224

　　第一节　不断推动黄金市场化改革进程 ···································· 225
　　第二节　以"三个转变"为方向推动上海黄金交易所改革发展 ····· 230
　　第三节　促进黄金期货业务不断发展 ·· 240

第四节　推动商业银行黄金业务快速发展······243
第五节　积极推进黄金市场对外开放······252
第六节　初步建立有一定影响力的黄金市场定价体系······258
第七节　完善黄金市场制度建设······265

附录一　大事记······269

附录二　相关重要文献选编······277

资本市场的多层次特性······277
吸取教训　以利再战······302
总结经验，继续发展中国债券市场······310
关于信用评级的若干问题及展望······316
充分发挥黄金市场的投资避险功能······325

附录三　词汇表······329

参考文献······334

专栏

专栏1　合格投资者与债券市场划分的国际经验······32
专栏2　场外市场的地位与国际发展经验······35
专栏3　注册制与表格体系······51
专栏4　绿色债务融资工具······59
专栏5　中央对手方清算······65
专栏6　国际信用违约互换市场发展经验······73
专栏7　信贷资产证券化市场发展历程······79
专栏8　债券市场实现直通式处理······103

专栏 9	评级行业投资人付费模式的"前世今生"	125
专栏 10	国际债券市场自律组织	142
专栏 11	内地与香港债券市场互联互通合作	156
专栏 12	境外投资人税收代扣代缴的国际经验	160
专栏 13	同业存单市场的建立与发展	170
专栏 14	上海银行间同业拆放利率（Shibor）	176
专栏 15	回购市场的国际发展经验	192
专栏 16	回购市场与公开市场操作	201
专栏 17	票据交易平台的创新点	217
专栏 18	上海黄金交易所黄金租借业务情况	233
专栏 19	跨市场推出黄金ETF，促进金融市场联动发展	237

案例

案例 1	327国债期货事件	25
案例 2	上海清算所的成立与业务开展	113
案例 3	戴姆勒首发熊猫债	147
案例 4	世界银行发行首只SDR计价债券	150
案例 5	全球中央对手方协会落户上海	163
案例 6	三方回购市场简介	203

第一章
新世纪以来中国金融市场发展面貌一新

中国金融市场是伴随着经济体制改革的进程逐步发展起来的,并逐渐成长为社会主义市场经济体系的重要组成部分,为拓宽企业融资渠道,优化金融资源配置,服务实体经济发展作出了重要贡献。由于建立初期对金融市场的发展规律认识不充分,相关改革不配套,制度设计有局限,金融市场还存在一些深层次问题和结构性矛盾,制约了市场功能的有效发挥。新世纪以来,中国社会主义市场经济体制进一步完善,经济金融改革发展既面临难得的机遇,也面临一系列重大挑战。应对这些挑战,离不开金融市场的改革、发展和完善。

2003年党的十六届三中全会通过的《中共中央关于完善社会主义市场经济体制若干问题的决定》和2004年国务院颁布的《关于推进资本市场改革开放和稳定发展的若干意见》(以下简称国九条),为新世纪我国金融市场改革开放和稳定发展指明了方向。站在新的历史起点上,2013年党的十八届三中全会通过的《中共中央关于全面深化改革若干重大问题的决定》进一步明确了我国金融市场改革发展的顶层设计和总体规划。人民银行在党中央、国务院的坚强领导下，求真务实，开拓创新，积极应对问题与挑战，充分总结吸取中国金融市场自身发展和两次金融危机的经验教训，探索和遵循市场发展客观规律，坚持市场化改革方向，加强基础设施建设与统筹，稳步推进金融市场对外开放，着力提高金融服务实体经济发展和宏观调控的能力和效率，切实防范金融市场风险，牢牢守住不发生系统性风险的底线。

第一节　重新认识和厘清金融市场发展的客观规律

任何事物的发展都有客观规律，对其认识和把握不到位，往往会事倍功半，甚至背道而驰。过去由于没有摸清市场发展规律，走了一些弯路。比如，债券市场在发展初期主要面向个人投资者，而个人投资者往往缺乏市场分析和风险承担能力，发生违约、亏损等情况时，往往诉诸政府，政府为维护稳定，只好采取行政干预，这就阻碍了市场机制的发展完善。又如，债券和外汇市场在发展初期都主要采取场内撮合交易模式，但实践表明撮合机制无法有效满足机构投资者之间的大宗交易需求，制约了市场功能发挥。再如，在现货市场不成熟的情况下推出国债期货，引发了"327国债期货风波"。这些教训深刻表明，金融市场的发展能否成功，很大程度上取决于是否把握了市场的核心特性和发展规律，取决于发展市场的方向、思路是否正确。进入新世纪后，人民银行会同有关部门总结经验教训，探索金融市场发展的客观规律，并不断动态校正。

一是大力发展面向合格机构投资者的场外市场。2003年前后，社会各方开始呼吁发展债券市场，改变债券融资发展相对滞后的局面，但其中也有一些认识存在偏差，比如强调发债企业要确保有偿付能力，要求商业银行提供担保等。甚至有人希望开辟一种中国特色的公司债券市场，主要是供个人或家庭投资者投资，从而使其与其他国家公司债券市场区别开来。种种声音，似是而非。当时，人民银行也在认真思考和探索公司债券市场发展的定位问题。借鉴成熟市场发展经验，特别是韩国有担保公司债券在亚洲金融危机中暴露出来的道德风险和市场风险，人民银行行长周小川提出要将债券发展重点定位在"发展机构投资者市场"。在系统梳理企业债券市场发展建设"摔了跟头，一蹶不振"的深层次原因后，周小川行长在2005年明确提出，发展债券市场要以市场经济为思维主线，合格机构投资者和场外市场为逻辑主线，以完善法规、会计、信息披露和破产制度为环境主线，使有较强分析能力和风险承担能力的机构能够在市场中唱主角。2005年以来，在充分认识债券市场发展规律的基础上，人民银行大力推动债券市场改变过去面向散户和中小投资者的定位，以合格机构投资者为主体，充分发挥机构投资者风险识别与承担能力更强的优势，把政府从对发行人风险的实质性判断与潜在担保中解放出来；积极推进债券市场由场内交易向场外交易方式转变，适应债券市场机构投资者大宗交易、一对一询价的交易需求，使场外市场逐渐成为债券的主要交易场所。二级市场的活跃又促进了一级市场的规模扩大，进而推动了整个债券市场的快速发展。同时，在货币市场上，围绕服务金融机构流动性管理、服务公开市场操作和货币政策传导、服务金融市场基准利率形成的市场功能定位，积极推动建立面向以金融机构为主的合格机构投资者的场外市场，从制度设计之初防范化解市场风险，促进了同业拆借市场和债券回购市场的规范健康发展。

二是积极培育多元化的机构投资者队伍。机构投资者的多元化，以及相对力量的均衡，是市场差异化需求的保障，有利于提高市场流动性、分散风险和维护市场稳定。在人民银行和有关部门的大力推动下，银行间债券市场在原有商业银行、政策性银行的基础上，引入了证券公司、保险公司、信托公司、财务公司等非银行金融机构，以及理财产品、证券投资基金等集合类投资人、非金融企业、境外机构等。在货币市场，除了银行类金融机构，还引入了非银行金融机构和基金等集合类投资人，参与主体扩大到16类金融机构。在黄金市场，商业银行、产金用金企业和其他金融机构成为黄金市场的主要参与主体。在银行间债券市场投资者队伍不断扩大的过程中，曾经有来自其他市场的一些不同的声音。有观点认为，银行一直是中国债券市场的绝对主力，债券市场的发展并未分散银行体系风险。还有观点认为，银行信贷融资与银行购买债券在风险分散方面没有本质区别。对此，人民银行坚持认为，改革不可能一蹴而就，要以历史和发展的眼光来分析问题，通过不断地改革来解决问题。作为一个以银行体系为主导和储蓄率较高的国家，一段时间内金融资产集中于银行体系有其必然性，这也决定了短期内银行必然是主要的债券投资者。银行间市场发展之初，银行（包括信用社）几乎是唯一类型的投资者，随着市场的发展和投资者类型的丰富，到2016年末，银行在投资者数量中占比不足1%，持有债券的比重从2002年初的80%下降至62%左右，在公司信用类债券方面银行直接持有比例只有30%左右。从2015年起，基金等集合类投资人已经超越银行，成为公司信用类债券市场的最主要持有人，债券市场投资者持有结构进一步呈现多元化特征。同时，信贷融资转化为债券融资后，信用风险的承担主体由一个变成了多个，风险承担能力大大增强，持有债券投资者的类型多元化，对借款人的市场约束也大大增强。事实证明，积极培育多元化的机构投资者队伍符合银行间市场投资者需求和市场需要，提高了市场活跃度，深化了市场功能，也使市场发展取得了令人瞩目的成绩。以债券市场为例，截至2016年末，债券市场余额接近64万亿元，规模位居全球第三位、亚洲第二位，2016年现券交易量超过132万亿元。

三是建立多层次的市场体系。金融市场参与主体在资金实力、专业能力等方面都有差别，往往存在批发与零售、公募与私募等差异化需求，金融产品在风险、复杂程度等方面也各不相同，适用于不同交易结算组织形式，这就要求市场也应该呈现出多层次特征。遵循这一规律，人民银行推动建立多层次的市场体系。例如，在债券市场形成了以银行间场外市场和交易所场内市场并存、分工合作的市场体系，场外市场与场内市场相互补充，互联互通；在货币市场建立了包括同业拆借市场、银行间回购市场、票据市场等功能互补的市场体系，形成了分层的参与机制，组成了较为丰富完整的利率体系；在黄金市场形成了包括场内现货、期货、询价交易和商业银行黄金业务等多层次交易市场。

新世纪以来金融市场发展的实践证明，正因为人民银行对市场的特点、需求和模式进行了深入的探索和思考，重新认识和遵循市场发展的客观规律，明晰了市场改革和发展的方向和思路，金融市场才步入了正确的轨道，进入了发展的快车道，市场规模和质量得到了快速提升，没有出现大的金融风险。

第二节 坚持市场化改革方向，建立市场化约束机制

20世纪90年代以来，股票市场、债券市场、货币市场、外汇市场等逐步建立，金融市场体系初步形成，在促进储蓄转化为投资方面取得了一定成效。不过由于处在经济转轨阶段，市场在发展初期还较多受到以往计划经济思维和观念的束缚，行政管制色彩较浓，导致新世纪之前金融市场发展相对缓慢、效率较低，甚至出现了一些风险事件。比如企业发债实行额度管理，被作为救济手段分配给经营困难的企业，并采取行政性定价，强制要求银行担保，债券违约则要求承销商续发兑付，也缺乏财务信息披露等市场约束机制。这导致公司信用类债券发展滞后，且不少企业由于不适应新的社会主义市场经济体制，生产经营陷入困境，出现大量偿债违约，甚至引发社会群体事件。进入新世纪，人民银

行会同相关部门深刻总结经验教训，认真厘清市场发展的思路主线，按照市场化的总体方向，努力推动金融市场改革发展。

一是减少不必要的行政审批，完善市场管理机制，建立市场化约束机制。在债券市场上，人民银行会同有关部门积极推进简政放权，按照市场化方向改革债券管理体制，使企业根据自身经营状况、对经济形势的判断等因素自行决定融资，投资者、市场中介根据风险、市场资金状况等进行市场化定价。2005年人民银行推出短期融资券时，进行了发行管理体制创新的有效尝试，对短期融资券发行采取备案制，使政府部门从对发行人的实质判断中摆脱出来。2007年周小川行长进一步明确要求，凡是按市场需求开发的，适合有定价能力、风险识别能力和承受能力的机构投资者交易的产品，在银行间市场均实行协会注册、监管机构备案的管理模式，不再实行行政审批制。此后，企业短期融资券、中期票据及各类新型债务融资工具发行均实行注册制。债券发行市场化程度的进一步提高，极大地激发了市场活力和潜力。市场化发行管理方式的效率优势、管理优势具有强大的示范效应，也间接推动了公司债券、企业债券的发行方式朝着市场化方向转变，比如近年来公司债券简化发行审核流程、丰富债券发行方式，企业债券委托第三方专业机构开展技术评估等。在减少行政管制的同时，人民银行还会同有关部门强化信息披露、信用评级等市场化约束机制，引导市场参与者更多地关注发行人的信用风险和中介机构的专业服务。这些措施推动公司信用类债券取得了跨越式发展：2004—2016年，公司信用类债券余额从0.1万亿元增加到17.5万亿元，世界排名从第21位大幅上升至第2位，债券融资占直接融资的比重已经连续四年超过80%，公司信用类债券支持实体经济的能力极大提高。在货币市场上，人民银行不断推动市场主体提高内部风险控制水平、流动性管理水平和资产定价能力，推动市场管理机制和约束机制不断完善，为取消行政审批创造成熟的环境和条件。2016年3月，取消了同业拆借市场准入的行政审批，并将监管重点放在市场规则制定、市场秩序维护、事中事后管理上。在黄金市场上，人民银行积极推动黄金流通体制改革，2001年取消了黄金统购统销、统一管理的运行体制，并相继取消了有关黄金行业的行政审批项目共计13项，成为黄金市场发展的基础。

二是顺应市场需求，持续推动金融创新。计划经济条件下存在金融抑制，各种金融活动往往受到较强行政管制，资金要素价格相对固定或随政府意志调整，微观主体缺乏创新动力。市场化改革后，市场主体对各类风险敏感度提高，相应出现了流动性管理、保值避险等多元化的需求，创新动力大大增强。这就客观上推动金融市场必须根据需求不断创新，提供差异化的金融产品和工具，充分发挥资源配置功能。新世纪以来，人民银行会同有关部门秉承市场化理念，顺应市场实际需要，逐步将金融创新特别是产品创新的主导权逐步交给市场主体，让市场主体的创新功能真正发挥出来。在债券市场方面，先后推动了金融债券、短期融资券、中期票据、信贷资产支持证券、资产支持票据、项目收益票据、绿色债券、熊猫债券等产品创新，丰富了发行人和投资者的选择；在衍生品市场方面，推动利率互换、债券借贷、标准债券远期、外汇远期、信用风险缓释工具等交易工具和衍生产品创新，为投资者提供了各类风险管理工具；在货币市场方面，推动市场中介机构发布上海银行间同业拆放利率（Shibor）和隔夜、7天、14天回购定盘利率，为市场产品定价提供重要参考基准；在黄金市场方面，推出黄金T+D、即期、远期、掉期、期权、ETF等交易产品，为投资者提供了多层次的投资产品体系。从成熟市场经验来看，相比政府主导模式，市场主导的金融创新模式也更具长久的生命力。

三是成立行业自律组织，激发市场自身活力。与政府部门监管相比，自律组织更贴近市场，凝聚了市场力量、市场共识和自我约束，能及时根据市场需求推动创新，并促进市场与监管部门间的有效沟通，也有利于改变计划经济事事审批的传统，最大限度减少政府对微观金融活动的干预。根据政府管理市场方式转变的要求和市场发展的现实需要，人民银行推动中国银行间市场交易商协会（以下简称交易商协会）于2007年9月成立，并积极支持交易商协会充分动员市场参与者自身的力量进行自律性管理，建设成为中国场外金融市场真正的新型自律组织，推进体制机制创新和产品创新，通过市场化方式更好地促进市场的创新和发展。交易商协会成立后，充分调动市场成员的积极性、主动性、创造性，激发了各类市场主体的活力，在非金融企业债务融资工具注册发行、产品与组织创新等方面做了大量富有成效的工作。实践证明，交易商协会的成立顺应了我国市场经济体制改革和行政管理体制改革的大趋势，形成了政府监管与市场自律管理相互配合的管理模式，是我国金融市场改革发展的重大制度创新，激发了市场活力，对于促进金融市场快速发展发挥了重要作用。

第三节　加强基础设施建设与统筹

金融市场基础设施主要包括金融市场各种产品的登记、托管、交易、清算、结算等制度安排及相应的技术系统。从金融市场发展的历史和国际经验看，金融市场基础设施的效率高低和质量优劣对金融市场体系的定价效率与资源配置功能具有关键性作用，对金融体系安全高效运作和风险防范具有重要影响，基础设施不完善，市场发展就缺乏基础，并潜藏风险隐患。2003年交易所债券回购风险爆发，就是由于当时实行按席位计算标准券额度，从基础设施层面无法区分证券公司自营和客户的持债情况，为部分证券公司挪用客户债券、违规回购留下了巨大空间，最终导致风险爆发后多家证券公司被迫关闭。2007年之前，证券公司的自有资金和客户交易结算资金没有相互分开，给证券公司提供了可乘之机，出现了部分证券公司挪用客户资金、占用客户资产等违法违规现象。2008年国际金融危机中,也充分暴露出部分国家市场托管不统一、交易信息集中机制缺乏等基础设施方面的问题,雷曼兄弟倒闭时,包括美国监管当局在内,没人清楚当时其未清算合约的总量是多少,交易对手方是谁,加剧了市场的恐慌与混乱。

在充分总结国内外经验教训的基础上,人民银行大力推动中国金融市场基础设施建设。银行间市场自建立以来就有统一的中央存管体系、集中的交易平台,这些基础设施保障了银行间市场运行透明、风险可控。近年来,人民银行继续加强基础设施建设与统筹,实现了交易和结算系统数据的直通式处理(STP),全面开展券款对付(DVP)结算,推动建立了专业的清算机构和全国统一的票据交易平台。与不少金融市场相比,中国银行间市场的基础设施在顶层设计、前瞻性和先进性方面走在前列,特别是在国际金融危机中,国际场外市场风险频现,我国金融市场基础设施则保障了场外市场运行透明、风险可控,表现出了一定的优越性。

一是有效连接前台交易与后台托管结算系统,实现债券交易的直通式处理。直通式处理的实现可以有效减少交易成员负担,降低重复录入数据所导致的操作风险,提高市场运行效率,是成熟场外市场通行的数据传输模式。2005年以前,我国银行间债券市场前台交易与后台托管结算之间仍互不联通,手工操作交易结算模式效率低、风险大、成本高的弊端日益突出。为进一步推动债券市场发展,人民银行从2004年初开始着手协调推进银行间债券市场的直通式处理系统建设。2005年,外汇交易中心的本币交易系统与中央结算公司的簿记系统顺利连接,使我国银行间债券市场上的债券交易实现了直通式处理,数据传输模式自询价开始到交易确认、债券交割与资金清算的整个过程全都实现自动化,无须再进行数据输入。直通式处理的实现,为我国债券市场的高效、安全运作提供了可靠的技术支撑,促进了市场的活跃,进一步推动了银行间债券市场的快速发展。

二是全面推行券款对付，提高债券交易结算效率。早在2001年，支付结算体系委员会（CPSS）和国际证监会组织（IOSCO）颁布的《证券结算系统推荐标准》就已明确将"实现券款对付、取消本金风险"作为各国证券结算系统应努力达到的标准之一。但由于历史原因，我国银行间债券市场上的交易结算同时存在券款对付、见券付款、见款付券、纯券过户等多种方式。再加上部分机构内部风控制度不健全、业务人员风险意识不足，2013年出现了个别机构和个人借助"丙类户"从事利益输送等违法违规行为。人民银行对此高度重视，会同有关部门追本溯源，对症下药，标本兼治，在对"丙类户"进行治理整顿的同时，进一步完善债券交易结算方式，切断潜在利益输送链条。2013年人民银行发布公告，明确要求银行间债券市场参与者采用券款对付结算方式办理债券结算和资金结算。全面实施券款对付，极大地提升了我国债券市场交易结算的效率和安全性，促进了市场基础设施保持安全、高效、稳定运行。这也表明银行间债券市场在落实国际组织有关《金融市场基础设施原则》（PFMI）的具体举措方面，已经达到国际先进水平，有利于进一步推动我国债券市场对外开放。

三是高度重视集中清算制度，建立专业清算机构。从国际经验来看，世界各国都非常重视场外市场的集中清算问题，美欧等发达国家和巴西、印度等新兴市场国家都先后建立了针对外汇或利率等场外现货和衍生品交易的集中清算制度。特别是2008年国际金融危机后，在场外市场全面引入集中清算机制成为国际共识。在2009年的G20匹兹堡峰会上，世界各国共同承诺协力推进中央对手方清算机制。在国内，经过多年的快速发展，银行间市场的深度和广度不断提升，在宏观调控、资金配置、价格形成和风险管理中发挥着日益重要的作用，客观上也要求更加高效安全的清算服务。周小川行长指出，建立专业的独立清算所，将进一步提高清算效率，降低清算成本，并为金融产品创新提供必要的技术支持，同时，也有利于实现交易、清算、结算相互独立的理念，提高银行间市场的透明度，及时完整地获得市场交易和参与者风险敞口的信息，更好地防范系统性金融风险，维护金融体系稳定。2009年底，人民银行推动成立银行间市场清算所股份有限公司（以下简称上海清算所），为银行间市场提供全面的、以中央对手方为主的集中清算服务，在落实G20承诺、推动场外交易集中清算上迈出了重要一步。

四是推动建立全国统一的票据交易平台，提升票据业务电子化水平和透明度。我国票据市场历史久远，但长期处于自然发展状态，客观存在部分金融机构的公司治理和内控制度存在缺陷、票据市场基础设施建设滞后、部分票据中介业务缺乏规范、票据市场法律法规制度体系滞后于市场发展等问题。随着市场的发展壮大，票据市场发展中的问题也逐渐显现，特别是近年来爆发的一些票据案件，引发社会关注。针对这些问题，人民银行坚持问题导向和目标导向，注重顶层设计和统筹安排，推动建立全国统一的票据交易平台，努力使票据市场真正成为规范、统一的货币市场的组成部分，更好地服务我国经济金融的改革发展。2016年底，上海票据交易所成立，成为集票据交易、登记托管、清算结算、信息服务多功能为一体的全国统一的票据交易平台。依托上海票据交易所，一整套包含票据全生命周期的票据市场基础制度正在逐渐成形，有望进一步推动票据产品和交易方式创新，丰富和增强票据市场功能。

第四节　稳步推进金融市场对外开放

金融市场的对外开放是中国经济金融对外开放历程中的重要部分。如同改革开放的进程中存在不同声音一样，个别人从自身行业的利益出发，以保护行业发展、保护民族资本、维护国家安全等理由主张对金融业和金融市场进行保护，等成长壮大了再开放，再参与国际竞争。对此，周小川行长提出，金融服务业是竞争性的服务业，金融是服务业的重要组成部分，保护导致懒惰，损害行业发展。市场和机构的不健康导致市场不稳定，容易发生危机。人民银行高度重视和大力推进金融市场对外开放，切实履行加入世界贸易组织的承诺，积极配合中国对外开放总体战略部署，始终保持开放的心态，注重吸收国际经验，充分有效地利用国内和国外两个市场、两种资源。事实证明，在对外开放的进程中，中国金融市场和金融机构学习了国际经验，接轨了国际规则，适应了国际竞争，融入了全球化发展，分享了全球化收益，推进了人民币国际化，中国金融市场受益于对外开放。

第一，引入境外机构参与境内债券市场。一是履行加入世界贸易组织的承诺，给予外资机构参与金融市场各项业务的国民待遇。目前，在银行间债券市场的结算代理人、做市商、承销商、公开市场一级交易商中，均有外资机构。二是逐步放开境外机构投资境内金融市场。先后允许境外中央银行或货币当局、主权财富基金、国际金融机构、人民币业务清算行、人民币结算境外参加行、境外保险机构、人民币合格境外投资者（RQFII）和合格境外机构投资者（QFII）投资银行间债券市场。2015—2016年，进一步拓宽境外机构投资者范围，引入更多类型境外机构投资者，特别是养老金等中长期机构投资者，取消投资额度限制，简化管理流程，并加强了有关的宏观审慎管理。截至2016年末，已有407家境外机构进入银行间债券市场。2017年，人民银行与香港金管局推动"债券通"正式上线试运行，使境外投资者可以在基本不改变原有交易结算制度安排与习惯的情况下，更加便捷高效地投资于中国债券市场，进一步加快了金融市场对外开放的步伐。三是推动各类境外机构注册发行境内人民币债券（熊猫债）。早在2005年，人民银行就积极推动国际金融公司和亚洲开发银行在银行间市场试点发行人民币债券。从2013年起，境外非金融企业开始在境内市场发行人民币债券。2015年，境外金融机构以及外国政府也加入熊猫债发行主体行列。

第二，推动境内机构参与境外债券市场，推动境内机构赴香港、伦敦等地发行离岸人民币债券。目前已有十余家境内金融机构赴香港发行人民币债券，国家开发银行、工商银行、建设银行先后赴伦敦试点发行人民币债券总计65亿元。中国银行、农业银行等金融机构先后在境外发行了二级资本债券、绿色债券等。2009—2015年，财政部共在香港发行人民币国债1 360亿元。2016年，财政部在伦敦发行人民币国债30亿元。

第三，推动境外人民币业务清算行进入同业拆借市场。2009年，人民银行在同业拆借市场引入境外人民币清算行，截至2016年末，已先后有8家境外人民币业务清算行进入同业拆借市场开展同业拆借交易。同业拆借市场为境外人民币清算行提供了畅通的人民币流动性管理渠道，促进了境内外人民币货币市场联动，推动了境外人民币利率定价机制建设，在人民币国际化进程中发挥了重要作用。

第四，推进黄金市场由国内市场向国际市场转变。2004年，周小川行长提出了黄金市场"三个转变"的发展方向，其中之一是实现中国黄金市场由国内市场向国际市场的转变。2007年，人民银行批准上海黄金交易所吸收外资银行在华营业性机构作为会员，积极推动外资银行进入国内黄金市场，加强境内外市场联动，完善价格形成机制。2014年，上海黄金交易所推出黄金"国际板"，使国际投资者可以直接参与上海黄金交易所以人民币计价的黄金、白银等贵金属产品交易，推动我国黄金市场对外开放迈上新的台阶。

第五，加强国际金融市场合作，参与国际规则制定。一是把握最佳时机，积极推动中国参加金融部门评估规划（FSAP）评估。2009年8月，我国正式接受国际货币基金组织（IMF）和世界银行联合组织开展的首次FSAP评估，今后还将每五年开展一次FSAP更新评估，树立了我国金融体系严格执行国际标准与规则的正面形象，为我国更深入地参与国际金融标准与规则的制定和修订打下了坚实基础。二是积极推动全球中央对手方协会（CCP12）法人实体在上海正式注册成立。2016

年CCP12在上海开业运营，对我国进一步加强金融市场基础设施建设、扩大金融市场对外开放、提升我国在国际金融标准和规则制定上的话语权，具有十分积极的影响。三是充分利用二十国集团（G20）合作机制和金融稳定理事会（FSB）等国际金融组织平台，继续加强与国际组织、外国政府部门等各方的沟通协调，积极参与各类标准制定与讨论，不断扩大我国在国际金融市场标准制定、金融秩序建设等方面的参与度和影响力。

第五节 坚持服务实体经济发展的"初心"

在第五次全国金融工作会议上，习近平总书记指出，金融要把为实体经济服务作为出发点和落脚点，全面提升服务效率和水平，把更多的金融资源配置到经济社会发展的重点领域和薄弱环节，更好地满足人民群众和实体经济多样化的金融需求。在改革和发展金融市场的历程中，人民银行始终明确和坚持把服务实体经济发展作为金融市场发展的"初心"，从发展直接融资、促进经济结构性改革、服务宏观调控等方面充分发挥金融市场的作用。

第一，着力提升直接融资比例，更好地服务实体经济发展。中国是一个高储蓄率的国家，长期以来主要依赖银行融资，间接融资占绝对比重，导致风险过度集中于银行体系，给全社会的风险控制管理带来一定的难度。这就需要大力发展股票市场、债券市场来提高直接融资比重，促进融资结构优化，分散银行体系风险，增强金融稳定性。同时，间接融资一般要求提供抵押品，也导致中小企业和"三农"难以获得贷款。如果引导大中企业采用直接融资方式，既可降低企业融资成本，也可推动银行将业务重心下移，将腾出来的信贷资源用于发掘中小企业和"三农"客户。从完善公司治理结构的角度来看，相对于传统一对一的银行信贷，一对多的直接融资方式要求发行股票或债券的企业信息更为透明，有助于企业完善公司治理。此外，直接融资也比间接融资具有更强的吸收风险的能力，有利于支持创新，给各类创新活动和新兴行业注入资金。

因此，新世纪以来，人民银行以显著提升直接融资比重为目标，会同有关部门加速推动发展公司信用类债券市场，加强基础性制度建设，完善市场功能，通过发展债券市场服务实体经济直接融资需求，降低社会融资成本，改善社会融资结构。从社会融资规模的总量和结构变化来看，融资方式多元发展，融资结构明显优化，过去过于倚重间接融资的格局已经开始改变。从总量上看，从2002年到2016年，社会融资规模从2万亿元扩大到17.8万亿元，社会融资规模存量同比增速曾连续十年高于人民币贷款增速。从结构上看，从2002年到2016年，贷款（不含委托和信托贷款）在社会融资规模中的比重从91.9%下降到69.9%，直接融资的比重从4.9%上升到23.8%，其中债券融资占比上升尤为突出，从1.8%大幅上升至16.8%。通过发展直接债务融资，每年至少为实体经济节省融资成本1 000亿~1 500亿元。

第二，发挥金融市场作用，助力供给侧结构性改革。2008年国际金融危机爆发后，全球经济步入深度调整期，世界主要经济体走势持续分化，且不确定性因素较多，使得中国经济发展面临错综复杂的外部环境。在国内，近年来人口红利衰减、"中等收入陷阱"风险累积、经济结构性失衡问题日益突出。为适应国际金融危机爆发后综合国力竞争的新形势，适应和引领中国经济发展新常态，中央大力推进以"去产能、去库存、去杠杆、降成本、补短板"为重点的供给侧结构性改革。人民银行充分发挥金融市场在供给侧结构性改革中的作用，促进经济转型升级提质增效。

一是持续推进直接融资产品创新，积极稳妥去杠杆。过去一段时间，我国实体经济企业杠杆率持续增加，不利于宏观经济的平稳发展，还可能积累一定的风险。人民银行和相关部门高度重视，积极采取应对措施。一方面，大力发展永续债券、项目收益债券及可转换债券等股债结合的创新产品，支持企业进行长期项目融资，积极改善企业资产负债结构；另一方面，加快推动企业资产证券化融资和结构化产品创新，用好增量，盘活存量，有力拓宽实体经济企业融资渠道，提高资金使用效率。

二是支持产能过剩行业正常融资需求，有序渐进去产能。在应对国际金融危机的经济刺激政策消化期，钢铁煤炭等基础性行业的产能过剩问题日益突出，容易出现融资困难。人民银行坚持利用市场化机制，分类处置产能过剩行业的融资难题。一方面着力实现"僵尸企业"的有序出清，释放更多金融资源；另一方面支持正常经营企业尤其是行业龙头企业的融资需求，支持企业与市场机构搭建多元化、多方位交流机制，强化投资人保护条款，有效提振投资人信心。近年来的市场实践表明，产能过剩行业企业与市场机构的积极沟通，有利于顺利发行债券融资，降低综合融资成本，为企业改善经营和转型升级赢得时间，最终实现有序渐进去产能。

三是拓宽保障房棚改房建设融资渠道，扎实有效补短板。目前中国城镇化总体水平依然较低，潜力很大，同时存在大量人口居住在棚户区等历史遗留问题。加快推进保障房建设，完善保障房基础配套，加大城镇棚户区、老旧住宅小区改造力度，是扎实推进新型城镇化的重要内容。利用金融市场公开透明的融资渠道和市场化约束机制，拓宽保障房、棚改房融资渠道，完善融资体制机制，对推进中国新型城镇化至关重要。目前，直接债务融资已经成为保障房棚改房建设规范的、市场化的融资渠道之一。

四是贯彻绿色发展理念，实施绿色金融发展战略。在全面建成小康社会决胜阶段，以习近平同志为核心的党中央，明确提出"创新、协调、绿色、开放、共享"的新发展理念，为"十三五"乃至更长时期的发展提供了指南。2015年以来，人民银行创新推出绿色金融债券，为金融机构通过债券市场筹集资金支持环保、节能、清洁能源、清洁交通等绿色产业项目创新了筹资渠道，同时指导交易商协会创新推出绿色债务融资工具。绿色金融债券和绿色债务融资工具，是落实绿色金融发展战略、构建绿色金融体系的重要内容，是未来一个时期债券市场发展的重要方向之一。

第三，服务公开市场操作和货币政策传导，加强和改进宏观调控。改革开放之初，由于体制改革和市场发展的渐进性质，政府管理和调节经济运行仍然多采用信贷限额管理等传统计划经济的工具和手段。20世纪90年代以来，经济金融环境显著变化，对宏观调控提出了新的要求：一是随着市场化改革的日益深化，微观主体自主决策的能力和意愿逐步增强，传统行政化、数量型的直接调控效果弱化，需要向市场化、价格型的间接调控转变。二是新世纪以来特别是加入世界贸易组织后，对外开放进入新阶段，国际收支持续双顺差、大量外汇占款导致流动性过剩，应对通胀压力需要高效的对冲操作平台。三是国际金融危机后，加强宏观审慎监管成为共识，而实施资本充足、流动性和杠杆率、衍生产品集中清算等监管要求，都需要金融市场给予足够的支持。在这样的背景下，人民银行等相关部门积极采取措施，依托银行间市场推动金融市场发展，加强市场基础设施建设，提高市场深度和广度。实践表明，银行间市场，包括货币、债券和外汇市场在担当调控平台方面具备独特优势：一方面其面向机构投资者和场外市场的特性适合宏观管理部门开展相关调控操作；另一方面银行间市场的规模占据绝对主体地位，也是中国金融体系中各主要金融机构进行流动性和投融资管理的主要平台，其承载政策操作和传导政策导向的能力较强。依托银行间市场这一平台，管理部门积极开展常规性和应对危机冲击的各项宏观调控操作。

从货币政策看，新世纪以来，银行间市场已经成为货币政策调控的"主战场""晴雨表"和"风向标"。一是银行间货币市场成为公开市场操作的"主战场",是人民银行执行货币政策的重要渠道。2003年开始,人民银行在银行间市场发行中央银行票据,年发行量从2003年的7 200亿元增长到2008年的4.2万亿元,通过在银行间市场开展公开市场操作,有效对冲了流动性过剩,缓解了通胀压力。同时,人民银行推出的一系列创新型货币政策工具,包括短期流动性调节工具、常备借贷便利、中期借贷便利、抵押补充贷款以及临时流动性便利等,均依托银行间市场开展业务。二是建立了完善的基准利率体系,成为金融产品的定价基准和金融市场的"晴雨表"。积极推动市场中介机构发布上海银行间同业拆放利率(Shibor),包括隔夜、7天和14天三个品种的回购定盘利率,以利率债为质押的回购交易利率(DR)以及国债收益率曲线。完善的基准利率体系既为金融产品的定价估值、交易清算、产品创新、风险管理等提供了重要参考标准,提高了金融市场的效率,也通过价格机制反映了整个金融体系的资金供求关系,成为金融市场乃至金融体系的"晴雨表",为货币政策的决策提供了重要参考。三是金融市场的货币政策传导作用不断加强,成为金融机构解读和传导货币政策的"风向标"。随着金融市场体系的不断完善、市场参与机构的不断增多以及人民银行公开市场操作手段的不断完善,金融市场的敏感性、有效性也不断加强。Shibor被金融机构视为观察市场利率趋势变化的"风向标",以及把握宏观金融动向的指示器,中央银行的货币政策能够迅速通过金融市场的"风向标"作用进行传导,不仅影响短期利率,也对中长期利率的形成产生重要影响。

从财政政策看,1999年国债实现市场化招标发行,国债发行安排趋向合理,充分发挥国债市场的财政功能。国债年发行量从2002年的4 500亿元增长到2016年3万亿元。为有效应对国际金融危机的冲击,地方政府债券从2009年开始试点发行,很快实现了从"代发代还""自发代还"到"自发自还"的市场化改革,市场规模迅速增长。截至2016年,国债和地方政府债券余额均已超过10万亿元,极大地增强了扩大政府投资和地方安排配套资金的能力。

总的来说，金融市场的发展，特别是具有一定广度和深度的银行间市场的发展，为宏观调控政策顺利实施传导提供了有效的渠道，为熨平经济周期波动、维护物价水平稳定、促进经济持续健康发展发挥了重要作用。

第六节 加强金融市场监管，防范金融市场风险

证券、银行、保险三个行业监管部门分别成立之后，中国形成了以机构监管为特点的分业监管格局，为金融业的稳健发展和金融风险的有效防范发挥了重要作用。但随着市场的发展变化，一些交叉业务需求逐渐产生。例如公司企业除了贷款需求之外，还有投资理财、套期保值等需求；居民个人除了传统存款之外，有了进一步的消费信贷、投资理财以及养老保险等多种需求。这种变化使得单个金融机构可能承担多行业的金融服务功能，参与不同金融市场，也使机构监管出现了交叉地带。实际上随着市场的发展，过去的一些根据"出生证"由谁发放而画地为牢式的监管理念已难以符合实际要求。为了更好地防范金融风险、维护金融稳定，人民银行努力推动处理好功能监管和机构监管相结合的关系，并加强监管协调。

第一，顺应市场需求变化，发挥机构监管和功能监管合力。机构监管并非狭隘的"谁的孩子谁抱"，否则，将不可避免地衍生出市场分割、重审批轻监管、以审批代监管、以主管代监管、监管部门行政不作为和乱作为并存等一系列问题，严重抑制金融市场的发展。在这方面有过教训，2002年部分证券公司风险爆发，就是由于延续了"主管"思路，以先解决历史遗留问题作为接手监管的条件，使某些证券公司在很长时间内处于监管空白状态。实际上，功能监管和机构监管是从不同的

维度对金融活动进行监管，有利于发挥合力，有效避免监管空白和监管套利。以中国债券市场监管体制为例，除了机构监管，市场主管部门实行功能监管，各部门按照法律赋予的职责，各司其职，各负其责，发挥部门优势，共同推动债券市场发展。具体来看，人民银行着重从维护金融稳定、推动市场协调发展、依法监管银行间债券市场、统筹市场基础设施的角度推动债券市场发展；证券监管部门依法监管交易所债券市场，并依照《中华人民共和国证券法》对整个债券市场涉及证券欺诈、操纵价格、内幕交易等违法犯罪行为进行处理；发展改革部门着重从国家产业政策布局角度做好重点项目债工作。从实践来看，这一监管架构和分工取得了较好的效果。

第二，建立和完善监管协调机制，推进监管协调工作规范化、常态化。监管当中需要防止不同部门各自为政的情况，否则容易导致监管标准不统一、出现监管空白和监管套利，这就要求要注重加强监管部门之间的沟通与协调。建立常态化的监管协调机制，是保证协调效果的前提。2012年，经国务院批准，成立了人民银行牵头，发展改革委、证监会为成员的公司信用类债券部际协调机制，致力于在现行法律框架下，促进相关部门依法加强监管协调和信息共享，发挥合力，共同推动债券市场健康快速发展。部际协调机制成立后，各部门积极加强沟通交流与合作，在银行间市场和交易所市场互联互通、证监会跨市场统一执法、公司信用类债券数据信息共享、信用建设和联合惩戒等方面取得了积极进展。

总体来看，新世纪以来，由于坚持了市场化的改革发展方向，遵循了市场发展的客观规律，中国金融市场体系建设取得了重大进展，市场规模快速增长，产品种类不断丰富，市场结构持续优化，参与主体日益增加，市场化约束机制不断健全，金融市场基础设施更加完善，对外开放水平显著提升。随着金融市场广度和深度的不断提升，社会融资规模稳步增长，直接融资比重显著提高，为改革完善金融调控机制和宏观审慎政策框架，畅通政策传导渠道和机制，促进金融服务实体经济发展和供给侧结构性改革发挥了重要作用，有力地支持了国民经济平稳健康发展。金融市场的发展还为中国金融体系在错综复杂的国内外环境中保持总体稳定提供助力。

回顾中国金融市场的发展实践，我们认识到，坚持服务实体经济，是发展金融市场的出发点和落脚点。只有坚持科学发展，尊重客观规律，解放思想，减少管制，以市场化理念发展金融市场，才能有效地推动金融市场为经济社会有效服务。只有加强监管，夯实基础，扩大开放，才能保障金融市场行稳致远。党的十九大报告提出，要深化金融体制改革，增强金融服务实体经济能力，提高直接融资比重，促进多层次资本市场发展。习近平总书记在第五次全国金融工作会议上强调，金融是实体经济的血脉，为实体经济服务是金融的天职，是金融的宗旨，也是防范金融风险的根本举措，要贯彻新发展理念，树立质量优先、效率至上的理念，更加注重供给侧的存量重组、增量优化、动能转换。未来我们还要进一步贯彻新发展理念，积极规范发展金融市场，扩大直接融资，疏通金融进入实体经济的渠道，为实体经济发展创造良好的金融环境，服务好供给侧结构性改革和现代化经济体系建设。

在国际国内经济下行压力因素的综合影响下，我国金融市场发展面临不少风险和挑战。党的十九大报告强调，要健全金融监管体系，守住不发生系统性金融风险的底线。第五次全国金融工作会议也指出，防止发生系统性风险是金融工作的永恒主题，要把主动防范化解系统性金融风险放在更加重要的位置，要加强金融监管协调，补齐监管短板。按照这些要求，人民银行将会同有关部门加强监管协调，规范发展金融市场，形成金融发展和监管的强大合力，补齐监管短板，避免监管空白，科学防范金融风险。同时，打击逃废债行为，控制好杠杆率，加大对金融市场违法违规行为的打击力度。按照市场化、法治化原则有序处置和化解突出风险点，切实维护国家金融安全和稳定。

第二章
中国债券市场发展取得重要成就

债券市场是金融市场的重要组成部分,也是直接融资最重要的市场之一。中国债券市场始于1981年国债的恢复发行。历史上看,中国债券市场发展并非一帆风顺,经历过曲折与反复。在多年的探索和实践中,人民银行不断总结中国债券市场改革发展正反两方面的经验教训,终于找到了一条既符合市场发展一般规律,又适应中国国情的发展道路。新世纪以来,中国债券市场取得了举世瞩目的发展成就。截至2016年末,中国债券市场余额约64万亿元,已经成为全球第三大市场,公司信用类债券市场成为仅次于美国的全球第二大市场。

第一节 债券市场经历曲折与反复

1997年以前,我国债券市场处于起步探索阶段,由于对市场的规律、功能和风险防范缺少经验和认识,债券市场的改革发展经历了一段曲折与反复的历程,也犯了一些严重错误。1997年,商业银行全部退出交易所市场,成立银行间债券市场,中国债券市场开始稳步发展,逐渐形成了以场外市场为主体、场内场外市场并存、分工合作的市场格局。但由于交易所债券市场在制度上存在缺陷,信用债发展思路存在错误,债券市场的发展仍然暴露出了一些问题和不足。

一、1997 年之前债券市场走过弯路

我国债券市场始于 1981 年国债的恢复发行。在很长一段时间内,国债采用行政摊派方式,由于缺乏交易流通渠道,投资者认购意愿不强,发行困难凸显建立债券市场的必要性。20 世纪 80 年代中后期,国债流通转让试点工作展开,形成了很多地方性债券交易中心及柜台交易中心。发展初期,我国一级和二级债券市场缓慢起步,规模较小。20 世纪 90 年代前,国债的年发行量大体在几十亿元的水平,20 世纪 90 年代初,国债的年发行量上升到百亿元以上。1993—1995 年,国债的年发行量大体在 700 亿~1 400 亿元。

当时债券市场处于分散运行状态,再加上交易行为不规范,市场很快就暴露出了风险,并发生了一些重大风险事件。

(一) 1993—1995 年的国债回购交易风险事件

1993—1995 年,沪深证券交易所、全国证券交易自动报价系统(STAQ)、武汉证券交易中心、天津证券交易中心等多个交易场所纷纷推出国债回购交易。由于当时国债分散托管在各个证券营业部和国债服务部,缺乏统一的债券登记结算系统和严格的托管结算制度,债券投资者无法通过有效方式核实其债券投资的真实性。部分证券从业机构冒用国家信用超发国债、开具虚假国债保管单进行欺诈。为吸引市场参与者,各交易场所还竞相放松交易结算标准,降低债券回购融资中融资方的质押比例,不合理地延长回购期限,导致包括财政预算

资金、银行贷款在内的大量资金涌入债券回购市场逐利。1995年，债券回购交易风险集中爆发，多起欺诈案件相继暴露，许多回购协议到期不能履约，形成严重债务拖欠。武汉、天津证券交易中心以及全国证券交易自动报价系统的债券交易出现巨额债务链条。1995年下半年，相关部门对包括国债回购在内的证券回购市场进行规范清理，同时取消原来分散在各地的回购交易中心，将国债回购交易集中到沪、深证券交易所进行。

（二）"327国债期货"事件

1995年初，以万国证券为代表的空方，和以中国经济开发信托投资公司为代表的多方，围绕327国债期货合约开展激烈争夺。2月23日，由于部分机构得知财政部将对327国债进行贴息的内幕消息，327国债期货合约价格大幅上涨，空方主力万国证券面临巨额损失。为维护自身利益，万国证券在交易结束前最后8分钟，违规大量透支交易，抛出700万手、价值1 400亿元的巨量空单，使得327国债期货合约价格暴跌，当日开仓的多头全线爆仓。"327国债期货"事件前后，还有多起国债期货价格异动事件，国债期货市场陷入混乱，有关部门于1995年5月17日宣布暂停国债期货交易试点。

在经历数起重大风险事件后，为防范金融风险，1995年，相关部门将债券交易主要集中于沪、深证券交易所，沪、深证券交易所成为金融机构投资者与零售投资者、银行与非银行机构并存的债券场内交易市场。随后几年，大量银行资金通过交易所债券回购流入股市，不仅干扰了回购市场的正常运行，也助长了股市的投机和泡沫。1997年6月，根据国务院统一部署，商业银行全部退出交易所市场。

这一阶段，由于债券市场建设存在制度性缺陷，我国债券市场总体发展非常缓慢。1997年末，中国债券市场余额为4 781亿元，占国内生产总值的比重为7%，根据国际清算银行（BIS）的统计，排名世界第25位。

▼ 案例1

327 国债期货事件

　　1992 年 12 月 28 日，上海证券交易所率先允许证券自营商进行国债期货交易。1993 年 10 月 25 日，国债期货交易向社会公众开放。由于当时的股票市场持续低迷以及钢材、煤炭、食糖等大宗商品期货品种相继被暂停，大量资金涌入国债期货市场。1994—1995 年初，国债期货交易量巨幅放大，国债期货交易场所从两家陡然增加到 14 家，1994 年全国国债期货市场总成交金额竟高达 28 万亿元。

　　"327 国债期货"事件中，"327"是"92（3）国债 06 月交收"国债期货合约的代号，对应的基础产品是 1992 年发行的三年期国库券，该券发行总量为 240 亿元，1995 年 6 月到期兑付，利率是 9.5% 的票面利息加保值贴补率，但财政部是否对其实行保值贴补，一开始并不确定。1995 年 2 月后，其价格一直在 147.80 元和 148.30 元之间徘徊，但随着对该债券保值贴补预期的变化，"327 国债期货"价格发生大幅变动。以万国证券公司为代表的空方主力认为 1995 年 1 月起通货膨胀已见顶回落，不会贴息，坚决做空，而其对手方中国经济开发信托投资公司则依据物价翘尾、周边市场"327"品种价格普遍高于上海，以及提前了解财政部决策动向等因素，坚决做多，不断推升价位。

　　1995 年 2 月 23 日，一直在"327"品种上联合做空的辽宁国发（集团）有限公司抢先得知贴息消息，立即由做空改为做多，使得"327"品种在一分钟内上涨 2 元，十分钟内上涨 3.77 元。做空主力万国证券公司立即陷入困境，按照其当时的持仓量和价位，一旦期货合约到期，履行交割义务，其亏损将超过 60 亿元。在 148.50 价位封盘失败后,为维护自身利益,在交易结束前最后 8 分钟,万国证券公司违规大量透支交易,以 700 万手、价值 1 400 亿元的巨量空单,将价格打压至 147.50 元收盘,使"327"合约暴跌 3.8 元,并使当日开仓的多头全线爆仓,造成了传媒所称的"中国的巴林事件"。

"327"国债交易中的异常情况,震惊了证券市场。事发当晚,上海证券交易所召集有关各方紧急磋商,最终权衡利弊,确认空方主力恶意违规,宣布最后 8 分钟所有的"327"品种期货交易无效,各会员之间实行协议平仓。

"327"国债异常交易的第二天(1995 年 2 月 24 日),上海证券交易所针对异常交易,依据中国证监会在"327"国债异常交易事发当日发布实施的《国债期货交易管理暂行办法》,发布了《关于加强国债期货交易监管工作的紧急通知》,出台了以下几项应急措施:一是实行涨跌停板制度,幅度为在前收盘价基础上上下浮动 0.5 元;二是限制持仓数额,机构投资者不得超过 5 万手,个人投资者不得超过 3 万手;三是控制会员的持仓结构,会员自营持仓和单一品种持仓数量均不得超过持仓总数的 30%;四是严禁会员之间相互借用仓位,严禁会员向客户融资,或少收、垫付保证金。但是,即便如此,国债期货市场仍风波不断,5 月 10 日又发生著名的"319"事件。1995 年 5 月 17 日,鉴于当时的市场状况,证监会作出暂停国债期货交易试点的决定。至此,中国第一个金融期货品种宣告夭折。

二、银行间市场建立

1997 年亚洲金融危机后,亚洲各国普遍对债券市场发展的重要性有了新认识。1997 年底,第一次全国金融工作会议召开,明确提出要发展资本市场,扩大直接融资。在此背景下,相关部门在总结国内外债券市场发展经验教训的基础上，对债券市场基本架构进行系统规划，要求商业银行全部退出交易所债券市场，同时，经国务院同意建立了银行间债券市场。

随着银行间债券市场的建立，中国债券市场形成了以场外市场为主体、场内市场场外市场并存、分工合作的市场格局。经过几年的发展，场外市场和场内市场的定位日益清晰。场外市场面向机构投资者，采用询价交易方式；场内市场主要面向个人投资者和中小机构投资者，采用集中撮合交易方式。在此期间，债券市场基础设施建设得到加强，统一的债券登记托管系统初步形成；集中电子化交易平台建立并发展，债券发行的市场化程度得到很大提高。政策性金融债和国债分别于1998年和1999年实现市场化招标发行，彻底改变了过去债券发行依靠行政摊派和强制认购的方法，有力地支持了中央实施积极的财政政策。

但是，当时债券市场发展仍然存在两个突出问题：

一是交易所债券市场的标准券回购制度设计缺陷集中暴露。标准券回购存在标准券折算、按席位二级托管等制度缺陷，为证券公司挪用客户债券进行回购交易提供了便利。同时，标准券回购采用回转交易和回购续做的制度安排，形成"回购—买券—再回购—再买券"的套做放大模式，提高了投机者通过放大杠杆获利的能力。在此背景下，多家证券公司违规挪用客户债券进行回购融资，并将所融资金投资于股票市场。2003年下半年，随着股票市场开始下跌，交易所债券回购风险暴露。富友证券挪用客户债券回购资金39亿元事件曝光，其中挪用上海农村信用社债券高达17亿元，给农村信用社带来巨大损失，有关部门发文要求农信社退出交易所债券市场，只允许通过银行间债券市场开展债券交易。之后随着债券价格持续走低和标准券折算比例不断下调，部分机构因资金链断裂陷入危机。在随后开展的证券业治理整顿中，近三分之一的券商被迫关闭，由于多数券商牵涉违规挪用客户债券和资金，违约面广、违约金额巨大，致使中证登的结算风险基金不足以弥补客户损失。

二是公司信用类债券市场发展依旧缓慢。由于担心面向个人投资者发行的债券到期不能偿付会给社会稳定带来风险，从而对公司信用类债券实行"零风险"管理，只有极少数资质良好的大公司可以发债融资，且多与国家建设项目挂钩，同时强制要求银行担保。

2004年末，中国债券市场余额为5.2万亿元，占国内生产总值的比重为33%，排名世界第11位。公司信用类债券余额为2 431亿元，排名世界第21位，在亚洲远低于经济总量比我国小得多的韩国、马来西亚等，位居第6位。

第二节　建立以合格机构投资者和场外市场为主的债券市场

2005年，人民银行行长周小川发表了对债券市场改革发展具有指导意义的讲话，在深入总结历史教训的基础上，提出了面向合格机构投资者和以场外市场为主的公司债券市场发展思路。这篇讲话从理论和实践上为中国债券市场的改革指明了道路，推动中国债券市场遵从客观规律，沿着以合格机构投资者和场外市场为主的逻辑主线进行改革，取得了跨越式的发展。

一、总结经验教训提出发展思路

2004年，国务院发布"国九条"，进一步提出稳妥发展债券市场，鼓励符合条件的企业通过发行债券筹集资金。对于债券市场发展，当时各方存在不同意见，有的声音强调，为了保护投资者利益，发债公司一定要确保有偿付能力，或有一定担保；有的声音认为，要开辟一种中国特色的公司债市场，主要是供个人或家庭投资者投资，为个人投资者开辟新的渠道。种种声音，似是而非，却关系债券市场的发展方向和道路选择。对此，在"国九条"酝酿研究阶段，人民银行行长周小川就提出"要研究好公司信用类债券的市场定位问题，公司信用类债券市场要发展机构投资者"。

在充分研究各方面经验并进行深入分析和充分论证的基础上，2005年10月20日，周小川行长在中国债券市场发展高峰会上作了《吸取教训 以利再战》的演讲。周小川行长指出，过去企业债市场犯了一系列比较严重的错误，导致市场发展建设一蹶不振，主要体现为"一打"（十二点）失误：对企业债券的发行额度、发行企业的个数等进行计划分配，而不是遵照市场经济规律决定企业债的发行；在对企业债的发行额度进行行政分配时，往往按"济贫"原则，把企业债额度作为一种救济，分配给有困难、质量较差的企业；没有完善的债券信用评级制度；不能向投资者提供可供分析的信息披露；行政性定价和对价格限额的管制；行政性要求企业发债必须要有银行担保；债券发行面向散户，而不是主要面向有分析能力的合格机构投资者；没有建立有效的市场约束；没有进行足够的投资者教育；缺少一个完善的《破产法》；没有正确定位承销商的角色；在处理发行人违约问题上，行政干预更严重。

对于这"一打"失误，周小川行长指出，一是思维主线上，大量体现的是计划经济的思维；二是逻辑主线上，市场定位错误可能是我国企业债一系列错误的逻辑根源，最关键的是投资者定位问题；三是环境主线上，公司债生存需要有一个合适的生态环境，主要是指制度建设以及在制度方面的保障。

在对历史教训和原因进行分析的基础上，周小川行长提出，要以市场经济为思维主线，合格机构投资者和场外市场为逻辑主线，以完善法规、会计、信息披露和破产制度为环境主线，使有较强分析能力和风险承担能力的机构能够在市场中唱主角。其中，关键的切入点还是要发展合格机构投资者和场外市场,要通过发展合格机构投资者和场外市场来培育我们的市场。

在对中国债券市场的发展方向和路径众说纷纭、意见不一的情况下,这篇讲话明确指出了债券市场发展的核心问题和客观规律,为公司信用类债券市场发展突破瓶颈提供了新的思路,从理论和方向上为稳妥发展债券市场指明了道路,也为下一步的改革和发展统一了认识。之后中国债券市场主要的改革发展,都是沿着这篇讲话提出的思路向前推进。

二、发展合格机构投资者和场外市场为主的银行间债券市场

2005年后,以发展合格机构投资者和场外市场作为切入点,人民银行积极推动市场定位和市场结构的改革发展,债券市场步入了迅速发展的时期。

(一)积极拓宽多元化的合格机构投资者参与主体

确定债券市场的参与主体应该为合格机构投资者后,人民银行将推进机构投资者的多元化作为保障市场差异化需求、提高市场流动性、分散风险和维护市场稳定的重要方向。在银行间债券市场发展初期,商业银行(包括信用社)几乎是唯一类型的投资者,市场需求趋同,流动性不高。人民银行积极推进银行间债券市场引入证券公司、保险公司、资产管理公司等非银行金融机构,企业年金基金、保险机构产品、信托产品等集合类投资主体和非金融企业等,并推动境外央行类和商业类机构投资者投资债券市场。目前,银行间债券市场已发展成为各类机构投资者广泛参与的成熟债券市场。

（二）积极发展和完善场外市场

确定债券市场面向合格机构投资者，以场外市场为主的发展方向后，人民银行推动市场向符合机构投资者场外批发交易需求的方向转变。一是全面加强债券市场基础设施建设。不断完善场外市场电子交易系统，为参与者提供透明、规范的交易平台；成立银行间清算所股份有限公司，推动建立中央托管体系、独立的清算所、安全稳健的资金清算系统，实现了国际先进的交易和结算系统数据直通式处理和券款对付结算，提高交易效率，降低交易成本和操作风险。二是创新和丰富交易品种。根据机构投资者的需求不断推进债券市场产品创新，实现政府类债券、金融类债券、公司信用类债券和资产证券化产品全覆盖，稳步发展利率衍生品、信用衍生品市场。

（三）完善市场化约束机制

一是减少行政审批，推动成立自律管理组织。2005年，人民银行在面向机构投资者推出短期融资券时，尝试进行发行管理的体制创新，采用了备案制。2007年9月，经国务院批准，人民银行推动成立交易商协会，对银行间债券市场实施自律管理，并以交易商协会为依托，对中期票据、短期融资券等债务融资工具的发行管理实行更为市场化的注册制，极大地激发了市场潜力。在注册制推出后，证监会、发展改革委也逐步简化债券审核程序，丰富发行方式，给予债券发行更多自由度。二是建立健全市场化约束机制。逐步完善债券市场信息披露制度，明确细化披露要求，为合格机构投资者评估、分析和判断风险提供信息上的保障，保护投资人的合法权益；不断完善信用评级制度，建立了信用评级的"投资者付费模式"，市场中介服务的质量不断提高。银行间债券市场更加强调会计报表的质量、强化信息披露、信用评级等市场化约束机制，不再强制要求担保，同时建立外部增信机制等市场化的风险分担机制，为市场快速发展起到了保驾护航作用。三是不断完善债券发行、交易、托管、结算等方面的法规体系，加强监管协调，健全投资者合法权益保护制度。

实践证明，正因为选对了建立以合格机构投资者和场外市场为主的债券市场这条发展路径，银行间债券市场才得以快速发展。截至2016年末，中国债券市场余额近64万亿元，是仅次于美国和日本的全球第三大市场。公司信用类债券存量余额为16.5万亿元，是仅次于美国的全球第二大市场。同时，债券市场发展的质量也取得了长足的进步。

▼ 专栏1

合格投资者与债券市场划分的国际经验

一、公募、私募市场的区分

（一）公募市场和私募市场的定义及划分标准

公募市场是指债券发行与交易面向普通公众投资者的市场，而私募市场面向的则是特定的合格投资者。不同国家对私募市场的叫法不一（如OTC市场、注册豁免市场、合格投资者市场、非公开发行市场等），但其内涵是一致的：通过适度放松监管来提高市场运行效率，在简化流程和提高效率的同时，又将风险控制在风险识别及承受能力较强的投资者群体内。

综合美国、日本、欧盟等成熟市场经验，公募市场面向的投资者通常具有以下特征：非专业的个人投资者；没有或拥有较少的相关投资经验；净资产较少；风险识别和风险承受能力弱。私募市场面向的特定合格投资者一般包括以下特征：专业的投资分析能力；有一定相关投资经验；高净值人士；较强的风险识别和承受能力。另外，外国投资者一般也被各国当做特定合格投资者，允许参与私募市场的发行与交易。

（二）公募、私募市场的划分有很强的现实意义

在国际成熟市场上，公募市场往往受到更为严格的监管。如在美国，面向公众投资者的公募发行必须向美国证监会（SEC）注册，提交募集说明书等发行文件，相关中介机构受到严格监管，而以私募方式发行债券可免去 SEC 注册要求以及部分强制信息披露要求。在欧盟，公募发行的债券受到《募集说明书指令》和《透明度指令》约束，而私募市场可以豁免这类监管。各国对二级市场监管也基本一致：私募发行债券的流通转让仅限于合格投资者群体，不能流入普通公众投资者之手。

二、政府各部门及自律组织各司其职

在成熟市场国家和地区，将公募市场和私募市场区分开，是为了对两个市场做差异化和针对性的监管。在这两个市场，政府监管部门和自律组织分别扮演了重要角色。

（一）公募市场以政府监管为主导

公募市场面向的是广大的普通公众投资者，由于监管机构有保护公众投资者权益的责任，因此一般会设置严格的准入条件、详尽的信息披露、持续的后续管理和严厉的惩处机制。例如，在中国香港市场，根据《保障投资人士条例》，只有在保证发行人信誉良好、投资者权益获得保障的前提下，香港证监会才予以批准。发行后，香港监管当局持续对发行人信息披露和中介机构的行为进行严格监管。在英国，以公募方式发行债券，受欧盟《募集说明书指令》和《透明度指令》约束，需要经过金融行为监管局的审核，并由伦敦证券交易所进行上市审核。

（二）私募市场主要由自律组织进行自律管理

私募市场面向的是有一定投资经验、具有较强风险识别及承受能力的合格投资者，市场参与者更加关注债券发行效率和发行成本，并

且政府不需要将有限的监管资源用于保护合格投资者，因而私募市场通常都豁免大部分政府监管，主要依靠自律组织进行自律管理。自律组织既包括市场机构共同组成的行业协会，也包括会员制证券交易所。

例如，在中国香港私募债券市场，债券的发行和上市仅需向香港交易所申请。香港交易所《上市规则》第37章专门规范私募发行债券的上市，内容涉及上市资格、申请程序、上市文件的内容以及上市后需要履行的责任。又如日本私募债券初次发行和上市，需要向交易所递交初次上市申请，同时需要报送东交所规定的《特定证券信息》，而私募债券的交易市场由日本证券交易商协会（JSDA）管理，包括基础设施建设、自律规范制定、专项信息服务等。

对于私募发行的国际债券，自律组织也发挥了重要作用。在英国和中国香港市场上，以私募方式向合格投资者发行国际债券无须经监管机构审核，通常依照国际资本市场协会（ICMA）《一级市场手册》（以下简称《手册》）所推荐的最佳实践和标准文件。该《手册》旨在协调债券发行过程中市场成员的不同操作方法，尤其是协调各承销团成员存在的分歧，最终推动市场的透明度、公平性、实效性、高效率和标准化。

整体而言，在成熟市场国家，公募市场以政府监管为主，私募市场以自律组织的自律管理为主，政府监管和自律管理有着较为清晰的职能边界。政府监管部门主要负责政策法规制定、对中介机构进行监管、对虚假信息披露进行调查和惩处等。自律组织则主要负责专业投资者市场建设、私募债券在专业市场发行/流通的注册、对中介机构进行自律管理、监督发行人信息披露、制定市场最佳实践等。成熟市场国家这种分市场监管的探索与实践，保护了普通公众投资者，激发了市场活力，在防控风险的同时促进了债券市场的发展。

▼ 专栏2

场外市场的地位与国际发展经验

根据交易方式的不同,债券市场在实践中形成了两种达成交易的方式。一种是采用指令驱动竞价撮合交易方式,集中在场内市场交易;另一种是以询价交易方式为主,由交易双方一对一谈判,逐笔成交,交易主体为机构投资者,在场外市场进行交易。场外市场为主、场内市场为辅的分层结构符合债券产品的特性和债券市场发展的一般规律,也为各国债券市场发展的实践所验证。

一、国外债券市场的基本情况

综观世界各国债券市场,尽管不同国家的经济发达程度、金融体系完善程度和文化背景存在着较大差异,各国债券市场基本都形成了以场外市场为主、场内市场为辅、相互补充的市场结构体系,成熟市场经济体的债券场外市场交易量占比超过90%,只有5%~10%的债券在场内市场交易。在美国,除了极少部分债券在交易所进行交易外,几乎所有的美国联邦政府债券、联邦机构债券、市政债券以及大部分公司债券都集中在场外市场进行,交易占比达到99%以上。在英国,绝大部分债券的交易是在经纪人和大型机构投资者之间的场外市场进行,即便是在伦敦交易所上市的债券,基本也不在交易所的电子系统上进行交易,而是选择在场外市场交易。日本的场外市场交易在整个债券市场交易中也占统治地位,约占债券市场整体交易量的99%。而在泰国,债券交易绝大部分通过电话或者声讯经纪商进行场外交易,通过交易所电子交易平台的非常少见。

场外债券市场是债券市场的最主要组成部分,债券交易主要由机构投资人采用询价驱动、谈判成交的方式进行，是各国债券市场在历史变迁中自发选择的结果，也符合债券市场发展的一般规律。

二、债券市场选择场外市场为主的运作模式是一般规律

债券产品由于发行目的不同，结构呈现差异化，具体表现在条款约定、期限、利率、发行方式、付息方式、转换特性等产品要素设计及组合方面。同时，债券是一种典型的固定收益产品，单笔交易金额相对较大，大宗债券交易占主要地位。债券的特点决定债券交易主要是机构投资者之间的大宗交易，主要在场外市场进行，场内市场主要起到价格公示、提高发行人信誉的作用。

首先，产品特点决定了投资者群体以机构投资者为主。债券是固定收益工具，对少量资金而言收益不明显。同时，债券品种繁多，要素多样，投资组合涉及复杂的投资技巧，对投资者的专业知识、技能以及风险的识别、承担能力要求较高，限制了个人投资者对债券产品的投资。从国际经验来看，债券市场最主要的参与者是机构投资者，个人投资者一般不直接投资于债券，而是通过基金等产品间接投资。

其次，产品属性决定了交易方式，债券个性化十分明显，要求以询价方式交易。债券与股票不同，股票是一种所有权，所有权是同质的，可以将其标准化，然后细分为一股、一股进行零售交易。债券产品结构差异明显，产品要素很难固定下来，没有办法成为标准化产品。在交易方式上，只有标准化的产品，比如股票、期货等才能按照价格优先、时间优先的原则挂牌竞价交易。债券产品难以标准化，交易需求多样化，因而要求以询价方式交易。比如投资者之间一对一谈判、商量或者通过做市商、经纪商询价来达成交易。

最后，交易方式决定了交易场所，债券面向机构投资者询价交易的特点决定了债券交易主要在场外市场进行。在实践中形成了两种达成交易的场所，即场外市场和场内市场。金融产品如果采用指令驱动竞价撮合交易方式，则集中在场内市场交易，比如股权产品；如果以询价交易方式为主，由交易双方一对一谈判，逐笔成交，交易主体为机构投资者，则更多活跃在场外市场，比如债券产品。目前，主要发达国家债券场外市场交易量占比通常超过90%，只有5%~10%的债券在场内市场交易。这部分的债券之所以在场内交易，更多的是为了起到价格发现、提高发行人声誉的作用。

三、我国债券市场的基本情况

我国债券市场也包括两个市场，一个是银行间债券市场，另一个是交易所债券市场。银行间债券市场是场外市场，以询价交易方式为主，由交易双方一对一谈判，逐笔成交，交易主体是具备较强风险控制、承担和处置能力的机构投资人。其法律关系主要是市场平等主体之间的契约关系，其特点表现为遵守市场自治，较少行政干预。交易所债券市场是场内市场，采用指令驱动竞价撮合的交易方式，主要面向个人和部分中小机构投资者。其法律关系除市场平等主体之间的契约关系之外，更多体现为公权力对于私法自治的干预和规制。

经过多年的发展，我国债券市场已经形成了以场外市场（银行间债券市场）为主体、场内市场（交易所市场）和场外市场并存、分工合作的债券市场格局。场外市场与场内市场相互补充，互联互通。2016年，在银行间市场发行的国债、地方政府债、金融债、企业债、非金融企业债务融资工具等债券产品共计32.2万亿元，占债券市场发行总量的89.2%。从交易情况来看，银行间市场债券交易规模在全市场中占比为75.4%。从托管情况来看，银行间市场债券托管量约占债券总托管量的88.5%。

第三节　中国债券市场发展成绩显著

一、债券市场全面跨越式发展

新世纪以来，特别是 2005 年以来，人民银行遵循债券市场发展的客观规律，明确发展思路、方向和路径，积极推动我国债券市场改革与发展，取得了显著的成绩，市场体系日益成型，产品品种不断丰富，市场规模迅速扩大，债券市场基础制度不断完善，对外开放程度显著提升，实现了跨越式发展和历史性飞跃。

（一）建立了较为成熟的债券市场体系

一是推动确立了银行间市场和交易所市场分工合作、相互补充、多层次的债券市场体系。经过多年的发展，我国债券市场形成了银行间市场询价交易和交易所市场竞价交易并存的市场格局。银行间市场和交易所市场的定位逐渐清晰，银行间债券市场是定位于机构投资者，通过一对一询价方式进行交易的场外批发市场；交易所债券市场是定位于个人和中小机构投资者，通过集中撮合方式进行交易的场内零售市场。

二是不断拓宽发行主体的范围。市场发展初期，我国债券市场的发行主体主要是中央政府部门、大型国有企业和金融机构。在人民银行的不断推动下，目前，我国债券市场发行主体不仅涵盖了中央政府和地方政府、政府支持机构、政策性金融机构、各类银行金融机构、证券公司、保险公司、资产管理公司等非银行金融机构及各种所有制的非金融企业，还包括多边国际组织、境外主权国家、地方政府及非金融企业等。特别是随着公司信用类债券的发行人层次不断丰富，债券市场可为国内不同规模、不同所有制、不同行业、不同信用等级的企业提供与之适应的融资服务,助力实体经济发展。

三是推动投资者更趋多元化。积极引入新的机构投资者主体,扩大债券市场对内对外开放。从投资者类型看,既包含金融机构,又有非法人投资主体和境外机构等。从投资者数量看,银行间市场投资人由2003年的4 135家增加到2016年的16 000多家,增长了近300%。从各类型机构债券托管量来看,基金等集合类投资人已经超越商业银行,成为银行间债券市场最主要的持有人,同时境外机构的托管量呈现稳步上升趋势,债券市场对外开放水平不断提升。

四是中介机构培育取得较大进展。人民银行高度重视中介机构在市场发展中发挥的重要作用,不断完善相关制度,推动中介机构的培育和发展。近年来,商业银行承销公司信用类债券从无到有、证券公司参与债务融资工具程度进一步加深,承销商提供债务性融资整体解决方案的专业能力大幅提升。会计师事务所和律师事务所在逐渐严格的市场竞争环境和信息披露规范要求下,尽职履责的意识和能力不断增强。信用评级行业进入快速发展时期,"投资者付费模式"的市场认可度不断提高。

(二)债券产品品种不断创新、丰富和完善

过去债券市场主要以政府债券和准政府债券为主,公司信用类债券市场规模很小。经过多年的发展,我国债券市场产品品种实现政府类债券、金融类债券、公司信用类债券和资产证券化产品全覆盖。其中,政府类债券在国债和央行票据基础上,逐步扩展到政府支持债券和地方政府债券;金融类债券也改变了以政策性金融债、大型商业银行债为主的局面,商业银行次级债券、二级资本工具、混合资本债、同业存单、证券公司短期融资券、证券公司债券、保险公司债券等创新品种不断推出;公司信用类债券市场由单纯的企业债扩大为短期融资券、中期票据、中小企业集合票据、超短期融资券、非公开定向债务融资工具、永续中票、项目收益票据、公司债（含大公募、小公募和私募公司债）、集合企业债、小微企业扶持债券、项目收益债券等相对完善的产品序列。同时，债券融资模式及条款设计也富有弹性，出现了附带选择权或提前偿还条款、分离交易可转债等创新机制设计。由于机制灵活、产品多样、渠道丰富，债券市场对资金需求方的融资支持更加深化。在资产证券化方面，信贷资产证券化（含不良资产证券化）、资产支持票据（ABN）及证券公司资产支持专项计划（ABS）的基础资产范围不断扩大，交易结构设计日益多元化。此外，随着债券市场的不断深化发展，利率衍生品、信用衍生品市场也在稳步发展。

（三）债券市场基础性建设不断完善

法律制度方面，初步建立起适用于各类债券发行、交易、托管等方面的法规体系，包括法律、行政法规、部门规章、市场自律规则以及相关业务规则等规范性文件，内容覆盖市场结构、监管框架、市场主体准入与持续监管、债券发行、交易、清算结算和托管以及债券投资者保护等各个方面，完善了债券市场的环境和生态，有效推动了市场持续规范健康发展。

基础设施方面，银行间债券市场建立了分工合作、功能互补的统一债券托管结算平台，提供债券发行、登记、托管、结算、兑付功能的一体化服务。通过债券结算系统与资金清算系统的有效联结和协调运转，实现实时全额券款对付结算，极大地降低了债券结算环节的风险。形成网络覆盖全国的现代化电子交易系统，为广大市场成员提供品种丰富、功能齐全的交易服务平台。实现交易数据从询价到交易确认、债券交割与资金清算的直通式处理。同时，银行间市场和交易所市场的互联互通持续深化，债券跨市场顺畅流转，债券登记结算机构信息共享与链接得到加强，实现了债券市场信息系统、市场监测系统运行效率的提高。

（四）债券市场规模快速扩大

截至 2016 年末，中国债券市场存量规模约为 64 万亿元，是仅次于美国、日本的全球第三大市场。其中，政府类债券余额为 23.6 万亿元，金融类债券余额为 22.9 万亿元，公司信用类债券余额为 17.5 万亿元，占比分别约为 37%、36% 和 27%。

随着我国公司信用类债券市场的发行量和存量保持稳步增长，债券市场在国民经济中的地位日益突出，对实体经济支持的力度和有效性不断提升。公司信用类债券发行量从 2003 年的 718.5 亿元增加到 2016 年的 8.20 万亿元，其中，交易商协会注册的债务融资工具发行约 5 万亿元，公司债和企业债分别发行 2.6 万亿元、0.6 万亿元。公司信用类债券市场托管量从 2002 年末的 913.4 亿元发展到 2016 年末的 16.5 万亿元，其中，债务融资工具存量约为 9 万亿元，公司债券和企业债券的余额分别约为 4 万亿元和 3.5 万亿元。目前，中国公司信用类债券存量规模是仅次于美国的全球第二大市场。

二、债券市场改革发展意义重大

（一）服务实体经济的作用不断加强

一是提高了直接融资比重。在传统银行信贷融资功能受资本监管约束和融资效率不高的背景下，大力发展债券市场，提高直接融资比重，是保障实体经济融资需要的根本路径。统计数据显示，企业债券融资占社会融资规模的比重从 2002 年的不到 2% 提高至 2016 年末的 16.8%，债券融资已成为企业仅次于传统贷款的第二大融资渠道。

二是降低了企业融资成本。由于债券发行利率对市场变化和预期反应灵敏，融资链条显著缩短，债券融资成为目前企业成本最低的融资方式。以债务融资工具为例，2016年加权平均发行利率为3.50%，同期贷款加权平均利率为4.89%，债券融资成本比贷款成本低约140个基点（BP），每年可为发债企业节约利息费用上千亿元。

三是提高了金融市场普惠性。一方面，大中型企业选择在债券市场发债融资后，对银行信贷需求减少，为小微企业腾挪出更多信贷资源。截至2016年末，小微型企业贷款余额达到27.70万亿元，占全部贷款的比例由2009年的22.2%增长到32.5%。另一方面，债券市场通过集合票据等产品创新以及支持创投企业发债等举措，有效支持中小企业和创业创新企业直接融资。

（二）推动金融市场全面快速发展

长期以来，我国金融体系缺乏弹性，存在直接融资与间接融资不平衡、直接融资中股权融资与债权融资不平衡的问题。在推出短期融资券的2005年，我国债券融资的比重首次超过股票融资，自此债券成为直接融资的主要渠道。债券市场的蓬勃发展极大改善了"两个不平衡"的局面：直接融资占社会融资总额的比例由2003年的3%提高到2016年的23.8%（其中企业债券融资占比16.8%，境内股票融资占比7%）。此外，债券市场作为基础产品市场，其发展有力地推动了衍生品市场以及承销、评级等中介机构和广义资产管理行业的快速发展。同时，债券市场利率逐渐成为金融市场的重要定价基准，这对于金融市场的深化发展具有重要意义。

（三）有效增强金融体系稳定性

债券市场的发展在优化社会融资结构的同时，也增强了金融体系的稳定性。一是债券市场已成为银行流动性管理和资产配置的重要工具，有效改善了商业银行资产原有结构单一、流动性不高的局面。二是为商业银行提供了新的利润增长点，推动银行盈利模式的转变，为银行进一步战略转型创造良好市场环境。三是商业银行持债比例呈现趋势性下降，由2007年的66%持续降低到2016年的30%左右（以债务融资工具为例），而基金等集合类投资者持债比例不断提高，有效分散了原来高度集中于银行体系的风险。

第四节 中国债券市场改革发展经验

任何事物的发展都有客观规律，对其认识和把握不到位，往往会事倍功半，甚至背道而驰。总结新世纪以来债券市场改革发展的历程，今天债券市场之所以能取得重要的成绩，主要经验是遵循市场发展的客观规律，定位于合格机构投资者，按照场外市场模式，坚持市场化改革方向，有效推动市场发展。

一、面向合格投资者、依托场外市场推动债券市场发展

在债券市场改革发展的进程中，人民银行始终注重吸收国际经验，不断探索市场发展的客观规律。债券市场和其他金融市场相比，在产品特点、投资者定位、交易要求、风险识别等方面都具有其自身的特点，因此发展的客观规律也与其他市场，特别是股票市场不同。国际成熟债券市场主要面向合格机构投资者，绝大部分通过场外市场进行交易，强调信用风险和交易价格自主决定，这是市场发展的客观规律。综观世界各国债券市场，面向合格投资者的场外市场均占债券市场的主导地位。据统计，美国场外市场占比95%，日本场外市场占比99%，英国、德国、法国、意大利场外市场占比也均在90%以上。银行间债券市场在发展的过程中，特别是在2005年周小川行长讲话后，不断探索、认识和深入理解了这一客观规律，定位于面向合格机构投资者，采取了场外

交易模式，由交易双方一对一谈判，逐笔成交。实践证明，这种模式更适合债券投资收益率低、结构复杂、品种多样、大宗交易的特点，符合投资者的实际需求，便于发挥市场化约束机制，与国际市场接轨。在确立了正确的交易模式和发展路径后，通过不断的改革与创新，银行间债券市场才得以快速发展。2000年初，银行间债券市场托管量1.32万亿元，2016年末，银行间债券市场托管量已增至56.3万亿元，年均复合增长率超过26%。

二、坚持市场化原则，使市场在资源配置中发挥决定性作用

发展的动力来自市场，市场的发展能否成功在很大程度上取决于理念和设计是否正确。债券市场早期采用计划经济思维下分蛋糕的管理方式被证明是无效的。正确的理念和设计主要来自国际经验、市场参与者的意见、发行者的意见和为市场服务的精神。企业融资应由其根据自身经营状况、对经济形势的判断等因素自行决定，并由投资者、市场中介根据风险、市场资金状况等进行市场化定价，债券能否发、发多少都应由市场决定。2005年周小川行长发表重要讲话后，人民银行在推出企业短期融资券时放松行政管制，采用备案制，强调投资风险由投资人自行判断，让行政部门从对发行人的实质判断中摆脱出来，极大地激发了市场潜力。仅仅一年之后，短期融资券累计发行量就超过公司信用类债券13年来的发行总额。在减少行政管制的同时，人民银行不断建立和完善市场约束机制，强调会计报表的质量，强化信息披露、信用评级作用，不再强制要求担保，同时探索建立外部增信机制等市场化的风险分担机制，债券市场主体风险意识逐步加强，越来越关注发行人的信用风险，重视中介机构提供的专业服务，市场在资源配置中的作用越来越强。

三、完善债券市场制度与基础设施，推动债券市场平稳健康发展

总结发达国家债券市场发展的历程和经验，人民银行认为，面向合格投资者、依托场外市场是方向，市场化配置资源是原则，建立健全市场制度和基础设施是关键。人民银行和相关监管部门积极推动建立包括行政管理和监管、自律管理在内的多层次的管理体系，建立健全债券市场监管协调机制，持续推动发行、交易、托管、清算、结算等环节制度的创新与完善，前瞻性开展债券市场基础设施建设，不断改革和突破束缚市场发展的制度、约束和利益格局，为市场的发展和稳定"保驾护航"。在自律管理机制上，成立了由市场参与者组成的自律组织——中国银行间市场交易商协会（NAFMII），通过建立自律管理规则体系，有效规范银行间市场相关各方在创新注册、承销发行、登记托管、交易结算、信息披露等各个环节的行为；在发行制度上，对非金融企业债务融资工具实行发行注册制，注重程序合规、不做实质性判断，效率高、寻租空间少，有效消除管理者隐性担保，使投资者树立风险自担意识；在交易制度上，推出了做市商制度、结算代理制度，推动交易工具和交易方式创新，丰富了市场层次，提高了市场流动性，促进了市场价格发现；在产品创新上，形成了多层次、全环链、可组合的创新产品工具箱，既包括短期融资券、中期票据等基础产品，也包括并购票据、绿色债券等创新产品，还包括利率互换、信用违约互换等利率和信用衍生产品，同时可以通过结构化、信用增进等多种技术，对基础产品、创新产品进行组合创新，满足投资人和发行人的多元化投融资需求；在基础设施上，针对场外市场透明度不高，较为分散的特点，推动建立了统一的登记托管体系、集中的交易及信息报告平台、独立的清算所和安全稳健的资金清算系统，实现了国际先进的交易和结算系统数据的直通式处理和券款对付结算，同时积极加强债券市场基础设施的互联互通，形成

了较为完整、成熟的债券市场基础设施体系,保障了场外市场运行透明、风险可控。

四、稳步推进债券市场对外开放,以开放促发展

债券市场对外开放是我国构建市场化、开放型金融市场体系的必然要求。新世纪以来,人民银行一直把推进债券市场对外开放作为增强市场活力、推进市场发展的重要方面。2005 年,国际金融公司和亚洲开发银行等国际开发性机构首次获准在银行间债券市场发行人民币债券,泛亚基金和亚债基金也获准在银行间债券市场开展投资,拉开了中国债券市场对外开放的帷幕。此后,伴随着利率市场化和人民币国际化等重大金融改革开放举措的推进,债券市场也先后多次扩大境外机构到银行间债券市场发行和投资,并实施更为市场化的管理方式,国际化程度大大提高。在推动开放过程中,中国债券市场还积极借鉴国际先进经验,主动融入全球行业规则及惯例,为国内外参与者创造一个更加开放、高效、透明的市场软环境。事实证明,对外开放有效地促进了中国债券市场的竞争和发展,提升了中国债券市场的国际竞争力和话语权,在推动人民币国际化、促进中国融入全球经济发展中发挥了积极的作用。

第三章
以创新推动中国债券市场健康快速发展

自1997年成立以来,在借鉴国际成熟市场经验、立足我国发展实际与需要的基础上,银行间债券市场持续推进制度机制创新,夯实市场发展根基;持续推进产品创新,满足市场主体的投融资需求;持续推进交易工具与交易方式创新,满足市场主体的交易需求;持续推进利率和信用衍生工具创新,满足市场主体的风险管理需求;持续推进清算与结算机制创新,促进提高效率、降低风险。各项创新举措的推出,共同推动了债券市场持续快速健康发展,有效促进了债券市场服务实体经济发展、落实改革发展任务等功能的发挥。

第一节 大力推动债券市场制度机制创新

借鉴国际市场经验,结合我国发展实际,银行间债券市场持续推进制度机制创新,适时推出并不断完善自律管理机制、注册发行机制、做市商制度、结算代理制度等制度建设,进一步夯实了市场发展的有力根基，推动银行间债券市场持续快速健康发展。

一、推动建立并不断完善自律管理机制，完善市场管理体系

新世纪以来，中央要求"转变政府经济管理职能，深化行政审批制度改革，切实把政府经济管理职能转到主要为市场主体服务和创造良好发展环境上来"。2007年5月，国务院办公厅发布《关于加快推进行业协会商会改革和发展方面的若干意见》，强调加强市场自律，指出"行政执法与行业自律相结合，是完善市场监管体制的重要内容"。在相关政策文件的指导下，为了进一步促进银行间债券市场平稳健康发展，充分激发市场活力，以更好服务于实体经济发展，2007年9月，人民银行推动成立了中国银行间市场交易商协会，将进行自律管理、开展市场创新、服务市场成员等事宜交由交易商协会负责。交易商协会在借鉴国际市场自律管理组织发展经验的基础上，逐步发展成为兼具产品注册和市场管理、标准文本制定和推广、会员意见代表和教育培训等综合性功能的市场自律组织。

交易商协会成立以来，银行间市场自律管理机制不断完善，事前、事中、事后管理等多个方面的自律管理手段逐步形成，覆盖会员管理、债务融资、市场交易等环节的自律规则逐步推出，政府行政监管、行业自律管理、市场中介机构一线监测有机结合的银行间债券市场监管体系基本形成。同时，以自律管理为基础，不断推进银行间公司信用类债券市场的产品创新、机制创新和组织创新。

二、创新推出并不断完善发行注册制，促进公司信用类债券市场快速发展

2005年周小川行长指出了我国企业债券发展早期行政审批带来的种种弊端，明确了债券市场面向合格机构投资者和场外市场的发展方向，并强调

了市场化约束机制的作用。从成熟债券市场的普遍经验看，在以合格机构投资者为主体的场外市场，主要依靠市场自律组织发挥作用、实施自律管理。2007年以来，按照政府管理方式转变的要求，根据市场发展的需要，人民银行基于市场化原则，积极推动交易商协会建立以发行人信息披露为核心、以中介机构尽职履责为基础、以投资者风险自担为前提、以协会注册评议为程序、以市场自律管理为保障的发行注册管理制度，将企业能不能发债、能发多少债、什么价格发债、什么时间发债等事项都交由市场决定，有效避免了过去信用类债券市场"一管就死、一放就乱"的困境。在坚持注册制理念、市场化运作前提下，债务融资工具市场逐步构建起以公开发行和定向发行双轨发行制度为基础、以规则指引文件和具体工作机制为支撑、以信息系统建设为保障，层次丰富、权责清晰、流程规范、运作有效的注册发行工作制度体系。随着市场规模的增长、发行主体的扩大、产品类型的丰富，按照"简化、优化、强化、细化"的原则，发行注册制度不断完善，公开发行方面引入"分层分类"机制，提高注册工作效率，切实加强风险防范，定向发行方面引入专项机构投资人制度，有效改善二级市场流动性，降低企业融资成本，从"机制流程、信息披露、管理方式"三个方面不断丰富注册制的内涵和外延。

发行注册制的实施，激发了债券市场发展活力，提高了企业融资便利度，降低了企业融资成本，促进了直接融资市场的发展，债券市场服务实体经济发展的效果明显增强。2016年，公司信用类债券发行8.2万亿元，同比增长16.5%；截至2016年末，公司信用类债券余额为17.5万亿元，位居全球第二。

三、推出并不断完善做市商制度，充分发挥做市功能

做市商制度作为场外市场重要的基础性制度，能够促进市场流动性提升、维护市场稳定，在我国银行间债券市场的蓬勃发展过程中发挥

了重要作用。在债券市场存量规模迅速扩大，但二级市场流动性仍处较低水平的背景下，人民银行从长远发展角度考虑，于 2007 年在银行间债券市场正式推出做市商制度。做市商制度正式建立后，有关部委、市场自律组织和市场中介机构等逐步完善对于做市商行为规范的系列制度安排，促进做市商更好开展做市业务，充分发挥做市功能。交易商协会于 2008 年发布做市商评价指标体系，敦促做市商由满足最低要求的自发报价向竞争性的主动报价积极转变；财政部于 2011 年发布对于新发关键期限国债做市的有关要求；同业拆借中心于 2014 年发布尝试做市业务规程，规范尝试做市机构尝试做市行为等。近年来，做市商制度市场功能的有效发挥，在提高债券市场流动性、促进价格发现、维护市场稳定、降低发行人筹资成本等方面发挥了重要作用。截至 2017 年 2 月末，银行间债券市场共有 30 家做市商和 50 家尝试做市机构。

四、推出并不断完善结算代理制度，丰富市场参与主体类型

银行间债券市场发展初期，参与主体主要局限于大中型商业银行，这对于市场的长远发展无益。为扩大投资者范围，优化投资者结构，促进市场发展，人民银行于 2000 年推出结算代理制度，并在此后逐步扩大委托人对象范围和结算代理人队伍，同时不断加强结算代理业务管理，为构建多层次债券市场奠定了坚实基础。近年来，随着市场进入不同的发展阶段，结算代理制度的服务重点已经从境内中小机构逐步转变为境外机构，成为境外机构参与银行间债券市场的重要渠道。它一方面帮助境外机构克服了对境内市场不熟悉，以及在语言、信息、运作效率等方面存在的障碍，促进了债券市场对外开放。另一方面还肩负着落实监管要求，及时掌握委托人动态，并对其进行真实性审核、额度监控、风险提示的责任，成为市场监管的有力抓手。截至 2017 年 2 月末，银行间债券市场共有 48 家结算代理人。

▼ 专栏3

注册制与表格体系

债务融资工具发行实施注册制以来，债务资本市场运行效率显著提高，对实体经济的支持力度大幅提升。经过多年发展，交易商协会逐步建立了一套由发行人、主承销商、会计师事务所、律师事务所、评级机构和信用增进机构等提供的相关文件为主体的注册文件体系，形成了经过市场发展检验的注册管理框架。结合债务融资工具市场发展实践和欧美等成熟资本市场经验，人民银行指导交易商协会组织市场成员对注册文件要件和信息披露体系进行总结梳理和完善优化，于2012年9月推出注册制表格体系。

一、表格体系的主要内容及特点

表格体系的主要内容包括以下几个方面：一是注册文件清单，以表格的形式全面列示了申请债务融资工具注册时，发行人和相关中介机构必须提供的书面文件材料，包括发行人文件、中介机构文件、承销机构文件和信用增进文件四大类；二是信息披露表格，以表格的形式详细列示了发行债务融资工具时，发行人信息披露文件的最低披露要求，具体包括募集说明书、发行公告、发行计划、财务报告、法律意见书、评级报告和信用增进等信息披露表；三是为满足投资人对一些特殊事项信息披露内容的需要，针对安全生产、非标准审计报告、关联交易、重大资产重组等事项，设计了专门的子表格。

表格体系主要具有"全面性""针对性""实用性""简要性""开放性"五大特点：一是"全面性"，表格体系在全面梳理信息披露要求的基础上，对所有发行披露文件进行了表格化改造，编制了普适性的信息披露表格，使发行人信息披露的完整性进一步提高；二是"针对性"，将安全生产、非标准审计报告、关联交易、重大资产重组等非共性的信息披露要求与一般发行披露文件剥离，专门设计了独立披露表格，便于有针对性地披露信息；三是"实用性"，发行人和相关中介机构可以对照相应的表格体系编制有关注册文件，大大提高了发行人和相关中介机构的工作便利程度；四是"简要性"，表格体系删除了部分不必要的注册文件要件；五是"开放性"，表格体系具有开放性的体系架构，便于当市场环境、法律法规环境、生产经营环境等发生变化时，及时调整、修订披露要求。

二、表格体系对债券市场的推动作用

表格体系能够从以下几个方面促进债务融资工具市场效率的提升和发展水平的提高：

一是对发行人而言，表格体系进一步明确并细化了最低信息披露要求，并有针对性地加强了特定事项的信息披露标准，不仅使信息披露更加便利，也增强了发行信息披露要求的公开性和一致性。同时，表格体系删除了一些不必要的注册文件要件，有利于降低发行人的发行成本，减少注册发行的准备时间。

二是对投资人而言，表格体系有利于提高信息的可获得性，降低信息搜集成本，提高投资决策效率。

三是对主承销商及其他中介机构而言，表格体系为中介服务机构准备注册文件要件和发行披露文件提供了简明扼要的操作指引，有利于提高工作效率和水平，促进相关文件质量提升。

四是对市场自律管理组织而言，表格体系将发行注册要求系统、全面地向市场公布，使发行注册工作标准置于市场监督之下，有利于保证发行注册工作的公平、公正、公开。

三、表格体系推出的重要意义

表格体系的推出是我国债券市场注册制改革的进一步深化，对推动我国债务资本市场发展具有重要意义。

一是有助于推动我国债券发行管理方式改革，践行市场化理念。通过信息披露的标准化，注册材料的及时公开，工作进度的充分披露，极大地提升了工作透明度，贯彻落实了党中央、国务院关于坚持廉洁奉公、强化制度建设、规范自由裁量权的指示精神，更好地体现了"公平、公开、公正"的三公精神，是注册制在我国债务资本市场实际应用的重大突破，也是推动金融市场管理模式向市场化方向转变的有益尝试。

二是有助于发挥市场监督作用，构建债务资本市场诚信体系。表格体系将信息披露要求系统、全面地向市场公布，使发行注册工作置于市场监督之下，能够督促企业及中介机构对外真实、准确、完整、及时地披露信息，增强其责任意识和法纪意识，提高市场整体诚信水平，培育健康的市场文化。

三是有助于提升市场效率，提高注册工作质量。表格体系为企业和中介服务机构准备注册发行文件提供了明确的操作指引，操作便利性和注册材料质量将得到极大提升。同时，将注册过程向全市场公布，有助于提高参与各方对注册工作的重视程度，提高工作效率，缩短注册周期。

四是有助于完善资本市场信息披露制度建设，更好地保护投资人权益。把信息披露要求以表格形式固化下来，有助于形成长效工作机制，进一步提高信息披露的真实、准确和及时性，保证投资人获得及时、完整的信息。同时，进一步提高了披露信息的可读性和可获取性，有利于节约决策时间，及时捕捉市场机会。

第二节　不断推进债券市场产品创新

周小川行长指出，要满足投资者不同种类的投资偏好，就需要一个多层次的资本市场及其所覆盖的多样化产品。债券市场产品创新，主要目的是满足不同类型市场参与主体的投融资需求。我国债券市场的参与主体大致可以分为政府机构、金融机构、非金融企业和境外机构四个类型，为满足不同市场参与主体日益丰富多样的需求，2000 年以来我国债券市场产品创新不断推进，品种类型逐步丰富。截至 2016 年末，我国债券市场余额达到 63.66 万亿元，位居全球第三、亚洲第二；公司信用类债券余额为 17.5 万亿元，位居全球第二、亚洲第一。

一、创新发展公司信用类债券，满足非金融企业融资需求

长期以来，我国直接融资市场发展不足，非金融企业的融资需求基本依赖银行体系。以 2001 年为例，全年新增人民币贷款 1.3 万亿元，当年新发行企业债仅为 5 只，合计 129 亿元，债券融资作为企业资金来源渠道的功能基本可以忽略。这种状况不仅导致风险大量集聚于银行体系，不利于金融体系健康发展，而且也使得部分非金融企业，尤其是中小微企业等的资金需求无法得到满足，不利于实体经济发展。

为拓宽企业融资渠道，促进债券市场更好服务于实体经济发展，银行间市场债券品种创新有序推进。2005 年，短期融资券首次被引入银行间市场。此后，银行间债券市场于 2008 年推出中期票据，2009 年推出中小企业集合票据，2010 年推出超短期融资券，2011 年推出中小企业区域集优票据和非公开定向债务融资工具，2012 年推出资产支持票据等。目前，公司信用类债券基础产品体系已基本搭建完成，从产品期

限看，覆盖从超短期融资券到永续债券；从募集方式看，涵盖公募发行和私募发行；从融资主体看，可以为单体融资也可以为集合融资；从产品结构看，包括普通债券、结构化债券等。非金融企业债务融资工具的不断创新，改变了企业单纯依赖银行贷款的融资状况，拓宽了企业直接融资渠道，有利于优化社会融资结构，降低社会融资成本。

2000—2016 年，银行间债券市场累计发行公司信用类债券 30 万亿元，其中，超短期融资券 7.7 万亿元、短期融资券 7.5 万亿元、中期票据 7 万亿元、非公开定向债务融资工具 3.6 万亿元、企业债 4.1 万亿元等。公司信用类债券的发行量，超过了国债、政策性金融债等品种的发行量，在债券市场发行总量中的份额超过 20%。

二、创新发展金融债券，满足金融机构融资需求

21 世纪初，我国商业银行普遍面临资本充足率不足和资产负债管理能力较弱这两大问题。2000 年末，中国工商银行、中国农业银行、中国银行、中国建设银行四大国有商业银行的平均资本充足率仅为 4.6%，2002 年末，四大国有商业银行的平均资本充足率为 6%，除了中国银行以外的三家银行的资本充足率均低于巴塞尔协议 8% 的监管标准。商业银行资本充足率不足的主要原因是，当时商业银行在资产规模快速增长的同时，资本扩张渠道极为有限。在亚洲金融危机以后，我国采取扩大内需的政策，主要依靠投资拉动经济增长；当时我国的资本市场尚不发达，直接融资的限制较多，银行贷款自然成为实体经济主要的融资渠道，这直接推动了银行资产规模的快速增长。同时，商业银行的资本补充渠道主要依靠留存利润，商业银行由于历史包袱及体制缺陷等原因，中间业务占比很低，经营管理模式不成熟、盈利能力差、利润较低，而且大量放贷导致不良贷款率较高、利润大部分要用来冲抵不良资产，可以用于补充资本金的利润有限。

为拓宽商业银行等各类金融机构资本筹集渠道，提升金融机构的竞争力与抗风险能力，推动金融行业改革与发展，人民银行会同有关部门，先后于 2003 年推出次级债券，2004 年推出证券公司短期融资券，2005 年允许商业银行和企业集团财务公司发行金融债券，2006 年推出商业银行混合资本债券，2009 年允许金融租赁公司和汽车金融公司发行金融债券等。

2000—2016 年，银行间债券市场累计发行金融债券 27.1 万亿元，其中，政策性金融债 22 万亿元、商业银行债 1.1 万亿元、商业银行次级债 2 万亿元、证券公司短期融资券 1.2 万亿元。

三、创新发展政府信用类债券，配合宏观经济政策实施

长期以来，我国地方政府部门投资需求旺盛，财政收支不平衡问题持续且日益加剧，债务融资需求不断增长。2008 年底，为应对国际金融危机，国务院推出 4 万亿元投资计划，其中中央安排资金 1.18 万亿元，其余由地方政府配套解决。与此同时，国务院通过特别批准的方式，在 2009 年政府工作报告中首次提出安排发行地方政府债券 2 000 亿元，以缓解 4 万亿元投资计划中地方政府的配套资金压力，地方政府债券就此正式推出。此后，关于地方政府债券的配套规则有序推出并不断健全，发行主体逐步扩大，发行机制逐步完善，市场规模稳步增长，地方政府债券逐步成为地方政府资金来源的重要渠道，有效降低了地方政府的债务融资成本，有利于解决地方政府债务的期限错配问题。截至 2016 年末，地方政府债券累计发行 11.5 万亿元。

2002 年以来，我国持续"双顺差"，外汇占款不断增加导致国内货币供给不断增长，货币供给长期处于过剩状态，相当长一段时间内货币政策的重要任务之一就是对冲外汇占款。当时市场上最适合进行公开市场操作的有价证券为国债，但是国债市场规模有限，可交易国债数量

较少且期限结构不合理。由于持续进行正回购，截至 2002 年末，人民银行持有的国债余额下降了四分之三，继续进行正回购操作的空间已经不大。为有效对冲外汇占款，人民银行推出了央行票据，将其作为主要的对冲工具，效果显著，同时也成为当时二级市场上最为活跃的交易品种之一。2002 年 9 月 24 日，人民银行将 2002 年 6 月 25 日至 9 月 24 日开展的公开市场操作中 91 天、182 天、364 天的未到期正回购品种转换为相同期限的央行票据，合计转换为央行票据 19 只、规模为 1 937.5 亿元。2003 年 4 月 22 日，人民银行正式通过公开市场操作发行 50 亿元、期限 6 个月的央行票据，此后在公开市场连续滚动发行 3 个月、6 个月及 1 年期央行票据。2004 年 12 月 9 日，人民银行开始发行 3 年期央行票据，为央行票据的最长期限。近年来，随着我国外汇收支情况以及市场环境的变化，央行票据已经逐步停止发行。截至 2016 年末，央行票据累计发行 27.2 万亿元。

四、创新发展境外机构到境内发行"熊猫债券"，不断推进债券市场对外开放

2005 年 10 月，人民银行会同相关部门联合发布《国际开发机构人民币债券发行管理的暂行办法》，积极推动债券市场对外开放。当年，国际金融公司和亚洲开发银行分别在我国银行间债券市场首次发行人民币债券 11.3 亿和 10 亿元。在积极引入国际开发机构境内发债的同时，人民银行逐步探索引入境外非金融机构境内发债，2014 年 3 月，戴姆勒股份公司首期 5 亿元定向债务融资工具成功簿记建档，成为首个在我国市场发行人民币债券的境外非金融企业；2015 年 12 月，韩国政府发行 30 亿元人民币债券，成为首只在我国市场成功发行的外国政府人民币主权债券。境外主体境内发债是我国债券市场对外开放的重要举措，促进了我国债券市场投融资主体的多元化，有力地支持了人民币国际化进程。为配合

人民币加入特别提款权（SDR），2016年8月，首只SDR计价债券由世界银行发行，发行规模为5亿SDR，并使用人民币为结算货币。

截至2016年末，我国债券市场境外发债主体已包括境外非金融企业、金融机构、国际开发机构以及外国政府等，累计发行债券631亿元。

五、创新发展绿色债券，促进经济发展方式转变

在全球面临严峻的环境挑战和资源挑战的背景下，责任投资理念的影响日渐广泛。我国正面临工业化进程以来空前的环境和资源压力，迫切需要转变经济发展方式，绿色金融领域发展潜力巨大。2015年9月，中共中央、国务院发布《生态文明体制改革总体方案》，首次明确提出建立绿色金融体系战略，并将发展绿色债券市场作为其中一项重要内容；2016年杭州二十国集团领导人峰会上，绿色金融作为议题之一被首次讨论；国民经济和社会发展"十三五"规划中也首次加入"加强生态文明建设"的目标。

为推动经济结构转型升级和经济发展方式转变，促进绿色发展、循环发展和低碳发展，人民银行在绿色金融领域推出了一系列政策举措与制度建设。2014年4月，人民银行的绿色金融工作小组发布"构建中国绿色金融体系"报告，提出构建包括绿色信贷、绿色债券、绿色股票指数等市场和工具在内的绿色金融体系。2015年12月，人民银行发布关于发行绿色金融债券有关事宜的公告，明确了对金融企业发行绿色债券的审批程序、对资金用途的监管等相关事宜。2016年8月，人民银行等七部委联合发布《关于构建绿色金融体系的指导意见》。

2016年是我国绿色债券市场元年，在人民银行等部委的积极推动下，各类绿色债券品种创新推出。1月浦发银行发行国内首只绿色金融债券，3月协和风电发行首只绿色债务融资工具，4月北汽股份发行首只绿色企业债，6月浙江嘉化能源化工发行首只绿色公司债，6月启迪科技注册发行首只绿色非公开定向债务融资工具等。截至2016年末，

国内累计发行83只绿色债券，规模为2 095亿元。

> **专栏4**
>
> **绿色债务融资工具**
>
> 　　近年来，为落实国家绿色发展战略，人民银行指导交易商协会积极推动绿色债务融资工具产品和制度创新，及时启动绿色债务融资工具注册评议工作，持续推动绿色债务融资工具结构创新，努力为绿色经济发展提供丰富灵活的融资工具箱。
>
> 　　境内外具有法人资格的非金融企业均可以在银行间债券市场发行绿色债务融资工具，所募集资金专项用于节能环保、污染防治、资源节约与循环利用等绿色项目。2016年3月，银行间市场首单非金融企业绿色债券正式落地；截至2017年4月末，交易商协会共支持17家发行主体注册18单绿色债务融资工具，注册总额约为300亿元，引导资金流向清洁能源、公共交通等绿色产业，支持国家绿色经济建设，预计每年节能量达340万吨标准煤，减排二氧化碳946万吨，减排烟尘1.66万吨，节能减排效果较为明显。
>
> 　　2017年3月，交易商协会在借鉴国际绿色债券发展经验并结合我国发展实践的基础上，发布《非金融企业绿色债务融资工具业务指引》（以下简称《指引》）及配套表格，明确了操作标准、实施原则，以及四大核心机制。
>
> 　　绿色债务融资工具配套表格的发布促进了融资便利度。其中，绿色债务融资工具信息披露表，结合绿色债务融资工具的主要特征，明确了在募集说明书中应补充披露的内容；绿色评估报告信息披露表，对评估报告提出了最低信息披露要求，系国内首次对评估报告的主体框架和要点进行标准化说明。

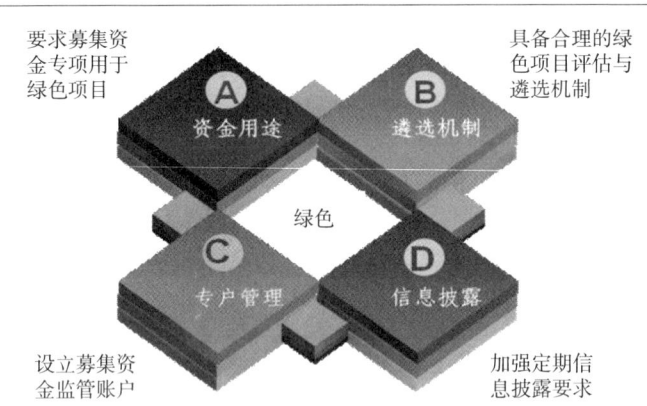

专栏图3-1 绿色债务融资工具四大核心机制

为增强绿色债务融资工具的吸引力,《指引》明确交易商协会将通过为绿色债务融资工具的注册评议开辟绿色通道、统一标识注册通知书文号等方式鼓励企业注册发行绿色债务融资工具;同时,《指引》也鼓励做市机构在二级市场开展绿色债务融资工具做市业务,提供绿色债务融资工具的市场流动性,并将根据相关机构的参与情况进行宣传,以促进国内形成共建生态文明、支持绿色金融发展的良好氛围。

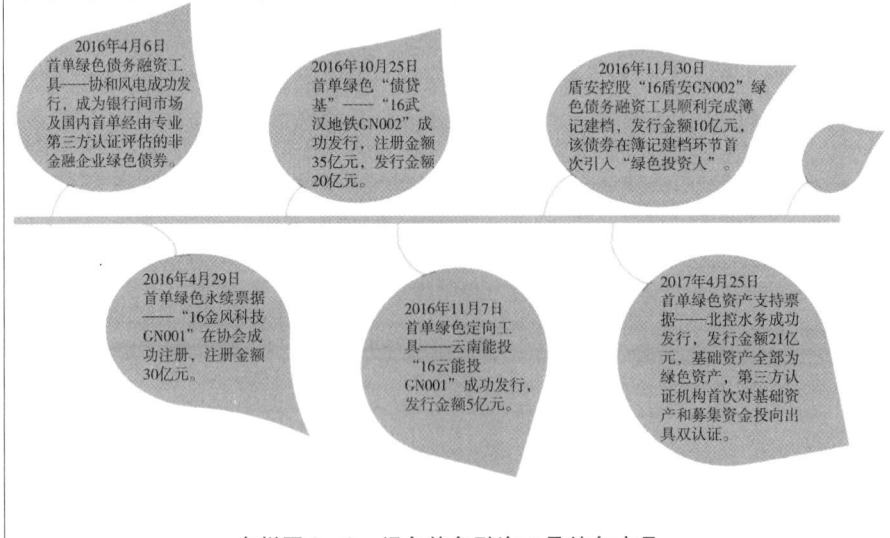

专栏图3-2 绿色债务融资工具特色产品

第三节　深入推动交易工具与交易方式创新

顺应市场发展需要,银行间债券市场稳步推进交易工具与交易方式创新,逐步引入买断式回购、债券借贷、债券预发行等交易工具,逐步推出询价交易、点击成交、请求报价、匿名点击成交等交易方式,有效满足了各类市场主体的交易需求,有力促进了市场发展和活跃度提升。

一、不断丰富交易工具序列,有效满足市场主体多样性需求

1997 年银行间债券市场建立初期,仅有债券现券买卖和质押回购这两种交易工具,较为单一。随着市场的快速发展,参与者对于交易工具多样性的需求越来越迫切,根据市场发展需要,人民银行于 2004 年推出了买断式回购,2006 年推出了债券借贷等多项创新工具。其中,买断式回购是国际上的主流回购品种,债券是由正回购方卖给逆回购方,而不是被冻结在正回购方的债券账户上,从而有利于实现回购债券的二次利用、提高市场流动性。债券借贷也是国际债券市场广泛使用的工具,债券借贷的融入方以一定数量的债券为质物,从债券融出方借入标的债券,并约定在未来某一日期归还所借入标的债券。债券借贷的推出满足了市场参与者降低结算风险、投资策略多元化以及增加债券投资盈利渠道等多方面的需求,有利于提高市场的流动性和有效性。自推出以来,相关业务平稳运行,成交逐步活跃,2016 年买断式回购和债券借贷的交易量分别为 33 万亿元和 1.7 万亿元。

为进一步完善债券发行定价机制,打通债券一二级市场,人民银行于 2014 年出台《全国银行间债券市场预发行业务管理办法》,成为银

行间债券市场又一重要的交易工具创新。债券预发行即投资者以即将发行的债券为标的进行的债券买卖行为，实质上类似债券远期交易，各类机构依据对未来利率走势的预期进行交易，可以最大限度地压缩一二级市场无风险套利空间，有助于为即将发行的债券提供合理稳定的价格预期，促使一级市场投标者理性投标，提高债券发行定价的透明度和竞争性，完善债券收益率曲线。作为一种新型交易工具，预发行也可以为投资者带来新的投资机会，有利于提升债券市场流动性。预发行业务于2016年12月正式落地，首批交易标的券种为10年期和5年期国开行金融债，市场机构积极参与，成交30余笔。

二、逐步丰富交易方式，促进市场交易效率的提升

一般而言，场外市场基本遵循双边授信——报价成交——风险管理——交易后处理的交易流程，在一般流程统一的基础上，市场组织者可根据不同产品的特点采用相应的交易方式，并对相关流程进行调整。由于债券产品具有结构差异明显、产品要素难以固定、较难标准化的特点，而且债券交易需求多样化，市场发展初期，银行间债券市场基本按照询价交易方式在人民银行推动建立的电子交易平台上达成交易。在此方式下，交易双方通过电子交易平台自行商定交易要素，通过投资者之间一对一谈判、协商或者通过做市商、经纪商询价来达成交易，这是场外市场传统交易方式（声讯经纪等）在交易系统上的电子化实现，既秉承了传统场外交易的个性化特点，又充分体现了传统场外交易不具备的信息交换快速、准确，信息发布便捷、广泛的优势。

随着场外市场与场内市场界限的日渐模糊，各种交易方式也相互融合，银行间债券市场先后创新推出了点击成交、请求报价、匿名点击成交等交易方式，成为询价交易方式的有力补充。点击成交方式本质上

是对询价交易的简化,具有成交速度快、交易确定性强等优点。请求报价方式包括报价方发送请求报价、受价方回复请求、报价方选择成交三个环节,做市商在其中扮演了核心角色,目前通过请求报价方式达成的交易占现券交易总量的比重接近20%。匿名点击交易方式由交易双方提交匿名的限价订单,基于价格优先、时间优先的原则自动匹配成交,其创造性地发展了传统的场外交易方式,提高了市场效率和价格透明度,促进了市场活跃度提升,该交易方式于2016年9月推出,截至2016年末,参与机构139家,报价8 288笔,成交755笔,成交券面总额845亿元。

目前,银行间债券市场已经形成了以询价交易为主,点击成交、请求报价以及匿名点击成交等交易方式为辅的格局,有力促进了市场的发展和活跃度提高。

第四节 持续推进清算结算机制创新

借鉴国际发展经验,结合我国市场实际,银行间债券市场有序推进清算、结算机制创新,适时推出并不断完善券款对付结算、中央对手方清算等机制,逐步扩大覆盖范围,推动清算结算效率提升,有效降低风险,促进市场平稳运行。

一、全面实现券款对付结算机制,结算效率和安全性显著提升

券款对付结算方式下,债券和资金的转移过程基本是同步的、可控的,结算效率和安全性显著提升。2004年,人民银行首先推动在商业银行之间运用券款对付结算方式,2008年,人民银行对非银行机构券款对付结算的具体路径和相关制度作出安排,并在总结商业银行券

对付结算实践经验的基础上，对银行间债券市场的券款对付结算进行了全面规范。2013年，为进一步提高效率、防范风险，推动银行间债券市场健康规范发展，人民银行要求全国银行间债券市场参与者进行债券交易，应当采用券款对付结算方式办理债券结算和资金结算。目前，只有个别业务采用券款对付以外的结算方式，包括见券付款、见款付券等，主要为境内美元债的交易结算。

券款对付结算机制的实施，极大地提高了结算效率、降低了结算风险，为我国债券市场的高效、安全运作提供了可靠的技术支撑。

二、逐步推出中央对手方清算业务，提高市场效率，有效降低风险

2008年国际金融危机之后，国际社会在总结经验的基础上，对建立场外集中清算制度安排、降低对手方风险并实施有效监管达成了普遍共识。2009年二十国集团领导人匹兹堡峰会明确提出标准化的场外衍生品合约应当通过中央对手方进行集中清算。顺应国际金融监管改革发展方向，结合我国实际，人民银行于2009年推动成立了上海清算所，为银行间市场相关产品提供中央对手方集中清算服务。近年来，银行间市场中央对手方清算业务稳步推进，业务规则不断完善，产品覆盖范围逐步扩大。目前，上海清算所已经推出了针对债券市场现券交易、质押式回购和买断式回购的净额清算业务，针对利率互换、标准债券远期等在内的集中清算业务，以及相关的代理清算机制等，同时逐步建立完善了风险管理体系以集中管理清算风险。

在中央对手方清算过程中，市场参与者将达成的相关交易提交中央对手方，由其经合约替代承继原交易双方履行合约的权利和义务，成为所有买方的卖方和所有卖方的买方，并通过建立相应的风险控制机制，担保已经达成交易的最终履行。中央对手方清算业务的推出及发

展，不仅有利于管理和防范对手方风险，也有利于提高市场效率和透明度，从而更好地促进市场平稳健康发展。

▼ 专栏5

中央对手方清算

中央对手方（Central Counter Party，CCP）是指专业清算机构或者其他承担清算职能的机构，通过将自身介入到金融市场交易的对手方关系上，成为所有买方的卖方和所有卖方的买方，担保已达成交易的最终履行。中央对手方提供集中清算服务的同时集中管理清算风险，建立完善的风险管理体系和违约损失分摊机制，有效提高了市场效率，降低了违约风险。

中央对手方清算机制的实质是在清算风险集中基础上的优化管理，优化主要体现在标准性、透明度和公允性。与双边清算模式相比，中央对手方依托完善和标准的风控制度，能够较为及时、准确、全面地对清算风险进行确定、评估、度量和管理，并且在清算风险出现后稳妥高效地予以化解和隔离，可大大减少场外衍生品交易在双边清算模式下对金融体系稳定性的潜在冲击。

一、中央对手方清算的国际发展

中央对手方产生的基础是金融交易的多边净额清算，在较长时间内主要应用于场内交易。由于衍生品交易的生命周期更长、风险敞口更大，集中管理清算风险的需求更加迫切，因此各主要经济体金融市场中央对手方最早均出现在场内衍生品市场。

中央对手方的经营模式受历史演变、政策监管等多方面因素影响。在美国，中央对手方呈现依据专业市场横向分工的特点，在证券市场统一承担中央对手方的机构隶属于全美托管清算公司，在期权市场统一承担中央对手方的机构采取独立运作方式,期货市场则存在多个中央对手方,运作方式也不相同。在欧洲,中央对手方普遍采取面向现货市场以及衍生品市场的综合服务模式,最主要的两个机构是伦敦清算所和欧洲期货交易所清算所。

中央对手方向场外市场的拓展,始于1994年巴西期货交易所(BM&F)为场外外汇市场提供中央对手方清算服务。1998年,《场外衍生品:清算程序和对手方风险管理》报告发布,明确建议场外衍生品市场在清算机制上借鉴场内交易的成功经验,实现对手方风险的集中管理。基于路径依赖,场外市场的中央对手方清算服务绝大多数由既有的中央对手方提供。

近年来,各国积极践行2009年二十国集团领导人匹兹堡峰会的承诺,多措并举推动标准化的场外衍生品合约采用中央对手方清算,中央对手方清算的运用取得积极进展。国际清算银行最新发布的关于场外衍生品市场的统计数据显示,在OTC利率衍生品市场,2016年12月末,采用CCP清算的市场份额为76%,与6月末大体持平;从品种上看,远期利率协议占比最高,份额为92%,其次为利率互换,份额为81%。在信用违约互换(CDS)市场,采用CCP清算的市场份额从2016年6月末的37%上升至12月末的44%,这是2010年有数据统计以来的最大幅度增长。

二、中央对手方清算的积极意义

一是防范和管理对手方风险。中央对手方清算机制一般都采用会员制度,清算会员对中央对手方的损失有共同承担的义务,对其利润也有直接影响。这就为清算会员更好地与清算机构合作、共同解决问题提供了很好的激励机制。中央对手方作为每个清算会员交易中的直接对手方,其中立的位置严格要求每个市场参与者履行履约义务,并对违约的清算会员追讨法律补偿。而在双边清算机制中,市场参与者如遭对手方违约，必须自行保护自己的利益。因此，中央对手方清算机制为其清算会员降低了对手方违约风险，节省了应对对手方违约方面的成本。

二是提高市场流动性和活跃度。在不采用中央对手方清算机制的金融市场上，衍生品合约必须由交易双方达成协议才能成交，某交易方在双方达成协议之前不能轻易了结头寸。另外，如果运用通过对不同的对手方建立不同方向的头寸等手段来降低市场价格波动风险，反而可能因双边开仓而承受双倍违约风险。如果其中一边头寸的对手方违约，市场交易者在这一边的交易中蒙受损失不说，另一边对手方未违约的交易也容易暴露在巨大的市场风险之下。而且，双边开仓引起的保证金抵押成本也相应加大。当价格朝着对市场参与者有利的方向波动，以锁定市场风险为目的的不同方向的头寸就变得没有意义了，同时这种敞口头寸也容易增加系统的管理成本和违约风险。在中央对手方清算机制下，市场交易者可以轻松地通过与中央对手方建立相反头寸来缩小风险敞口。这样一来，在信用风险共同承担机制和严格监管的前提下，交易者建立和了结头寸都比较容易，为提高市场流动性提供了条件。

三是有效提高市场信息透明度。场外衍生品交易之所以会造成危机，重要原因之一是缺乏透明度，从而使监管机构难以发现某些市场参与者及其活动带来的系统性风险。采用中央对手方清算机制，便于市场参与者收集关于市场活动、交易价格和对手方风险方面的信息，从而提高透明度。中央对手方对信息的集中管理，使得市场参与者、政策制定者和研究人员有可能获得相关资料，以更好地评估各个市场的最新变化对参与者头寸的影响。

第五节 创新发展利率和信用衍生产品

一、积极推动利率衍生产品创新发展

从国际情况看,利率衍生产品是最主要的场外金融衍生产品。根据国际清算银行的统计数据,2016年末,利率衍生产品的名义存续本金额约为368.4万亿美元,占全球场外金融衍生产品名义存续本金额的76%左右。但在我国,由于较长时期内都对利率进行管制,利率衍生产品起步较晚。1996年,我国利率市场化改革在银行间市场启动,随着改革的稳步推进,利率管制逐步放松,金融资产面临的利率风险逐渐显现,市场投资者对规避利率风险的需求日益迫切。在此背景下,人民银行在严格防范风险的基础上,大力推动利率衍生产品创新,完善行业自律管理,强化市场基础设施建设,积极推进利率衍生产品创新发展。

(一)大力推动产品创新

2005年6月,中国人民银行率先推出债券远期(中国人民银行公告〔2005〕第9号《全国银行间债券市场债券远期交易管理规定》),并逐步引导投资者利用衍生产品去管理风险。债券远期是指交易双方约定在未来某一日期,以约定的价格和数量买卖标的债券的行为。债券远期的推出为市场投资者提供了规避利率风险的工具,意味着我国金融衍生产品市场继1995年终止交易所国债期货后首次放开,标志着我国场外金融衍生产品市场迈出了开创性的一步。

2006年2月,中国人民银行发布《关于开展人民币利率互换交易试点有关事宜的通知》,在远期交易的基础上,推行人民币利率互换试

点。利率互换是指交易双方约定在未来一定期限内,根据约定的人民币本金和利率计算利息并进行利息交换的金融合约,试点期间的利率互换对参与者范围和具体交易形式等方面进行了限制。运用利率互换,投资者不仅可规避利率风险,还可加强资产负债管理,解决期限结构错配问题。利率互换试点的推行,为以后的利率互换全面展开积累了有益的经验,对加快利率市场化进程具有深远意义。随着利率互换试点的深入和交易量的迅速增长,市场成员、中介机构都积累了一定经验,全面推出利率互换交易的时机已经基本成熟。2008年1月中国人民银行发布《关于开展人民币利率互换有关事宜的通知》,对利率互换有关政策框架进行调整,扩大了参与者范围,取消了对利率互换具体形式方面的限制,使投资者可以更灵活地利用利率互换进行风险管理。近年来,利率互换获得了快速发展,2016年的成交名义本金额已达9.9万亿元,是2008年的24倍多。

为进一步完善市场避险功能,促进利率市场化进程,2007年9月,中国人民银行发布了《远期利率协议业务管理规定》(中国人民银行公告〔2007〕第20号)。远期利率协议是指交易双方约定在未来某一日,交换协议期间内一定名义本金基础上分别以合同利率和参考利率计算的利息的金融合约。远期利率协议业务的推出,为市场投资者丰富了管理利率风险的工具,进一步增强了投资者管理利率风险的能力,对促进市场的价格发现和整个金融衍生产品市场的协调发展起到了重要作用。

近年来,我国利率市场化进程进一步加快,银行间货币市场利率波动程度也有所增加,市场成员对短期利率避险工具的需求愈发强烈。为满足市场成员需求,同时促进现货市场和衍生品市场的联动发展,2014年人民银行指导中国外汇交易中心推出了银行间市场标准利率衍生产品,包括以Shibor和七天回购定盘利率为基准的、期限在3个月以下的四种产品。

(二) 完善市场自律管理

随着我国利率衍生产品市场的发展,为加强对金融衍生产品交易的规范,满足市场参与者对统一的场外金融衍生产品交易主协议的需求,人民银行组织市场成员、中介机构起草了《中国银行间市场金融衍生产品交易主协议》(以下简称《主协议》)。2007年10月,经中国人民银行授权,中国银行间市场交易商协会发布了《主协议》。《主协议》覆盖所有场外金融衍生产品,对交易双方之间一系列金融衍生产品交易所涉及的共性问题作出约定,减少了市场参与者在金融衍生产品交易过程中的谈判成本和文件制作成本,极大地提高了交易效率,降低了法律风险。《主协议》的出台为市场参与者提供了从事金融衍生产品交易的基本准则,是中国场外金融衍生产品交易的标准范本,也为我国金融衍生产品市场更好、更快发展提供了重要的制度性支持,是我国金融衍生产品市场发展的里程碑事件。截至目前,已经有5 774家金融机构和非金融机构法人签署了主协议。

(三) 加强基础设施建设

国际金融危机后,国际社会对场外衍生品市场监管改革达成共识。人民银行借鉴国际监管改革经验,于2014年1月28日发布《中国人民银行关于建立场外金融衍生产品集中清算机制及开展人民币利率互换集中清算业务有关事宜的通知》,以利率互换为起点建立场外金融衍生产品集中清算机制,对促进我国场外金融衍生品市场安全高效运行和健康发展具有积极意义。人民银行也推动中国外汇交易中心进一步完善场外人民币衍生品交易平台,强化交易信息备案要求,并指导其在2012年推出人民币利率互换交易的确认和冲销业务,进一步促进了合约文本和操作流程的标准化,通过缩减无效交易,降低了对手方风险,通过交易信息的有效集中促进了市场透明度的提升。

二、有序发展信用风险缓释工具

信用衍生品自 20 世纪 90 年代出现以来，迅速成为国际金融市场发展最快、具有创新意义的金融产品之一。与国际市场投机过度、监管不足的情况相反，我国信用衍生品发展较缓，难以满足市场主体的信用风险管理需求。为此，近年来人民银行在推动信用衍生品创新发展方面做了大量工作。

（一）逐步推进信用风险缓释工具创新

1. 信用风险缓释合约（CRMA）和信用风险缓释凭证（CRMW）的探索实践。2010 年，在人民银行指导下，按照"从简到繁、由易到难"，循序渐进、分步推动信用衍生品市场发展的思路，并按照"服务实需、简单透明、控制杠杆"的原则，交易商协会发布《银行间市场信用风险缓释工具试点业务指引》，推出了信用风险缓释合约（CRMA）和信用风险缓释凭证（CRMW），并对信用风险缓释工具（CRM）试点业务参与者、产品框架、市场运行机制、信息披露及风险管理等方面进行了明确，标志着信用风险缓释工具试点业务运行框架的正式建立。

2010 年 11 月 4 日，交易商协会公布了首批 17 家信用风险缓释工具交易商和 14 家信用风险缓释凭证创设机构名单。次日，中国首批信用风险缓释合约上线，9 家不同类型的交易商达成了 20 笔信用风险缓释合约交易，名义本金合计 18.4 亿元人民币。11 月 23 日，3 家机构提交的 4 只信用风险缓释凭证顺利完成认购缴款和登记确权，中国首批 CRMW 上线。CRMA 与 CRMW 产品的推出，填补了我国债券市场信用衍生产品的空白，也让市场成员逐渐了解并熟悉信用衍生产品的特点和功能，起到了很好的"练兵"作用。

2. 信用违约互换（CDS）和信用联结票据（CLN）的创新发展。

2016年，为维护债券市场健康发展，进一步完善债券市场信用风险分散、分担机制，更好地满足投资人风险管理需求，人民银行指导交易商协会在总结国际衍生产品市场发展趋势和CRMA、CRMW发展经验的基础上，推出盯住参考实体相关债务的信用风险管理工具：信用违约互换和信用联结票据。

2016年9月，交易商协会发布《银行间市场信用风险缓释工具试点业务规则》，以及信用风险缓释合约、信用风险缓释凭证、信用违约互换、信用联结票据4份产品指引。2016年10月31日，银行间市场10家机构开展了首批15笔信用违约互换交易，名义本金总计3亿元。交易参考实体涉及石油天然气、电力、水务、煤炭、电信、食品、航空等行业。CDS和CLN的推出，对于丰富银行间债券市场的信用风险管理手段，完善信用风险市场化分担机制具有重要意义。

（二）信用风险缓释工具的创新机制

信用风险缓释工具的推出主要按照"服务实需、简单透明、控制杠杆"的原则。与国际上通行的信用衍生产品不同，信用风险缓释工具有以下创新机制安排：

1. 参与者分层管理。由于银行间市场参与者众多、风险管理能力参差不齐，信用风险缓释工具试点业务按照核心交易商、交易商、非交易商的方式进行市场分层管理，核心交易商可与所有市场参与者开展交易，交易商可与所有交易商进行出于自身需求的交易，非交易商只能与核心交易商进行以套期保值为目的的交易。

2. 简化交易结构。信用风险缓释工具明确信用保护针对特定的具体债务，且标的债务类型仅限于债券和其他类似债务，从而使每笔交易合约都与具体债务对应，因而在交易结构上比国际通行的更加简单明确，充分体现了标的债务的"穿透性"原则。

同时，信用风险缓释工具市场由交易商协会接受交易机制报备、定期披露信息,上海清算所负责集中托管、集中清算,有效确保了市场透明度,为信用风险缓释工具市场的健康运行提供了重要保障。

3. 严控参与者杠杆程度。根据成熟市场经验和我国实际情况,通过建立风险控制指标,对任一交易商对于某一标的债务的信用风险缓释工具净买入余额、净卖出余额,净卖出总余额与其注册资本或净资本的比例,依据某一标的债务的信用风险缓释凭证创设总规模与该标的债务总余额的比例等方面进行限制,有效防范风险,维护银行间债券市场的平稳发展。

▼ 专栏6

国际信用违约互换市场发展经验

一、CDS 市场发展历程

(一)初级发展阶段(1995—2004 年)

20 世纪 90 年代初,国际掉期与衍生工具协会(ISDA)提出了信用衍生品的原理和机制,CDS 的雏形开始出现。起初,监管部门并不认可其风险缓释功能。但在亚洲金融危机、安然及世界通信公司等事件中运用 CDS 的大型银行避免了大额损失,之后有更多机构进入了市场。网络泡沫破裂和"9·11"恐怖袭击后,美联储执行低利率政策,CDS 市场获得发展。

(二)过度投机阶段(2005—2008 年)

这一时期,市场上各种结构复杂的产品涌现,交易规模从 2005 年开始出现爆炸性的增长,CDS 市场交易规模增长了约 4 倍。CDS 交易出现重要变化:(1)市场情绪乐观,大量卖方进入市场,导致定价严重脱离参考资产资质、报价偏低而难以补偿潜在风险;(2)CDS 脱离原来标的资产交易,不再是单纯的避险工具,大量合约无真实债务对应;(3)参考资产拓展到担保债务权证(CDO)、抵押支持债券(MBS)等结构性工具,并放大了次级抵押贷款违约的负面影响;(4)投机交易频繁,有些合约甚至被转手十多次。

(三)短暂调整后平稳发展阶段(2009年至今)

美国次贷危机爆发期间,交易对手风险猛增,参与者大量对冲未平仓头寸以规避风险。CDS由投机回归风险管理的初衷,产品结构趋于标准化;推行中央对手方清算,降低交易对手方风险;建立数据报告库,促进交易线上化,提高市场透明度;ISDA建立"信用衍生产品决定委员会"以解决争议,并引入强制拍卖结算,解决现金和实物结算缺陷以及信用事件认定等问题。欧债危机后,欧盟加强衍生品交易监管,主权信用类CDS交易应以持有参考资产为前提,限制市场通过衍生工具做空主权信用产品。

二、CDS市场改革

国际金融危机后,监管机构和市场各方均对CDS合约的改革作出努力,使得CDS交易朝着风险可控、交易透明、制度便利等方面发展。

(一)文本制定

ISDA相继明确了CDS涉及的破产、债务违约等定义,以及合约中的名义金额、生效和到期日、支付时间、结算交割程序等信息。2009年发布对应的"大爆炸"议定书和"小爆炸"议定书,并于2014年制定了《2014年信用衍生工具定义文件》。

(二)全票息标准化

全票息标准化要求,交易双方无论何种参考实体以及何时交易,信用保护买方须在合约存续期内的固定日期支付全额固定的保护费用。首先,标准化信用违约互换的交割日期固定。一年四次交割,分别为3月20日、6月20日、9月20日和12月20日。其次,标准化信用违约互换的票息固定,一般为100BP或500BP。最后,标准化信用违约互换必须全额票息支付。

(三)信用事件的统一化

标准化后的CDS统一了信用事件的涵盖范围,比如北美地区将标准化合约的信用事件定义为破产和支付违约,而欧洲地区则将破产、支付违约和重组列为信用事件,这就使得交易双方不必为了信用事件的增减反复磋商,同时也提高了信用违约互换合约的标准化程度,方便市场定价,增加了监管便利度。

(四)设立信用事件决定委员会

在调整前,由交易双方自行约定其中一方作为信用事件的代理方,由此可能引发交易双方对信用事件的触发标准不能达成一致,从而导致双方出现争议和纠纷的情况。

针对上述问题,ISDA在全球5个地区分别设立了信用事件决定委员会,ISDA代表组织协调委员会的各项工作,主要对信用事件的发生情况(时间、类型等)及可交付债务进行裁定,同时拥有对承继事件、拍卖的时间、可替代的参考债务等相关条款的裁定权。

(五)拍卖结算制度强制化

信用事件发生后CDS可通过下列方式进行结算。一是实物结算,即买方向卖方交付面值等于CDS交易名义本金、债权地位相同的债券,而卖方以现金方式向买方支付名义本金值。二是现金结算,即卖方按照事先约定的估值方法或ISDA规定程序确定参考债务的市场价值,并计算需要支付的净现金额。但发生信用事件时,实物结算会导致可交付债券的数量不足,买方为了获得所需债券,会推高违约债券的价格,从而导致该债券价格的泡沫增长。例如,2005年10月美国Delphi公司破产时,该公司流通在外的债券只有20亿美元,但以这些债券为标的的CDS却有280亿美元,市场竞相寻求可交付债券导致该债券价格飙升。现金结算的问题在于,对卖方应交付金额的估值难以获得统一、权威的标准,且市场报价的获取时间和个数对最终价格的影响太大。

针对以上种种不足,ISDA引入了拍卖结算机制。首先,竞拍参加人就可交付债务报出买卖报价和交易量,拍卖管理人对竞拍参加人提交的报价进行排列配对,得出初始市场中间价,若所有交易量皆可成交平仓,则中间价即为最终拍卖价格;如果首轮拍卖结束后仍然存在未平仓量,则对未平仓的部分进行第二轮竞拍,以荷兰式竞标规则得到最终拍卖价格。

经过多年实践,拍卖结算机制平稳处理了多起信用事件而引发的清算交割程序,并经历了国际金融危机的考验。因此,国际金融危机后,强制性的拍卖结算机制便成为CDS的首选结算方式。

第四章
积极推动资产证券化市场稳健深化发展

2005年,国务院批准人民银行牵头成立"信贷资产证券化试点协调小组",我国资产证券化市场正式起步。经过多年发展,我国资产证券化市场实现了跨越式增长,市场发行日趋常态化,基础资产类型持续丰富,参与主体更加多样,流动性明显提升,服务实体经济的能力日益增强,资产证券化市场已经成为我国债券市场的重要组成部分。

第一节 推动信贷资产证券化市场功能优化和体量扩大

资产证券化是债券市场重要的融资方式,它通过将缺乏流动性,但具有可预期现金流的资产经过一定的结构安排,对资产的风险与收益要素进行分离与重组,进而转换为在金融市场上可以出售和流通的证券。从国际金融市场发展历史来看,资产证券化作为盘活资产存量、优化资源配置的有效途径,是金融市场发展到一定阶段的必然产物,有助于打通信贷市场、货币市场和资本市场的连接通道，促进金融市场的协调发展，是提高金融服务实体经济水平的必然要求。随着我国市场经济的快速发展，市场主体融资需求的逐步多元化、个性化，推出适合我国国情的资产证券化模式对于推动我国资本市场的进一步完善和发展具有重要意义，同时，我国银行间债券市场的基础设施不断完善，资产证券化市场的发展条件也日益成熟。

发展信贷资产证券化有利于提高直接融资比重，符合国务院大力发展资本市场的总体方向；有利于增加债券市场品种，分散和转移信用风险；有利于优化金融机构资产负债结构，促进金融改革和金融创新。近年来，国务院高度重视信贷资产证券化相关工作，周小川行长也多次对信贷资产证券化试点工作的开展作出指导，提出"证券化的实质是一种市场化操作"，提出"管理要规范，风险要分析，风险要自担"，强调发挥市场力量在资产证券化业务中的作用。在重视制度建设和防范风险的基础上，充分考虑投资者识别和防范金融风险的能力，及时总结经验，完善制度设计，加强科学监管，能够使信贷资产支持证券这一有效的金融工具发挥应有的作用。

在国务院部署下，人民银行始终坚持"标准化、规范化、透明化"的发展原则，加快完善相关制度，积极推动信贷资产证券化市场功能优化和体量扩大。信贷资产证券化市场自发展伊始就立足于服务实体经济，结合成熟市场经验及我国发展实际，在推动试点发展的过程中不断总结经验，在防范风险的基础上鼓励创新，并持续完善信息披露、信用评级等市场化约束机制，促进市场活力不断提升。

经过多年的发展，我国信贷资产证券化市场取得了积极成效。一是发行管理体制机制日趋完善，人民银行发布2015年第7号公告，鼓励一次注册、自主分期发行，产品发行效率和灵活性持续提升，标准化、规范化程度显著加强，市场规模不断扩大。二是信息披露的市场约束作用不断加强，人民银行指导银行间市场交易商协会组织市场成员起草并发布信息披露指引,建立信息披露评价体系,加强事中事后管理,强化市场约束,目前已经发布了个人住房抵押贷款、个人汽车贷款、不良贷款、微小企业贷款等 6 个信息披露指引,发布信息披露评价工作规程,取得了良好的市场反响。三是发起机构类型不断扩展,由大型国有商业银行、股份制银行逐步扩展至城市商业银行、农村商业银行、汽车金融公司、消费金融公司等,发起机构队伍不断扩大。四是投资者多元化程度和成熟度不断提高,证券公司、保险机构、基金等非银行业金融机构和非法人机构投资者参与度不断提高,一些标准化程度高的产品得到了 QFII、RQFII、境外人民币业务清算行和参加银行等境外投资者的认可,境外投资者参与度显著提升。五是资产证券化所适用的基础资产类型不断拓展,已涵盖一般企业贷款、住房抵押贷款、汽车贷款、信用卡分期资产、金融租赁资产、不良贷款等主要贷款资产类型,产品标准化程度显著提升。

通过不断探索、改进和完善相关制度规范,我国的信贷资产证券化市场初步建立了适合我国国情的制度框架,由政策驱动逐渐转向市场驱动,市场体量持续扩大,市场功能不断优化,总体保持良好的发展态势。截至 2016 年末,金融机构累计发行信贷资产支持证券的金额超过 1.1 万亿元,市场存量超过 5 700 亿元,信贷资产证券化市场已经成为我国债券市场的重要组成部分。

▼ 专栏7

信贷资产证券化市场发展历程

一、试点启动阶段(2005—2008 年)

2004 年出台《国务院关于推进资本市场改革开放和稳定发展的若干意见》(国发〔2004〕3 号),明确提出"积极探索并开发资产证券化品种"，为推进多层次资本市场的发展指明了方向。选择部分具备条件的金融机构开展信贷资产证券化试点，不仅是深化我国金融业改革开放的现实需求，而且是改善我国金融机构资产质量、完善资本结构和加速资金周转的必然选择。

在国务院的统一部署下，人民银行会同相关部门并邀请市场专家，对资产证券化的可行方案进行了深入研究和探讨，牵头发展改革委、财政部、银监会、证监会等十部委成立"信贷资产证券化试点协调小组"，具体负责组织协调信贷资产证券化试点相关工作。2005年3月，信贷资产证券化试点协调小组召开第一次会议，我国信贷资产证券化试点工作正式启动。首轮试点期间，人民银行会同相关部门出台了《信贷资产证券化试点管理办法》等一系列政策文件，搭建了涵盖基本法律关系、交易结构、参与主体、信用评级、信息披露、发行交易及登记托管结算等方面的制度体系。截至2006年5月末，国家开发银行、建设银行共成功发行3单信贷资产支持证券，首批试点150亿元额度基本使用完毕。

在首轮试点取得阶段性成果的基础上，相关部门进一步总结经验，改进和完善相关制度。2007年，国务院批准扩大试点机构和发行规模，人民银行会同相关部门针对首批试点阶段暴露出来的问题，认真研究扩大合格机构投资者范围，加强基础资产池信息披露，规范引导信用评级机构评级行为等制度措施，确保扩大试点工作顺利进行，制定发布2007年第16号公告，强调资产池信息披露的完整性和信息的易得性，发布2007年第21号公告，准许资产支持证券进行质押式回购，以增强资产支持证券的流动性。不断完善的政策法规为信贷资产证券化试点工作创造了条件，第二批试点期间共发行538.56亿元信贷资产支持证券，加上首批试点的发行金额，截至2008年末，我国共发行信贷资产支持证券667.86亿元。

二、试点暂停及重启阶段（2008—2012年）

随着2008年美国次级抵押债券风险暴露，我国资产证券化市场受到了较大的舆论压力，试点变得更加谨慎。虽然在2008年后，试点过程中一度没有新项目发行，但在此期间国内相关部门和市场参与机构也充分地总结、反思并消化了美国资产证券化模式的利弊得失，再次开展信贷资产证券化试点的基础也更加充分。

2012年5月17日，人民银行、银监会和财政部联合印发《关于进一步扩大信贷资产证券化试点有关事项的通知》，信贷资产证券化试点正式重新启动，试点额度为500亿元。结合国际金融危机以后国际资产证券化业务监管的趋势性变化，试点重启阶段，相关制度进一步强调了基础资产、风险自留、信用评级、信息披露等方面的要求，明确规定信贷资产证券化产品结构要简单明晰，禁止进行再证券化，对信贷资产支持证券提出双评级要求，支持对资产支持证券采用投资者付费模式进行信用评级，要求发起机构、受托机构、信用评级机构及其他证券化服务机构做好信贷资产证券化业务信息披露工作，鼓励创造条件逐步实现对每一笔入池资产按要求进行规范信息披露。截至2013年6月末，信贷资产支持证券共发行23单，总计896.3亿元。

三、试点扩大阶段（2013—2015年）

试点重启之后，信贷资产证券化市场相关制度建设和市场实践均平稳推进，信贷资产证券化对盘活存量资产、支持经济结构调整和转型升级的导向作用不断显现。2013年8月28日，国务院第22次常务会议指出，进一步扩大信贷资产证券化试点，是落实金融支持经济结构调整和转型升级决策部署的具体措施，也是发展多层次资本市场的改革举措，可以有效优化金融资源配置、盘活存量资金，更好地支持实体经济发展。

根据会议精神，人民银行会同相关部门就扩大信贷资产证券化试点工作有关问题进行了深入研究，明确了扩大信贷资产证券化试点的工作原则，即"坚持真实出售，破产隔离；总量控制，扩大试点；统一标准，信息共享；加强监管，防范风险；不搞再证券化"。在具体工作开展方面，一是继续按照《信贷资产证券化试点管理办法》等管理制度的规定推进扩大试点有关工作；二是在前期试点的1 250亿元规模基础上，扩大试点新增3 000亿元规模；三是引导试点机构将有效信贷向经济发展的薄弱环节和重点领域倾斜；四是推动跨市场交易，信贷资产证券化产品可在银行间市场和交易所市场上市交易；五是充分发挥金融监管协调机制作用，完善相关法律法规，统一产品标准和监管规则，加强证券化业务各环节的审慎监管，不搞再证券化，确保不发生系统性区域性金融风险。截至2015年4月末，金融机构共发行89单信贷资产支持证券，累计3 550亿元，余额为2 972亿元，新增的3 000亿元试点规模基本用完。

四、走向常态化发展阶段（2015年至今）

2015年，为进一步促进信贷资产证券化持续健康发展，人民银行发布2015年第7号公告，进一步完善发行管理制度，提高发行管理效率和透明度，强化信息披露等市场约束机制作用。一是简化发行管理流程，鼓励符合一定条件的受托机构和发起机构申请一次注册、自主分期发行；二是强化信息披露要求，建立正向激励的市场约束机制，并发挥自律组织作用，加强事中事后管理；三是按照投资者适当性原则，可由市场和发行人双向选择信贷资产支持证券交易场所；四是明确最低档次信贷资产支持证券发行可免于信用评级；五是明确采用簿记建档方式发行信贷资产支持证券的相关要求。

2015年5月13日，国务院第92次常务会议决定，新增5 000亿元信贷资产证券化试点规模，继续完善制度、简化程序，鼓励一次注册、自主分期发行；规范信息披露，支持证券化产品在交易所上市交易。人民银行积极落实国务院工作部署，一是推动一次注册、自主分期发行加快落地，2015年5月，接受上汽通用汽车金融公司、招商银行等4家金融机构共计640亿元的注册申请，首批注册发行的信贷资产证券化产品正式上线；二是取消资产支持证券交易审批许可，印发了2015年第9号公告，完善信贷资产支持证券交易流通有关管理政策；三是加强信息披露，指导中国银行间市场交易商协会研究制定6个信息披露指引，并建立信息披露事中事后评价机制。

第二节 开展资产证券化更好服务实体经济

在我国经济结构调整、利率市场化改革加快推进等背景下，资产证券化作为拓展金融体系"宽度"的创新手段，对于盘活存量资产、优化资源配置、丰富金融市场产品序列、引导资金投向实体经济的重点领域具有重要的引导意义。长远来看，资产证券化市场的发展，更是加大金融对实体经济支持力度、维护金融系统稳定、落实宏观政策调控的重要手段。

一、有利于发展多层次资本市场，充分发挥市场配置资源的基础性作用

我国社会融资结构长期存在间接融资占比过高的问题，从国际发展经验来看，过度依赖间接融资不利于资源的优化配置和金融稳定，发展直接融资、推动金融体系由单一银行体系向多元化市场体系过渡是

必然趋势。资产证券化可为金融市场提供新的投资品种，使投资者通过证券化产品间接投资于住房贷款、企业贷款、基础设施等领域，且证券化产品的风险收益特征和期限结构安排与国债、金融债等具有较大差异，有助于投资者合理配置金融资产，促进多层次资本市场的发展与完善。同时，资产证券化产品对于投资者风险判断、风险识别、风险管理能力的要求，也有助于加强投资者对主体信用和资产信用的辨别能力，推动投资者风险控制模式和风险控制能力的进一步提升。

二、有利于缓解银行资本补充压力，服务实体经济发展

由于我国以间接融资为主的格局短期内难以改变，实体经济资金来源高度依赖银行贷款，商业银行需要通过资本来承担资产方的风险并吸收相关风险，贷款规模的扩张将大幅增加商业银行资本消耗。特别是我国对于商业银行资本质量和充足水平要求较为严格，如果银行保持资产增速和资产利润率保持不变，且商业银行盈利水平还存在一定不确定性，其资本缺口可能不断扩张。商业银行通过证券化业务，可以灵活调整资产负债结构，将信贷资产通过证券化打包出售，信贷资产由表内转到表外，减少对资本的占用，缓解补充资本对资本市场造成的压力。

三、有利于开辟规范的信贷资产转让渠道，引导社会资金进入"规范池子"

近年来，在投资和融资双重需求的推动下，出现了许多具有流动性和信用转换功能的业务和产品，发挥了"类银行"金融中介功能，这些产品的发展在一定程度上满足了实体经济的部分融资需求，丰富和拓宽了居民、企业的投资渠道，但有相当一部分业务没有纳入"类银

行"的审慎监管，运营不透明、不规范，潜在风险不容忽视。大力发展信贷资产证券化，可为金融机构进行资产、负债调整开辟正规渠道，引导金融机构在满足实体经济融资需求的同时，防范可能的系统性风险。同时，发展证券化业务，也为广大投资者提供了一种与实体经济紧密联系的投资工具，引导社会资金按照风险收益匹配的原则合理流动和配置。

四、有利于促进商业银行盈利模式转变，满足实体经济多层次融资需求

长期以来，我国商业银行以净利息差为主要盈利来源，业务发展以资产规模扩张为主要特征，以存贷款规模的增长来维持利润增长，在信贷投放上出现"贷大、贷长、贷集中"的倾向和问题，难以满足实体经济发展的多层次融资需求。从国际经验来看，开展信贷资产证券化，有利于提高商业银行资金使用效率，盘活商业银行流动性较差的信贷资产，释放资金可以投向经营更高效、收益较高的领域；有利于商业银行以更加有利的成本获取资金，降低融资成本；有利于提高商业银行中间业务收入，资产证券化后，金融机构在不增加资本占用的情况下，可以获得贷款服务收入、持有资产支持证券的投资收益和交易资产支持证券的佣金收入，提高其资本收益率。

五、有利于拓宽企业融资渠道，盘活存量资产，降低企业融资成本

我国大部分企业融资渠道单一，主要依赖间接融资，资产证券化作为可实现资产信用融资的工具，可在一定程度上弥补信贷市场、资本市场在信贷功能、融资功能等方面的不足。特别是我国民营中小企业自身

积累不足、抵御风险能力较弱，长期面临融资难度大、融资成本高等问题，通过将优质资产"证券化"进行融资，可有效缓解融资难、融资贵问题。此外，与传统融资方式相比，规范的资产证券化产品在盘活企业存量资产的同时不增加企业的负债，可有效加快资金的使用效率及周转速度，降低企业负债率。

六、有利于我国金融市场"软环境"建设及进一步对外开放

随着我国资产证券化市场的深入发展，资产证券化产品的复杂性和创新性不断提升，主承销商、会计师事务所、律师事务所等参与机构的数量不断增多，对各中介机构的创新能力、业务能力提出更高要求，有助于提升市场机构整体水平。同时，资产证券化产品可以为投资者提供更加丰富的投资品种，包括不同期限、不同信用品质、不同利率敏感度的资产支持证券，培养投资者的风险辨别及定价能力，促进我国金融市场向纵深发展，提升我国金融市场的吸引力，加强与国际市场接轨程度，提高对外开放水平。

第三节 推动银行间债券市场资产证券化产品快速发展

近年来，银行间债券市场资产证券化产品持续保持快速扩容、稳健发展的态势，继续发挥在盘活存量资金、服务实体经济、丰富多层次资本市场建设等方面的作用。2016年，信贷资产证券化产品共发行108单，规模为3 908.53亿元；资产支持票据产品共发行8单，规模为166.57亿元，同比增长87.52%。

第四章　积极推动资产证券化市场稳健深化发展

一、发行规模持续扩大

2015年国务院常务会议决定新增5 000亿元信贷资产证券化试点规模，银行间信贷资产证券化市场规模持续扩大，功能持续优化。在试点背景下，人民银行鼓励一次注册、自主分期发行，并由交易商协会先后出台六类产品的信息披露指引。这一系列相关政策极大地提升了发行管理效率、激活了参与机构能动性和创造性，为资产证券化业务打开广阔的发展空间。2015—2016年，信贷资产支持证券共发行近8 000亿元，其中第二轮试点以来信贷资产支持证券发行总额约为7 500亿元，2016年共发行108单3 909亿元信贷资产支持证券。

二、注册发行成效突出

自"一次注册、自主分期发行"以来，截至2016年末，共有31家机构进行了注册，注册额度总计7 370亿元，基础资产包括个人住房抵押贷款、个人汽车贷款、消费贷款以及棚户区改造贷款。其中，2016年共注册3 060亿元，发行37单，使用额度1 871.29亿元，发行单数及额度分别为2015年同期的2倍和2.5倍。从基础资产来看，2016年个人住房抵押贷款资产证券化产品注册申请额度最高，合计为1 150亿元。

三、产品类型不断丰富

从产品类型看，多样化趋势明显，企业贷款资产支持证券（Collateralized Loan Obligation, CLO）占比明显下降。2015年试点以来，产品基础资产类型涵盖企业贷款、个人汽车抵押贷款、个人住房抵押贷款、个人消费贷款、微小企业贷款、金融融资租赁资产、公积金贷款和不良贷款等。2016 年全年发行的 108 单资产支持证券中有 43 单为 CLO，金额占比 34%，同比下降约 40 个百分点。在"一次注册、自主分期发行"相关配套政策不断完善的背景下，2016 年个人汽车抵押贷款、个人住房抵押贷款等零售类贷款资产证券化产品的发行量显著增加，发行金额占比较 2015 年上升了约 27 个百分点，CLO 产品一支独大的局面明显改善，各类产品发行逐渐均衡化。

四、产品创新不断涌现

一是入池资产类型的创新。2015 年 9 月，国务院发布《关于促进金融租赁行业健康发展的指导意见》，明确提出允许符合条件的金融租赁公司通过资产证券化方式筹措资金；2016 年 3 月 24 日人民银行、银监会联合印发《关于加大对新消费领域金融支持的指导意见》，鼓励汽车金融公司、消费金融公司大力发展个人汽车、消费、信用卡等零售类贷款信贷资产证券化。总体来看，2015 年以来，信贷资产证券化的入池资产类型在前期试点的基础上，增加了棚户区贷款、微小企业贷款、个人汽车贷款、个人消费贷款等零售类产品，同时，还出现了个人住房类不良贷款、小微不良贷款等细分新品类。

二是交易结构的创新。银行间资产证券化产品的交易结构相对规范，能够较好地做到"真实出售、破产隔离"。随着产品复杂程度的增加、入池资产类型的不断丰富，为了进一步平衡发行成本和融资效益、满足入池资产的违约风险和现金流特点，产品交易结构上的创新不断涌现。例如，大众汽车金融公司发行的华驭系类汽车抵押贷款支持证券，用折后本息和确定发行金额、优先档和次级档不一样的支付顺序、红池和黑池的转换等，较大程度地降低了发起机构的发行成本。又如，不良资产的回收金额和时间具有很大不确定性，一般会由发起机构或外部机构提供流动性支持以保证期间债券利息的及时偿付,并且在参与机构中引入资产服务顾问、评估机构等诸多角色,以保证对不良资产证券化基础资产的估值更为公允。

五、发起机构队伍不断扩大

2016年,共有66家机构参与资产支持证券的发起,排名前十的发起机构共发行2 323.73亿元,占总发行规模的近59.45%。发行机构方面,2016年发行人数量达到23家,其中排名前三的发行人发行规模占比均超过10%。主承销商方面,2016年机构数量达到23家,参与发行规模最大的承销人发行规模占比近30%。

六、投资者结构进一步丰富

2015年以前参与银行间信贷资产支持证券投资的机构主要为银行业金融机构和少数证券公司、基金公司等,且银行业金融机构的持有量占比超过70%。2016年末,信贷资产支持证券的投资者包括基金类、商业银行、非银行金融机构、证券公司、保险机构、境外机构、信用社及特殊结算单位等,证券公司、基金公司等非银行业金融机构和非法人机构的持有量占比明显提升,达到55%,首次超过银行业金融机构,保监会于2016年3月8日发布的《关于修改〈保险资金运用管理暂行办法〉的决定(征求意见稿)》中明确允许保险资金投资资产证券化产品,保险资金参与信贷资产证券化市场的热情有望进一步释放。此外,随着不良资产证券化产品的发行,国有四大资产管理公司、地方资产管理公司和私募基金都积极地参与到各不良资产证券化产品次级档的投资中,投资者结构进一步丰富。

七、产品定价更趋市场化

2014年以来，债券市场整体收益率持续走低，资产证券化产品发行利率也随之下行。同时，随着证券化产品不断被市场接受并逐渐成为机构关注的投资品种，资产证券化产品与其他可比债券产品的发行利差持续收窄。2016年底，随着债券市场整体收益率的上扬，资产证券化产品的发行利率也随之上行。2016年信贷资产支持证券优先A档证券最高发行利率为4.7%，最低发行利率为2.45%，平均发行利率为3.49%，全年累计下降41个BP；优先B档证券最高发行利率为5.1%，最低发行利率为3.29%，平均发行利率为4.11%，全年累计下降89个BP。从基础资产类型来看，优先档证券的利差间距基本体现了投资者对于不同基础资产支持证券的风险判断和溢价要求。从信用利差来看，信贷资产支持证券的利率和市场利率走势保持一致，与同期限短期融资券和中期票据的利差体现了分散度高、发起机构信用资质较好的信贷资产支持证券已成为资金配置的主要关注对象之一。

八、二级市场流动性持续改善

资产证券化产品在一级市场发行规模不断扩大的同时，二级市场也开始逐步活跃，尽管其现券交易和质押式回购的绝对成交金额相较于传统债券占比依然较小，但市场自身的发展趋势已经有所体现，流动性有所改善。中债登公布的数据显示，从2007年至2016年末，资产支持证券在银行间市场的现券交割总量达到2 122.14亿元，质押式回购交割总量达到2 669.59亿元；其中在2015年5月第二轮试点重启以来，现券交易交割量达到1 811.76亿元，占总量的85.37%；质押式回购交割量达到1 950.42亿元，占总量的73.06%。资产证券化的快速发展正在吸引更多的投资者进入，新的交易模式、产品设计和获利机会正在出现，二级市场的逐步成熟也是资产证券化市场长期可持续发展的必要条件。从2015年5月第二轮试点重启以来，资产支持证券的现券交割量和质押式回购交割量都呈现出上涨态势。

第四节　进一步创新银行间债券市场资产证券化产品

资产证券化市场相关制度的不断完善以及多元化市场参与群体的不断成熟，推动了银行间债券市场资产证券化产品的不断创新，资产证券化产品的基础资产类别、交易结构设置等进一步丰富，满足了市场参与主体的多元化需求。

一、不良资产证券化

不良资产证券化是指将银行的不良贷款等不良信贷资产汇总起来组成资产池，通过结构性重组，将其转变成可以在金融市场上出售和流通的证券。周小川行长于2016年"两会"期间专门就不良资产证券化相关问题回答记者提问，指出资产证券化"打包的内容不限制究竟打什么包，也可以把一些不良的资产打包卖出去，但是卖出去的不良要根据不良的程度，根据买家对于未来回收的程度来进行市场定价，定价过程中可能会低于资产的名义价格"。

与正常类贷款相比，不良资产证券化产品在基础资产、交易结构设置等方面存在不同的特点。一是基础资产为违约贷款，基础资产质量较差，未来现金流具有较高的不确定性；二是证券发行总额小于资产池未偿本金总额，小于资产池预期回收金额总额；三是通常由发起机构或第三方机构提供流动性支持，以平滑不良贷款基础资产回款现金流的波动,增强对投资者的吸引力。探索不良贷款资产证券化这一快速处置方式,能够加快不良贷款处置速度,拓宽商业银行不良贷款处置渠道,提高商业银行的资产质量。与批量转让等处置方式相比,通过证券化能够利用市场化方式发现不良资产的真实价值,有利于提高资产回收率,维护银行合法债权,增强服务实体经济的能力。此外,不良贷款资产证券化产品作为重要的投资品种之一,可进一步满足具有不同投资倾向和风险偏好的机构投资者的投资需求,有利于促进多层次金融市场的快速健康发展。

2006年至2008年,东方资产管理公司、信达资产管理公司及建设银行先后发行了4单不良贷款资产证券化产品,共计发行金额为134亿元,涉及入池不良资产379亿元,到2016年已全部完成兑付,是我国在不良贷款资产证券化方面的有益探索。2015年以来,随着国内经济增速的放缓,银行不良资产处置压力上升。2016年2月,人民银行等八部委联合发布的《关于金融支持工业稳增长调结构增效益的若干意见》,提出"在审慎稳妥的前提下,选择少数符合条件的金融机构探索开展不良资产证券化试点"。2016年4月,银行间交易商协会发布《不良贷款资产支持证券信息披露指引(试行)》,对不良贷款资产证券化在基础资产、参与机构、交易结构、估值定价等方面的信息披露提出了明确的要求。在相关政策支持下,银行开始探索以证券化的方式处置不良资产。截至2016年末,共有6家银行发行14单不良资产证券化产品,发行规模达156.1亿元。从资产类型来看,入池不良资产已涵盖对公、信用卡、小微、房贷等多种类型。

二、公积金贷款资产证券化

近年来,住房公积金贷款规模快速增长,公积金运用率呈上升趋势,全国公积金呈现"总体过剩、局部紧张"的局面。快速攀升的住房公积金贷款需求对公积金流动性管理提出了更高要求，但各地区为应对公积金流动性不足问题采取的措施缺乏统一的管理制度和规范，信息不透明、成本较高，并存在一定的法律风险，难以形成正规的、持续性的机制安排。以住房公积金贷款开展资产证券化，可以盘活公积金贷款存量资产，能够有效缓解住房公积金管理中心流动性压力，保障职工基本住房需求；同时，募集资金全部用于住房公积金个人住房贷款的再投放，有利于改善老百姓住房条件、降低老百姓的住房成本，推动社会经济发展。

为支持公积金中心正常放贷，发挥公积金贷款对稳投资、促消费的作用，住建部提出允许部分运作规范、资金使用效率较高的公积金中心在银行间债券市场发行个人公积金住房贷款资产支持证券。2014年10月，人民银行、住建部、财政部联合发布《关于发展住房公积金个人住房贷款业务的通知》（建金〔2014〕148号），明确"有条件的城市，要积极探索发展住房公积金个人住房贷款证券化业务"；2015年9月，住建部又牵头发布《关于切实提高住房公积金使用效率的通知》（建金〔2015〕150号），再次明确"有条件的城市要积极推行住房公积金个人住房贷款证券化业务，盘活住房公积金贷款资产"。

在中国人民银行、住建部和财政部的大力推动下，2015年12月9日，中国银行间市场首单住房公积金个人住房贷款资产支持证券创新项目——沪公积金2015年第一期个人住房贷款资产支持证券成功发行，发行总规模为69.63亿元。截至2016年末，全国范围内已有4家住房公积金管理中心发行了7单资产支持证券，总发行规模超400亿元。

三、房地产信托投资基金（REITs）

我国早在 2008 年就开始对 REITs 进行探索，2008 年 12 月 3 日国务院常务会议提出了九条促进经济增长的政策措施，其中首次提出"通过并购贷款、房地产信托投资基金及股权投资基金等多种形式，拓宽企业融资渠道"。2008 年 12 月 13 日，国务院办公厅印发《关于当前金融促进经济发展的若干意见》，明确提出"开展房地产信托投资基金试点，拓宽房地产企业融资渠道"。人民银行于 2009 年初牵头设计了 REITs 试点的总体构架，并初步拟定了 REITs 试点管理办法，主要以信托的方式发行，不以公募基金形式挂牌交易，REITs 设计中可以加入内部增信措施，即信托受益权可区分为优先级受益权和次级受益权，优先级受益权应当为固定收益产品，可在银行间债券市场进行转让。

2015 年 1 月，住建部发布《关于加快培育和发展住房租赁市场的指导意见》，明确表示将积极推进 REITs 试点，从政策层面对 REITs 发展进行松绑，并逐步推开各城市 REITs 试点。2016 年 3 月，国务院《关于 2016 年深化经济体制改革重点工作的意见》明确"研究制定房地产投资信托基金规则，积极推进试点"。2016 年 10 月，国务院印发《关于积极稳妥降低企业杠杆率的意见》，提出"支持房地产企业通过发展房地产信托投资基金向轻资产经营模式转型"。2016 年 12 月 14 日，"兴业皖新 REITs"获得中国人民银行行政许可批复，成为银行间债券市场首单公开发行的 REITs 产品。

四、非金融企业资产支持票据（ABN）

非金融企业资产支持票据（ABN）是中国银行间市场交易商协会

第四章　积极推动资产证券化市场稳健深化发展

落实国家相关政策,顺应市场需求,推动债务融资工具市场向纵深发展的重要举措。2012年8月,交易商协会正式发布《非金融企业资产支持票据资产支持票据指引》,推动非金融企业资产证券化在银行间市场的发展。ABN的推出加强了金融支持实体经济的力度和及时性,但随着市场环境变化,ABN产品由于制度规定较为宽泛、结构设计较为单一、基础资产遴选标准等规定暂不明确等原因,未能充分发挥其市场功能。2014年以来,交易商协会邀请市场专家开展ABN的创新工作,在拓宽基础资产、完善交易结构、细化信息披露、加强风险管理等方面取得了重大进展,特别是引入信托机构作为特殊目的载体,切实做到"真实出售、破产隔离",ABN市场迎来了新的发展阶段。

从发行主体来看,已注册的发行人涵盖城投公司、交通运输企业、公用事业公司、航空公司、融资租赁公司等;从发行方式来看,既有私募发行,也有公募发行的资产支持票据;从行业分布来看,主要涉及污水处理、自来水、天然气等民生行业,还有医药、基础设施建设、融资租赁、商业不动产等领域;从基础资产来看,已发行的ABN基础资产以既有债权和未来收益权为主,涵盖了天然气收费权、自来水销售收入、高速公路收费权、航空公司客票收入、污水处理收费权、保障房租金收入、企业应收账款、商业物业租金以及信托受益权等各类资产;从增信措施来看,既有采用结构分层等内部增信,也有采用差额补足等外部增信方式。ABN市场的发展为提高企业资金使用效率,盘活存量,降低企业融资成本发挥了重要的作用。2016年,共计12家企业注册发行资产支持票据,注册规模达到216.32亿元,发行规模为166.57亿元。截至2016年末,累计共有31家企业以特定的基础资产为支持,发行364亿元资产支持票据。

第五章
统筹建设与发展债券市场基础设施

金融基础设施一般是指为各类金融活动提供一定公共产品服务的一系列系统设施与制度安排，主要包括支付、征信、反洗钱、登记托管、交易结算等多个领域，广义上包括由金融法律与监管、中央银行最后贷款人职能、投资者保护制度组成的金融安全网等范畴，狭义上指金融市场的交易设施、中央对手方、中央证券存管机构、证券结算系统、交易报告库和重要支付系统等。功能完备、高效便捷、运行安全的基础设施是债券市场建设发展的重要内涵。人民银行与相关部门一直重视并强调债券市场基础设施的顶层设计与统筹发展，在充分吸收国际经验并结合国情的基础上，摸索出一条适合中国债券市场的基础设施打造之路。我国债券市场基础设施已经贯穿了发行、交易、托管、清算、结算等系统和对应的运作规则，贯穿了一只债券从创设到自然到期注销的各个环节。新世纪以来，我国债市基础设施建设呈加速发展与创新的态势，成为债市安全高效运行的保障和基石。

第五章 统筹建设与发展债券市场基础设施

第一节 加强基础设施建设，支持债券市场发展

自我国债券市场成立以来，人民银行始终致力于推动债券市场基础设施完善，增强债券市场基础设施的国际竞争力和影响力，为债券市场改革发展疏通脉络，提供动力。

一、亚洲金融危机以前，我国债券市场基础设施整体处于摸索起步阶段

20 世纪 80 年代中后期，随着国债流通转让试点工作的展开，形成了很多地方性债券交易中心及柜台交易中心。但是，当时的债务工具托管处于分散状态，再加上交易不规范，国债回购成为变相的信用拆借，形成巨额拖欠。1995 年，武汉证券交易中心、天津证券交易中心、全国证券交易自动报价系统（STAQ）等因发生巨大风险而停止交易。同时，由于风险控制机制不健全，1995 年发生了"327 国债期货事件"，国债期货试点被迫终止。在此之后，债券交易主要集中于交易所市场。由于当时交易所市场承载了为股市融资的功能，大量银行资金通过交易所债券回购流入股票市场，造成了回购利率的大幅波动，货币市场价格信号扭曲，助长了股市投机和泡沫。1997 年 6 月，为维护宏观金融稳定，阻断银行资金流向股票市场，根据国务院的统一部署，商业银行全部退出上海和深圳交易所市场。

二、亚洲金融危机之后，我国债券市场基础设施步入逐步完善轨道

1997年亚洲金融危机后，国务院同意建立银行间债券市场。人民银行积极采取措施，着力推动我国债券市场基础设施的改革发展，逐步指导基础设施机构建立了统一的债券托管结算平台，实行实名制一级托管，杜绝了挪用债券的可能；建立了一对一询价的电子交易系统，为参与者提供透明、规范的交易平台；推动信息系统建设，强化市场透明度与投资者教育。此外，还按照国际成熟债券市场的经验，逐步引入了做市商、结算代理、货币经纪等制度安排，提高二级市场流动性。

与此同时，2003年，证券交易所标准券回购的风险开始逐渐暴露，由于违约面广、违约金额巨大，致使中证登的结算风险基金已不足以弥补客户的损失，不得不向央行申请再贷款，以防止系统性风险扩散。

三、《国务院关于推进资本市场改革开放和稳定发展的若干意见》发布后，债券市场基础设施建设得到快速发展

2004年以来，人民银行在借鉴国际标准的基础上，不断完善债券市场基础设施建设。总体来看，在交易方面，人民银行于2009年指导外汇交易中心研发具有完全自主知识产权的银行间债券市场第三代（新一代）本币交易系统，并于同年正式顺利上线。相比于第二代本币交易系统，新一代本币交易系统功能更为强大，业务更为全面，使用更加便利，架构更加合理，性能大幅提高，界面友好性取得很大改进。在托管结算方面，一是中央结算公司作为银行间债券市场债券登记托管结算机构，逐步构建起扎根于中国债券市场实际、与国际推荐标准接轨

的中央托管结算体系,实现实时全额券款对付结算,极大地降低了债券结算环节的风险;提供债券发行、登记、托管、结算、兑付功能的一体化服务模式,降低了我国债券市场发行人和投资人的运作成本,简化了业务流程;作为宏观政策操作的技术平台,有力地支持了财政政策和货币政策的实施。二是成立上海清算所,完善债券市场基础设施架构。2009年11月,上海清算所正式成立。上海清算所的成立,标志着银行间债券市场交易、清算和结算托管环节既相互独立又紧密结合的一体化处理机制的建立,并为下一步推出集中清算制度、促进市场健康发展创造了良好的条件。

第二节 完善债券发行系统,促进发行定价更加科学合理

债券发行是债券生命周期的起点,经过近20年的积淀,人民银行推动债券市场发行系统建设日益发展壮大,确保其支持的发行品种不断丰富,发行结构持续完善。2016年,中国债券市场的发行额达22.34万亿元,其中银行间市场发行19.49万亿元。

一、推动建设一体化发行综合服务平台

人民银行积极推动市场基础设施满足债券发行大规模、高频度、低成本、低风险等多层次的要求,指导有关基础设施机构打造了一体化的综合发行平台。

一是灵活支持招标和簿记建档等多样化发行方式。发行系统可以支持多券种同时招标发行,具有当期追加发行和续发行等多样化选择;可以实现多种招标方式和中标方式;还可以根据发行人的个性化需求,灵活选择投标指定功能,并对标位差、价位点、投标量及投标连续性等

多种招标控制要素进行灵活组合设置，满足债券发行的多样化需求。

二是有效满足发行人的个性化发行需求。为各类发行人提供了定制发行系统。系统有效支持多元化发行需求，可支持不同种类、不同付息方式和不同招投标方式。

二、推动发行系统功能不断完善

一是培育形成市场化的债券发行理念，首创国债跨市场发行。人民银行指导有关基础设施机构开发了债券发行系统和公开市场操作系统，为人民银行公开市场业务搭建了业务和技术平台，支持人民银行首次采用远程数量招标方式发行中央银行融资券。进入新世纪，人民银行继续推动完善债券发行系统，支持财政部实现跨银行间债券市场和交易所债券市场的国债发行，奠定了国债跨市场发行的基本格局，极大地促进了国债一级市场定价的统一，为完善中国债券市场无风险收益率曲线创造了重要条件。

二是不断丰富债券品种，推动地方债重返历史舞台。人民银行相继推动三大政策性/开发性银行全部发行了金融债券，推动中国银行首发次级债、推动铁道部（现中国铁路总公司）短期融资券和证券公司短期融资券在银行间市场成功招标发行，这些都离不开发行系统在背后的支撑。系统功能的不断完善，还支撑起了国际多边金融机构人民币债券、熊猫债、特别国债、中期票据等的发行。值得一提的是，在国务院统一部署下，有关发行系统成功支持发行了地方政府债，对完善我国地方财税体系作出了重要贡献。

三是重启资产证券化，支持 SDR 债、绿色债发行。随着信贷资产证券化扩大试点工作推进，人民银行指导发行系统适时完善功能，支持了 2013 年信贷资产支持证券的重启发行。此外为配合国家统一战略部署，人民银行推动了新开发银行（金砖银行）在境内债券市场发行绿色金融债券，以及世界银行在中国银行间市场发行5亿以人民币结算的SDR债券。

三、发行系统展望

债券市场作为一种重要的直接融资渠道和信贷替代工具，为企业提供了低成本的融资渠道。但无论是融资占比还是市场规模，我国债券市场与成熟市场相比都存在一定差距。因此，未来应进一步增加债券市场供给，扩大债券发行规模，充分发挥债券市场对企业融资的支持作用，并坚持市场化发行机制，充分信息披露。

与此同时，债券市场开放是提高市场流动性的有益举措，是人民币国际化的必然要求，是经济转型升级的重要助力。未来需要建立覆盖多类境外发行主体的跨境发行框架，便利境外机构发行熊猫债券，推进自贸区债券市场建设。

为适应债券市场扩容和开放的发展趋势，更好地支持实体经济融资需求、服务人民币国际化战略，未来债券市场发行系统的成熟完善应从内外两方面发力：对内构筑功能更加完善的发行服务体系，完善发行人综合服务，优化信息披露服务，深化对重要发行人债务管理的决策支持服务，拓展政策性操作功能；对外统筹支持在岸和离岸债券发行，推进人民币债券统一发行定价，支持自贸区的熊猫债券、离岸债券、全球债券等多种发行模式。

第三节 打造创新高效的交易系统，提升市场流动性

功能完备、高效安全的交易系统在银行间债券市场运行中有着极端重要的地位。一方面，好的交易系统和机制安排能促进债券流动性增

加以及价格发现；另一方面，交易系统对所有交易明细予以记录，可以确保公开透明，防止"暗箱操作"和寻租等行为。2016年，银行间市场的债券交易量达到731.02万亿元。

一、指导推出新一代本币交易系统，促进交易活跃

1997年以来，人民银行推动搭建银行间债券市场交易网络，市场成员可通过计算机与专线网络接入同业拆借中心的交易平台开展交易。进入新世纪以来，计算机技术呈指数级颠覆性革新，带动金融交易行为发生深刻变化。在此背景下，人民银行指导同业拆借中心打造了新一代本币交易系统。

新系统具有高效、安全、开放、易用等特点，适用多种本币交易产品和交易工具，适合多层次机构投资者，包含成员端前台系统、成员端中后台系统、数据接口系统和场务管理系统等多个子系统。新系统秉承高可靠性、高安全性、高扩展性和高交互性的设计理念，体现了高可重用性和低耦合性的设计思想。本币交易系统采用集中交易的模式，在提高系统实时性的同时，实现了数据备份与系统容灾策略，增强了系统抵抗各种风险和灾难能力，保障了业务的持续运作。

2010年后，人民银行统筹安排，继续推进本币交易系统不断丰富功能，陆续开放了利率互换交易确认服务和非公开定向债务融资工具交易服务，开始支持清算所发行的短期融资券在现券买卖、质押式回购、买断式回购、债券远期、债券借贷市场进行交易，并将成交实时传输至结算后台。

本币交易系统推出的其他新功能还包括：支持多种清算类型的做市报价提交，并推出了上行接口服务；修正和完善了利率互换计算代理功能，调整了利率互换双向报价功能，增加对Shibor利率互换报价机构的提醒功能等；新增交易确认和冲销功能。新增请求报价交易方式、结

算代理模块、同业存单发行系统。新增 X-Swap 系统，并且实行用户实名制。新增标准债券远期、X-Repo 系统。新增外币债交易、X-Bond 系统。每一项功能的背后都蕴含着人民银行对银行间市场基础设施的完善推进思路。

二、打造非金融机构合格投资人交易平台，扩大服务范畴

2013年，为了满足非金融企业等投资者投资银行间债券市场的合理需求，人民银行本着发展多层次资本市场的核心理念，指导北京金融资产交易所（以下简称北金所）打造了非金融机构合格投资人交易平台。该交易平台在既有基础设施框架下，通过其前台交易系统与外汇交易中心交易系统、后台结算系统与上清所登记托管系统相连，以平台内请求报价模式为非金融机构投资者提供银行间债券交易服务，进一步完善了银行间债券市场基础设施框架。

▼ 专栏8

债券市场实现直通式处理

21世纪初，银行间债券市场已经发展成为面向所有机构投资者的市场，是中国债券市场的主要组成部分，在保证货币政策的有效传导、宏观经济的健康运行和金融资源的有效配置方面发挥了重要作用。随着银行间债券市场的快速发展和金融产品创新步伐的不断加快，当时，银行间债券市场前后台之间互不联通，手工操作交易结算模式效率低、风险大、成本高的弊端日益突出。而国际上，数据直通式处理（Straight Through Processing，STP）已成为越来越多的金融市场采用的数据传输模式。由于这种数据传输模式自询价开始到交易

确认、债券交割与资金清算的整个过程都实现自动化而无须再进行数据输入,极大地降低了操作风险,提高了交易效率。

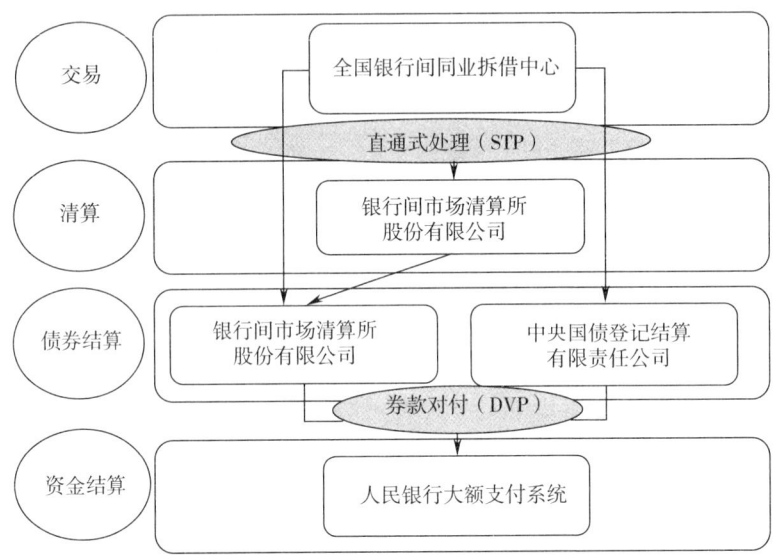

专栏图 5-1　银行间债券市场基础设施体系

为进一步推动银行间债券市场的发展,人民银行从 2004 年初开始着手协调推进银行间债券市场的 STP 建设。

第一阶段:与支付系统联网。2004 年中央结算公司中债综合业务系统与人民银行支付系统联网,提供 DVP 结算服务。两个系统相互配合,共同处理公开市场业务 DVP 结算、债券交易 DVP 结算,以及债券发行缴款、付息兑付资金划拨、保证金管理等资金业务。在 DVP 结算中,中债综合业务系统的簿记系统负责结算指令的接收、确认及债券过户,中债综合业务系统的资金系统负责发送和接收支付系统的清算指令,处理资金交收。中央结算公司通过特许清算账户以第三方身份直接向支付系统发起即时转账业务。

第二阶段:前后台联网。2005 年中央结算公司与外汇交易中心联网,为银行间债券市场提供交易数据直通处理服务。交易成员在交易系统上的成交数据会实时传输至中央结算公司的中债综合业务系统，之后由中债综合业务系统按该数据生成交易双方待确认的结算指令，交由成员通过客户端进行确认，中债综合业务系统根据结算双方人员确认后的指令办理结算。

"直通式处理"的实现是我国债券市场基础设施建设方面取得的重大进展，为我国债券市场的高效、安全运作提供可靠的技术支撑，更为未来金融创新产品的推出提供了必要的技术支持，有利于促进市场的活跃，进一步推动银行间债券市场的快速发展。

第四节 发展高效安全的托管结算系统，确保市场稳健运行

托管结算系统是债券市场基础设施的核心，是确保市场平稳运行和风险控制的关键。人民银行高度重视银行间债券市场的托管体系建设。我国债券托管结算系统起点高，发展快，并初步形成了证券登记、托管和结算一体化的自身特色。截至 2016 年末，债券市场托管量达到 63.7 万亿元，其中银行间市场托管量为 56.3 万亿元。

一、扎实推进结算系统建设

在人民银行 20 多年的推动下，我国债券市场已经建成了一套现代化的支付结算系统，为债券市场的运行、开放和创新起到了积极的推进作用，带来了良好的社会效益和经济效益。在 2010 年世界银行和国际货币基金组织开展的中国金融部门评估规划（FSAP）中，对债券结算

系统部分积极评价为稳健。

（一）现代化支付系统成为基础中的基础

20世纪80年代后，金融电子化应用迅速发展，美国、欧洲主要国家、日本等纷纷建立起了自己的现代化支付系统。人民银行在90年代自主设计和研发了以卫星通信技术为主要传输手段的电子联行系统，实现了支付结算由手工和邮路传递向电子化传输的质的变化，为加速社会资金周转，解决银行间的跨行通汇及资金清算发挥了重要作用。

随着中国经济的迅速发展，电子联行系统已难以满足社会需要，人民银行借鉴国际先进经验，结合中国的国情，着手设计现代化支付系统的体系结构。2000年10月，人民银行决定调整定位、借鉴吸收、完善需求、以我为主，采取"借鉴吸收，自主开发，先大后小，边建边用"的方针，加快中国现代化支付系统建设，逐步取代电子联行系统。经过几年的努力，建成了覆盖全国、连接港澳的中国现代化支付系统，为各银行金融机构及金融市场提供了安全高效的支付清算平台。

现代化支付系统由大额支付系统（HVPS）、小额批量支付系统（BEPS）、清算账户管理系统（SAPS）和支付管理信息系统（PMIS）组成，是金融市场的核心支持系统，使中央银行履行了支付清算的职责，为债券市场实现高效便利的结算创造了良好的基础。2013年人民银行二代支付系统上线，债券市场结算系统不断优化完善，结算效率不断提升，保障了债券市场的稳健运行和规范发展。

（二）债券综合业务系统提供高效服务

人民银行指导中央结算公司扎实打造中债综合业务系统。中央债券综合业务系统与公开市场交易系统、债券发行系统、债券柜台业务中心处理系统、现代化支付系统、外汇交易中心债券交易前台系统等联网，实现了债券发行、登记、托管、结算的"一条龙"服务。其中,中央债券综合业务系统与现代化支付系统、外汇交易中心以及重要结算客户的联网采取直通处理方式,实现数据传输模式自询价开始到交易确认、债券交割与资金清算的整个过程都实现自动化,无须再进行数据输入,极大地节省了人力,降低了操作风险,提高了交易效率。

此外,人民银行还指导上海清算所综合业务系统Ⅰ正式上线运行,其主要功能包括债券簿记、债券实时逐笔清算、现券净额清算、人民币外汇即期竞价、外币对即期竞价、资金账务处理等模块,同时连接外汇询价、利率互换、人民币远期运费协议等清算系统和债券招投标发行、语音查询等业务系统,是上海清算所核心业务系统。此外,综合业务系统Ⅰ还具备债券回购交易中央对手方清算、债券交易代理清算、外汇远期和掉期中央对手方清算、外汇交易代理清算等功能。

(三)全面实现券款对付结算,有效防范风险

券款对付(Delivery versus Payment,DVP)结算方式是国际证券市场通行的结算基本原则,是各国结算机构能够维持证券市场正常运转的基本制度,也是国际评估机构评价证券市场运行安全性、风险程度的重要指标。

人民银行指导中央结算公司债券综合业务系统与大额支付系统成功对接,实现了DVP的技术条件,作为双方系统直接参与者的银行机构于2004年开始以DVP方式办理债券交易的资金结算,债券市场清算和结算业务开启了新的篇章。

为推动未能直接接入支付系统的成员进行DVP结算,人民银行于2007年又批准"非支付系统直接参与者实现DVP结算项目"立项,由中央结算公司积极落实中债系统的配套建设工作,并成功上线运行,为全面采用DVP结算提供了实施基础。2013年,人民银行发布公告,进一步强化了全国银行间债券市场参与者进行债券交易应当采取DVP结

算方式的要求,实现了银行间债券市场债券交易全部DVP结算。

二、探索完善登记托管制度

登记、托管和结算系统是债券市场的核心基础设施,这一系统的稳定性和运行效率将决定债券市场的整体绩效。人民银行在指导银行间债券市场基础设施机构升级相关系统的同时,也从行政法规及规章制度层面,为基础设施的稳健、规范运行提供着有力支持。

新世纪以后,人民银行先后在银行间债券市场探索建立了登记托管、结算代理人以及商业银行柜台债券业务等一系列机制安排,发布了《银行间债券市场债券登记托管结算管理办法》(中国人民银行令〔2009〕第1号)《全国银行间债券市场柜台业务管理办法》(中国人民银行令〔2016〕第1号)等制度文件,为银行间债券市场登记托管基础设施建设工作奠定了坚实基础。

同时,随着银行间债券市场对外开放进程的加快,为适应国际惯例、便利境外投资者投资,按照周小川指示,人民银行通过"债券通"研究存管制度与托管制度的有关核心概念、权利界定及法律关系等,探索建立了真正意义的多级托管模式,开创了我国债券市场登记托管制度的新篇章。

三、深入推进跨境托管结算

新世纪以来,我国债券市场借鉴国际经验,坚持市场化的改革方向,取得了较好的发展成绩,对外开放程度不断加深。人民银行发布2016年第3号公告,进一步拓宽了可投资银行间债券市场的境外机构投资者类型和交易工具范围,取消了投资额度限制,简化了投资管理程序。截至目前,已有473家境外投资者入市,总投资余额超过8 000亿元人民币。但与其他开放程度较高的国际市场相比,仍需要进一步全面深化开放。

同时,内地与香港金融市场始终保持良好互动,联系不断深化,具备较好的合作基础。作为国际金融中心,香港拥有与国际接轨的金融基础设施和市场体系,许多国际大型机构投资者已经接入香港交易结算系统。在此背景下,以两地基础设施互联互通实现内地与香港"债券通",是中央政府支持香港发展、推动内地和香港金融合作的重要举措。

2017年7月,在人民银行和香港金融管理局的共同努力下,"债券通"成功正式试运行。"债券通"是指境内外投资者通过香港与内地债券市场基础设施机构连接,买卖两个市场交易流通债券的机制安排。"债券通"的推出一是有利于巩固和提升香港的国际金融中心地位。"债券通"以香港为节点,连接起中国内地与多个不同经济体市场与投资者,可进一步强化香港在金融市场对外开放中的桥头堡地位,增强香港在全球金融中心中的竞争力,维护香港的长期繁荣稳定。二是有利于加强内地和香港合作。"债券通"的推出,将促进两地在监管执法合作、投资者保护、金融市场基础设施互联互通等方面紧密沟通、加强协调,实现双赢甚至多赢效果。三是有利于我国金融市场扩大对外开放。债券市场开放是中国金融市场对外开放的重要内容。当前,中国已经成为世界第二大经济体,人民币已进入国际货币基金组织特别提款权货币篮子,未来将有更多人民币资产配置的需求。"债券通"将会进一步丰富境外投资者的投资渠道、增强投资者信心,更好地促进国际收支平衡。

第五节　积极推进清算系统建设，有效防范市场风险

2008年国际金融危机发生后，各国在控制金融交易风险方面达成了共识，而建立集中清算制度能够为此提供最有效的技术保障。人民银行高度重视银行间市场清算体系的基础设施建设，周小川行长曾指出，要借鉴2008年国际金融危机的经验，充分发挥中央对手方对于风险的把握力度，以期进一步提高清算效率，降低清算成本，并为金融产品创新提供必要的技术支持，同时，也有利于实现交易、清算、结算相互独立的理念，提高银行间市场的透明度，及时完整地获得市场交易和参与者风险敞口的信息，更好地防范系统性金融风险，维护金融体系稳定。

一、清算系统的演变和发展

在我国，交易所债券市场的清算主要采取中央对手方净额清算机制。而银行间债券市场自成立以来，长期采用全额双边清算机制。

从国内实践来看，全额双边清算的模式具有时效性高、流程简单的特点，但随着银行间市场交易规模的快速发展，市场参与者对流动性成本、对手方交收风险、清算结算效率也提出了更高的要求。同时，国际社会自2008年国际金融危机之后，对建立场外集中清算制度安排、降低对手方风险并实施有效监管达成了普遍共识。在此背景下，人民银行积极推动上海清算所成立，为银行间市场债券、利率、外汇和汇率、航运及大宗商品金融衍生品等提供中央对手方清算服务。上海清算所作为专业提供清算服务的基础设施，其成立也标志着我国银行间市场正式形成了交易、清算、结算三个核心业务环节相互独立、分工合作的市场架构。

二、不断丰富清算模式

债券市场的清算模式主要分为全额清算和净额清算两种类型。

(一) 全额清算

全额清算也称逐笔清算,是存续时间较长的清算方式。目前银行间债券市场参与者进行债券交易,应当采用券款对付(DVP)结算方式办理债券结算和资金结算,这是人民银行在综合考虑参与主体特点和风险防范等多个要素的基础上力推的结算模式。券款对付的特点是结算双方交割风险对等,是一种高效率、低风险的结算方式。DVP一般需要同步办理券和款的交割与清算,是国际债券结算行业提倡且较为安全高效的一种结算方式,也是发达债券市场最普遍使用的一种结算方式。

(二) 净额清算

推进净额清算是各国在危机后用于控制交易风险、对手方风险、保障场外市场安全的共识,这下面还可以分为双边净额清算和多边净额清算两种方式。对于多边净额清算方式,按照清算机构在清算中是否担任中央对手方,可分为中央对手方净额清算和非中央对手方清算。

中央对手方(CCP)是清算业务中的一个重要概念。一般地,中央对手方是指这样一种主体,它在一个或多个金融市场中,介入合同对手方之间,成为买方的卖方和卖方的买方,成为所有清算会员唯一的交收对手。中央对手方介入买卖双方合同关系后,即承担对清算会员的履约义务,且不以任何一个对手方正常履约为前提。如果买卖中的一方不能正常向中央对手方履约,中央对手方也应当先对守约一方履约,然后按照清算规则对违约方采取相应的处置措施,弥补其违约造成的损失。现实中，中央对手方通常由证券登记结算机构或单纯的证券清算所担当。

中央对手方清算主要包括多边净额清算、合约更替和担保交收三个要素。多边净额清算是指中央对手方与所有的市场参与者之间进行净额清算。合约更替是指买卖双方的原始合约被买方与中央对手方之间的合约以及卖方与中央对手方之间的合约所替代，原始合约随之撤销；担保交收是指中央对手方在任何情况下必须保证合约的正常进行，即便买卖中的一方不能履约，中央对手方也必须首先对守约方履行交收义务，然后再向违约方追究违约责任。

净额清算模式下，中央对手方集中承担和管理市场参与者个体风险和市场系统性风险，因此需要建立完备的风险控制和防范体系。参照国际中央对手方清算机构的风险管理经验，上海清算所主要采取了以下三个方面的风控措施：一是资格准入要求。建立严格的清算会员准入、持续监测和动态评价机制。开展业务前，参与者必须通过资信评级，并由风险管理委员会审核确认，确保主体风险可控。二是保证金制度。清算会员需申报清算限额即限定最大的风险暴露头寸，并以此计算保证金、清算基金，覆盖违约情况下的风险敞口并进行损失的弥补和分摊。三是违约处置流程。上海清算所通过延迟交付、现金结算等方式进行违约处置，同时引入银行授信、债券借贷等机制支持违约后的流动性需求。

债券净额清算业务的优势主要体现在：一是有效提高了资金和债券使用效率，降低市场成本；二是促进市场分层和效率提升，对做市交易形成有力支持；三是中央对手方清算机制下，突破了银行间市场交易对手授信尤其是中小机构交易对手范围受限、回购交易中信用债接受度低等问题，有助于提高市场流动性；四是降低市场机构中后台清算操作风险和工作量，对提升结算安全和效率具有明显作用。

▼ 案例2

上海清算所的成立与业务开展

　　2008年9月，美国雷曼公司宣布破产，揭开了国际金融危机的序幕。因雷曼公司是一家全球性多元化的投资银行，其次级债产品遍及全球，从而引发众多金融机构陷入危机，但在美国的芝加哥商业交易所（CME），雷曼公司的交易没有发生违约，所有交易对手的资金均得到正常清算，主要得益于CME的中央对手方清算机制，将市场中交易对手的风险敞口大大缩小，剩余的风险敞口也在保证金的覆盖范围内，中央对手方的风险管控措施发挥了重要作用，成功管理了突如其来的金融风险。金融危机后，各国在控制金融交易风险方面达成了共识，即保证场外衍生品市场安全、有序发展的关键是降低交易对手风险和进行有效监管，而建立集中清算制度能够为此提供最有效的技术保障。2009年G20匹兹堡峰会上明确提出，"所有标准化的场外金融衍生产品最迟在2012年底之前实现中央对手方清算"。建立中央对手方清算体系也就成为国际金融危机后的金融市场改革目标之一。

　　提高金融体系运行效率、防范系统性金融风险，是我国金融改革发展的永恒主题，也是中央对金融部门的明确要求。2009年，人民银行推动成立上海清算所，继而开始推动国内金融市场开展中央对手方集中清算业务。

　　成立上海清算所，是人民银行在银行间市场（即场外金融市场）全面引入中央对手方清算机制、切实加强系统性风险管理的重要举措，对落实G20国际承诺、推进我国金融市场改革创新和支持上海国际金融中心建设意义重大。建立专业的独立清算所，为银行间市场提供全面的、以中央对手方为主的集中清算服务，能够进一步提高清算效率，降低清算成本，并为金融产品创新提供必要的技术支持，同时，也有利于实现交易、清算、结算相互独立的理念，提高银行间市场的透明度，及时完整地获得市场交易和参与者风险敞口的信息，更好地防范系统性金融风险，维护金融体系稳定。

上海清算所全力落实金融服务实体经济的本质要求，同步推进发行托管结算与中央对手方清算业务，努力实现两类业务互相促进、互为支撑的发展格局，现已建立我国场外金融市场统一的中央对手方清算服务体系，同时建成全国公司信用债券登记托管结算中心。

一是持续创新中央对手方清算业务品种，推动场外金融市场转型升级。2016年外汇和汇率衍生品中央对手方清算42.7万笔、合计7.7万亿美元，同比分别增长52%和62%，清算会员29家；利率衍生品中央对手方清算8.7万笔、合计9.8万亿元，同比分别增长37%和21%，清算会员63家；大宗商品衍生品清算426.59万个月度协议，合计0.29万亿元，同比分别增长134%和328%，清算会员10家；上海自贸区大宗商品现货清算185笔、合计1.35亿元，同比分别增长363%和938%，现货清算成员6家。

二是创新开展债券发行托管结算和中央对手方清算业务，服务中国债券市场规范发展和对外开放。上海清算所为债券市场提供招标发行、登记托管和清算结算等全流程、一站式服务。自2010年11月以来，先后办理信用风险缓释凭证、超短期融资券、非公开定向债务融资工具、短期融资券、区域集优中小企业集合票据、证券公司短期融资券、信贷资产支持证券、非金融企业资产支持票据、金融资产管理公司债、中期票据、中小企业集合票据、同业存单、项目收益票据、大额存单、公积金住房贷款资产支持证券、绿色债券、SDR债券等17种产品的发行登记托管和清算结算业务。2016年，新增登记托管产品 2.09 万只、合计 18.35 万亿元；期末托管余额 1.51 万只、合计 14.38 万亿元，新增登记托管与托管余额同比增长 64% 和 39%；服务发行人 4 084 家、投资者 14 472 家；债券净额清算 1.76 万笔、合计 4.15 万亿元，同比分别增长 55% 和 77%，清算会员 65 家。2016 年上海清算所新增登记托管债券在全国债券发行量中所占的市场份额增长到 52.6%，并已实现对非金融企业债务融资工具的全券种服务，上海清算所已成为全国公司信用债券登记托管结算中心。

第六章
建立市场化约束和风险分担机制

信用风险是信用类债券的基本特征，加强信用风险管理是债券市场改革与发展的重要方向。债券市场信用风险管理可以采用两种手段，一种是政府对发行债券实施严格的行政审批，另一种是利用市场的力量，建立市场化约束和监督机制。我国债券市场曾经在相当长的一段时间里按照计划经济的思路去进行信用风险管理，包括行政性指标分配、价格管制、承销商代管兑付、行政干预发行人违约、信息披露制度缺乏，造成了市场扭曲和风险频发。人民银行总结我国债券市场发展教训，借鉴成熟债券市场发展经验，以建立市场化的信用风险管理体系为方向，主导建立和完善了涵盖信用风险定价、信息披露、信用评级、信用增进、信用风险缓释工具等方面的市场化约束和风险分担机制，成为防范市场风险、推动市场健康发展的有效手段。

第一节 建立严格的信息披露制度

信息披露是发行人为保障投资者利益，接受公众监督而采取的制度。充分的信息披露是提高市场效率，保证公正、公平、公开市场原则的基础。在人民银行指导下，银行间市场逐步建立起严格的信息披露制度，保障了债券市场的健康发展。

一、信息披露制度原则

投资者信心是债券市场赖以存在的基础，虚假披露、诱导性表述、欺诈行为等都将对债券市场造成破坏性的打击。在我国债券市场的发展过程中，人民银行长期致力于防范内幕交易与信用危机，充分保障投资者的合法利益，引导市场主体逐渐总结形成了切实有效的真实、准确、完整、及时和公平五大信息披露原则，成为现代信息披露制度建设的基础和判断披露行为合规性的重要标准，全面维护了债券市场信誉。目前，银行间债券市场的信息披露原则已经与国际主流原则趋同，成为全球债券市场信息披露制度的有益参考。

健全规范的信息披露制度对增强市场透明度、揭示风险、维护市场稳定具有重要的作用。通常情况下，信息披露制度对债券市场的作用主要有三个方面：

首先，全面、及时、准确地披露有助于投资者准确判断公司价值和潜在风险，并根据自身的风险承担能力作出科学的投资决策。同时，充分的信息披露也能使投资者在公平的条件下开展公平竞争，提高市场效率。

其次，债券发行前及流通期间将对偿债能力和价格有重大影响以及发行人不尽职行为等信息进行披露，可以提升市场透明度，保证市场的公开、公平、公正，同时也有利于对发行人形成有效的市场约束，建立保护投资者权益的市场化机制，保证债券市场的平稳运行。

最后，在导致市场失灵的诸多因素中，信息不对称是金融市场中最为重要、最为普遍的因素，多数国家金融市场监管的实践表明，以信息披露为核心的市场监管可以促进市场机制更好地发挥配置金融资源的作用、提高市场效率,也较强化监管机构实质审核权力的监管方式更加节约监管资源。

二、债务融资工具信息披露制度的探索实践

银行间债券市场建立以来,作为主管部门的人民银行非常重视市场透明度建设,信息披露制度不断完善,尤其是在推进债务融资工具注册制改革的进程中,信息披露制度更加适应了机构投资者群体的投资需要,全面助力银行间债券市场的发展。

根据人民银行相关要求,交易商协会陆续发布了与信息披露相关的一系列自律规范文件,对包括发行前的信息披露、存续期内的信息披露、本息兑付的信息披露、特殊事项的信息披露等实现全面规范。"信息披露规则"对信息披露工作原则、发行企业和中介机构及相关责任人员职责,定期财务信息、重大事项等各类信息的披露内容、时间要求、披露途径等予以明确;"存续期信息披露表格体系"对发行企业、中介机构在债务融资工具存续期内各类信息披露的格式要求进行了细化和规范,是相关主体进行信息披露的具体操作指导。中期票据、短期融资券、超短期融资券、中小企业集合票据、资产支持票据等产品的业务指引对募集资金用途变更、本息兑付信息等披露的要求进行了单独说明,并对发行企业、信用增进机构需进行信息披露的义务予以明确。

信息披露制度作为市场透明度建设的重要内容,其进一步完善需要与提高市场透明度、增强专业化中介机构信息揭示功能、强化一线机构风险预警作用等措施协调推进。自律规范文件对信息披露的有关规定是信息披露工作的最低要求。实际操作中,发行企业作为第一主体,需要不断提升市场责任意识;主承销商需要持续总结信息披露工作经验,加强对发行企业、信用增进机构信息披露工作的分类督导,逐步提

第六章　建立市场化约束和风险分担机制

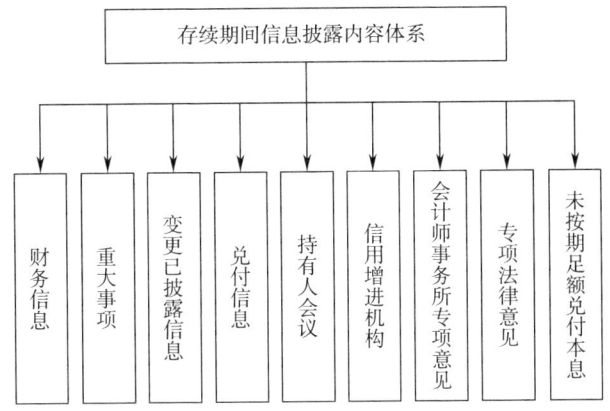

图 6-1　存续期间信息披露内容体系

升市场信息披露水平；其他中介机构在债券存续期内，需要不断提高作为独立第三方提供专业服务的能力。

第二节　加快发展和完善信用评级行业

信用评级制度是市场化约束和风险分担机制的重要组成部分，独立、公正、客观的信用评级对债券市场健康发展具有重要的作用。我国信用评级行业经历了多个发展阶段，近年来在人民银行的大力推动下，已逐步建立和完善了适应我国市场经济特征的信用评级体系，评级机构的专业技术和风险揭示能力也不断提高。

一、信用评级的特点和作用

债券信用评级作为标准化评级体系，具有三个方面的特点：第一，信用评级的目的是揭示受评对象违约风险的大小，而不是利率、通货膨胀等投资风险；第二，信用评级是评价发行人如期偿付债务的能力和意愿,而不是发行人的价值和经营业绩;第三,信用评级作为第三方,应就发行人的信用风险发表独立专家意见。信用评级是债券市场中市场化约束机制的重要一环,客观公正的评级结果有助于帮助投资者正确定价、甄别和防范风险。

(一)评级对债券投资者的作用

国际经验表明,经过专业评级人员评定的信用级别与债券的违约率之间存在一个明显的对应关系。高信用级别债券的违约率明显低于低信用级别的债券。随着我国债券市场的迅速发展,短期融资券、公司债券、中期票据、资产证券化产品等固定收益类产品快速发展,投资者在选择机会增加的同时,也面临着日益增加的信用风险。由于投资者不可能获得发行人的全部信息,债券的信用评级有利于投资者对债券价格进行价值判断,降低信息成本,提高债券市场效率,实现资源的合理配置。

(二)评级对债券发行人的作用

债券发行人基于提高债券流动性或定价有效性的需要,寻求评级机构的服务。在实践中,债券的发行利率由基准利率加上投资者认可的风险溢价构成,而风险溢价中最重要的信用风险溢价与评级机构的评级结果有很强的相关性。评级机构客观、公正和权威的评定,一定程度上改变了发行人与投资者之间信息不对称的现象,随着债券信用级别的上升,信用风险溢价下降,发行利率随之下降,融资成本显著降低。

(三)评级对企业日常经营的作用

企业通过借鉴评级结论,并通过与同行业其他企业进行横向比较,可以有效意识到自身存在的不足,有利于其进一步改善经营管理,加强风险防范。此外,随着经济活动中信用交易的增加,企业在选择合作对象时面临的风险也在加大,由于信息不对称的存在,信用评级结果日益被企业重视,企业可以通过评级结果对合作伙伴的履约能力等信用状况进行了解,降低企业的信息搜集成本,减少信息不对称的风险。

二、我国信用评级行业的发展

我国信用评级行业的发展和规范与资本市场尤其是债券市场的发展紧密相关,信用评级行业20余年的发展历程也是债券市场不断完善和发展的过程。

1987年,国务院发布《企业债券管理暂行条例》,各地开始组建资信评级机构,标志着我国信用评级行业进入起步阶段。1992年,国务院印发《国务院关于进一步加强证券市场宏观管理的通知》,确立了评级机构在债券发行中的作用,一批新的评级机构随之涌现,评级业务开始逐步发展。但由于在此后相当一段时间,市场中只有国债、政策性银行债等政府信用产品以及银行担保的企业债,违约概率低,因此投资者对信用评级几乎没有需求,评级机构缺乏公信力,也缺乏改进动力。

从2004年开始,我国信用评级进入了快速发展的轨道。2004年商业银行次级债券的推出及随后短期融资券、中期票据等债务融资工具品种的不断丰富,促进了信用债市场规模的扩大。2006年3月,人民银行发布文件,对信用评级机构在银行间债券市场和信贷市场从事金融产品信用评级、借款企业信用评级、担保机构信用评级业务进行管理和指导。同年11月,人民银行发布银行间债券市场信用评级规范。这些规章和技术标准的发布促进了信用评级行业的规范发展。2008年1月,发展改革委进一步明确支持发展无担保信用债券,投资者对通过信用评级进行风险揭示和债券定价的需求更加强烈。目前,我国信用评级机构近100家,绝大部分都在从事信贷评级,而在债券市场中,截至2016年末,得到发行人和投资者认可的评级机构仅有10家,评级业务集中度较高,中诚信国际、联合资信、大公、上海新世纪等评级公司市场份额较大。

国际金融危机后,国内对评级业产生了新的反思和评论。一是对评级的水平和效果,特别是对其前瞻性不甚满意。二是评级业在整个经济周期变动过程中起到顺周期作用,加剧了宏观经济的周期性波动。三是敏感时期的评级调整会加大经济金融系统的不稳定性。四是评级机构运用的方法论与内部程序不够透明,行业垄断程度高,缺乏竞争性,评级机构内部业务之间有可能存在利益冲突,影响独立性。五是部分监管者和投资者过度依赖外部评级,容易产生道德风险,也使评级业对市场的影响力过于强大。

为推动我国评级行业的健康发展,2010年3月,人民银行牵头成立了"规范发展信用评级机构"课题研究小组。2011年12月26日,人民银行行长周小川在中国经济前瞻论坛上作了《关于信用评级的若干问题及展望》的讲话。周小川行长指出,应当系统研究我国评级行业存在的四个方面问题,提高我国评级行业前瞻性预估水平,实现金融市场各板块及其产品的深化发展。

第一,减少对外部信用评级的依赖性。在金融市场和各金融机构中存在着责任推诿的现象,为减少评级所导致的顺周期性和投资者盲目跟风状况,大型金融机构应当降低对外部评级的依赖,清理过度使用评级的监管规定和内部规章制度,加强大型金融机构的自主判断,让金融机构逐渐在市场上占有相应的地位。

第二,避免评级的利益冲突。债券市场花钱买评级现象突出,由于存在利益冲突,容易影响信用评级的独立性和客观性,而评级机构也对评估失误不承担责任。因此,要建立适当的评级业竞争格局,处理好业务指派和收费模式问题,尽量避免利益冲突。考虑中立部门参与设立新兴评级机构,有效加大评级市场竞争性。

第三,适度支持本土评级机构发展。首先,要鼓励本土评级机构加

第六章　建立市场化约束和风险分担机制

强自身内部建设，提升服务能力，坚持开放式发展思路，通过不同方式吸收国际评级技术和管理经验。其次，参考人民银行提出的双评级模式创新，为本土评级机构提供更多发展机会。最后，针对市场空白领域，本土评级行业应该抓住公司信用类债券和地方政府融资活动大发展的重要机遇，和我国金融业"走出去"的契机大有作为。而在对国内评级机构予以扶持的同时，还应当减少行政和政府意志的强加，坚持市场认可为最终衡量尺度。

第四，完善评级业的监管。监管政策要能够协调和促进评级业朝着健康的方向发展，尽可能避免出现利益冲突；要在方法论和评级程序方面提供充分的透明度，让公众充分了解评级的依据和方法；要有详细的历史记录，使公众和金融市场参与者能够考核评级机构评级效果的优劣，也可以看出投资者在多大程度上愿意参考评级机构的评级结论。同时，还要注重规则，加强协调，做好分工合作，发挥好各部门的合力，来更好地推动评级业的健康发展。

交易商协会代表全体会员于2010年9月出资成立中债资信评估有限责任公司（以下简称中债资信），作为国内首家采用投资人付费业务模式的新型信用评级公司，采用"为投资人服务、由投资人付费"的营运模式，按照独立、客观、公正的原则为投资人提供债券再评级、双评级等服务，发挥中国债券市场公共基础设施作用。目前，我国银行间债券市场主要有中诚信、联合资信、大公、新世纪、东方金诚以及中债资信六家评级机构，除中债资信外，其余五家机构均采用发行人付费模式。

此外，近年来，随着债券市场对外开放程度的提升，境外发行人和投资人对信用评级市场开放的需求也有所增加，为了配合债券市场对外开放进程，更好地满足境外发行人和投资人的实际需求，促进国内评级行业健康发展，2017年7月，人民银行发布公告，明确境外评级机构可以在银行间债券市场开展信用评级业务，并对准入管理方式、应具备条件、执业准则等方面进行规范。

第三节　我国评级行业发展展望

伴随我国债券市场的发展，我国信用评级行业已经取得了一定进步，但由于时间短、起步晚，我国的信用评级行业仍处在发展的初期。当前我国债券市场在我国金融体系和资源配置中正发挥着越来越重要的作用，规范发展信用评级行业对我国债券市场的发展至关重要。

规范发展评级行业首先要正确看待评级机构的功能定位。首先，信用评级是为广大投资者服务的，评级水平主要应由投资者评判。其次，信用评级的核心价值是商誉和公信力，需要经历长期竞争、优胜劣汰，通过不断积累自身技术优势和服务能力、获得投资者认可。再次，信用评级事关资本市场特别是债券市场的发展大局，推动评级行业的发展，不能只从行业角度出发，更应从保护投资者、发展资本市场的大局整体把握，推动信用评级提高服务质量。最后，评级机构要获得投资者认可，关键在于加强自身内部建设。

当前解决评级问题应当始终围绕保护投资者利益、从促进资本市场健康发展的大局，充分发挥投资者评价机制的作用，理顺和创新有关体制，政府部门也要为其创造良好的外部环境，积极推动我国评级机构的发展提高，抓住重点环节有针对性地解决问题，尽快补齐信用评级的发展短板，具体可以从以下几个方面努力：

一是优化评级结果使用机制，降低对外部信用评级的依赖。逐步取消评级结果作为债券发行要件的要求，取消现有监管规定中有关可投资债券的信用级别限制。二是完善评级机构准入、退出机制，加强评级行业监管。实现评级机构的统一注册管理，允许更多符合条件的境内外信用评级机构进入；建立投资者主导的定期市场化评价制度，引入评级强制退出机制；制定统一的信用评级行为规则要求；加强信用评级机构的监管。三是引导评级机构注重自身建设，加强技术投入和人才培养，注重声誉机制建设，取得市场的认可。推动国内评级机构完善评级技术体系；鼓励我国评级机构参与国际市场竞争，促进我国评级机构不断提升评级质量和公信力。四是按照"国民待遇，内外一致，加强监管"的原则，逐步推动债券市场评级行业对外开放。允许符合条件的国际评级机构进入债券市场执业；同时，促进本土评级机构在行业对外开放中提升竞争力。

▼ 专栏9

评级行业投资人付费模式的"前世今生"

一、对投资人付费评级模式的基本认识

信用评级机构最初的业务形式是将评级信息整理成手册出售给投资人，形成了投资人付费模式的雏形。大萧条时期，美国大批公司破产引发债券违约，信用评级结果与实际违约率的强相关性逐步为评级机构树立了公信力，发行人愿意有偿获得评级，穆迪、标普等主要评级机构开始转向发行人付费。2000年以后，不少中小型投资人付费评级机构相继被大机构兼并，以发行人付费模式为主、投资人付费模式为辅的行业运营模式随着评级行业垄断格局的固化而逐步成型。

后危机时代，提升评级机构独立性成为国际监管改革重点，投资人付费模式在发行人付费模式广受市场质疑中重获重视。2008年国际金融危机中，国际评级机构事前预警不足、事后"超速"调低评级的顺周期行为被认为对危机发酵蔓延起到了推波助澜的作用，凸显出评级业务保持独立性的要求与发行人付费模式间存在着利益冲

突的内生缺陷。在加强评级行业竞争、降低准入门槛的监管导向之下，一批投资人付费评级机构取得评级执业牌照，在业务开展上主要聚焦本土市场和细分领域，与大型评级机构错位竞争。与此同时，以穆迪、标普、惠誉为代表的发行人付费评级机构纷纷大力开展订购形式的投资人付费业务，实现收入来源的多元化，以在一定程度上缓解利益冲突问题。

投资人付费模式的机制安排更具独立性、信用政策更为严格，能够更充分地发挥风险揭示、保护投资者利益、促进评级结果相互校验的功能。投资人付费模式更加契合委托代理关系的要求，能从根本上切断发行人与评级机构间的利益链条，在化解利益冲突、保障评级独立性方面具有天然的优势。为了满足投资人对于揭示风险、降低信息不对称的利益诉求，投资人付费模式评级机构倾向于提供更加准确的评级结果，加之不存在发行人付费模式下的级别竞争问题，因此在评级标准的制定和执行上通常更为严格。在行业竞争环境层面，引入投资人付费模式的机构，能够将不同利益诉求下的评级结果放在同一市场中相互校验，激活评级行业内的自我激励和自我约束，让市场成为最终的裁判员，让声誉成为评级质量的衡量标准，让评级在良性竞争下回归理性。同时，投资人付费机构能够帮助发行人付费机构分担来自发行人、主承销商等方面的市场压力，通过不同模式机构的合理共生，为评级行业创造更良性的发展环境。

二、我国试点投资人付费评级模式

我国探索投资人付费模式改革是显著提高直接融资比重、深化发展债券市场的迫切需要，而在原有框架下推行行业改革更需机制创新、打破藩篱。从模式改革的背景来看，经济转型升级迫切需要以稳健运行的债券市场支持实体经济发展，需要以更能有效防范风险、具有国际竞争力的评级行业护航市场发展,加强投资者保护。而我国作为新兴市场国家债券市场起步晚,信用评级行业自始就是以政策驱动的形式、自上而下地主导建立,仍处于发展初级阶段,存在恶性竞争、级别虚高、等级区分度不足等现象。在原有的行业框架下,依靠行业自发的力量客观上难以改变现状,加之从国际探索实践来看,推行投资人付费面临诸多难点,在改革探索初期还需要适度基于政策引导,为投资人付费模式探索、进而整个信用评级行业发展提供良好环境,走出一条创新发展的新路。

2010年3月,人民银行牵头成立的课题研究小组形成了《规范发展信用评级机构课题调研报告》。报告提出应理顺有关体制机制和利益关系,改革收费模式,强化竞争机制;可考虑由行业协会等比较中立的部门发起设立1~2家新的评级机构,探索采用投资人付费的模式。在此背景下,作为改革尝试,按照国务院课题结论建议,人民银行指导交易商协会代表全体会员于2010年9月发起设立中债资信,这一探索实践投资人付费模式的新型本土评级机构,旨在切断评级机构与受评对象之间的利益链条,独立、客观、公正地提供评级服务。

三、新型评级机构的实践取得明显成效

经过多年的发展,国内投资人付费评级模式的探索实践取得了一定的成效,新型评级机构为推动债券市场健康发展发挥了重要作用。

一是助推债券市场创新发展,守住信用风险底线。新型评级机构已围绕信用风险防范建立起涵盖研究支持、风险咨询评估、人员交流培训的服务体系,助力提升注册发行信息披露质量,加强后续管理中的信用风险监测预警,推动债券市场在信用风险可控之下的可持续扩容发展。二是充分发挥"鲶鱼效应",助推评级行业健康发

> 展。新型评级机构逐步建立起一套与当前经济新常态相适应的评级业务体系,在业务实践过程中展现出良好的预警效果,评级结果矫正虚高等级的"鲶鱼效应"不断显现。三是助力投资者保护及培育,提升市场主体风险管理水平。面向中小机构投资者的个性化需求提供精准式的风险防范定制服务,搭建起多层次、全链条的产品谱系,为市场主要投资者提供相关服务。同时,与市场各界进行沟通交流,积极助力市场舆论正面引导,强化市场投资人重视信用风险的内在认识。

第四节　推进信用增进制度建设

信用增进通过多种方式提高债项信用等级、增强债务履约保障水平,是国际成熟债券市场的常用做法。在人民银行指导下,我国信用增进行业近年内顺应市场需求开始发展壮大,在促进风险分散分担机制建立、促进债券市场发展等方面发挥了重要作用。

一、债券信用增进

信用增进通过增加担保、设计结构化产品或者法律、法规、政策以及行业自律规范文件明确的其他有效形式提高债项信用等级、增强债务履约保障水平,从而分散、分担信用风险。

国际上,信用增进是成熟债券市场常用的信用风险分散分担方式之一,各国由于金融市场的发展程度和方式不同,信用增进的方式和特点也各不相同。欧美市场上主流的信用增进方式主要是债券保险、信用衍生品等。20世纪70年代，美国与地方政府相关的企业、学校、医院等机构债券发行需求逐步增加，但由于没有政府担保，发行成本较高。发行人需要借助外部信用增进手段，提高信用评级，降低发行成本，作为信用增进主要手段的债券保险应运而生。之后，债券保险的应用进一步扩大到结构化金融产品，并在美国债券市场发展中发挥了重要作用。在实践中，债券保险的具体形式有两种：投保人与债券保险商签订保险协议，或购买其出售的CDS。新兴市场的信用增进与信用风险转移工具则各有特点，其中韩国以发行资产支持证券为主，以此转移风险、冲销坏账；巴西、墨西哥等国信用增进行业则处于起步阶段，仅有极少数工具可以使用。

二、我国信用增进的发展

我国的信用增进业务按照作用方式不同分为内部信用增进和外部信用增进。内部信用增进，是发债主体依靠自身的资产池为防范信用风险提供保证，主要形式有超额抵押、基础资产遴选、优先/次级结构和现金储备等。外部信用增进，是依靠信用增进机构等对发债主体进行信用增进，常用形式包括基础性信用增进、信用衍生品和其他方式。

担保是我国目前发展历史最长、采用最为广泛的一种信用增进方式。早期国内发行的企业债大多数由银行，特别是政策性银行和国有商业银行进行担保，由于国有银行信用级别比较高，因此银行担保能够显著提高债券的信用等级，评级机构与投资人认同度也很高。但随着债券市场规模不断扩大，信用风险过多累积在银行体系导致整个金融体系较为脆弱，极易形成系统性金融风险。因此，2007年各银行被停止对以项目债为主的企业债进行担保，对于其他用途的债项等原则上不再出具银行担保。

担保业行业整体呈现小、散、弱等状况，部分机构内控机制不够健全、风险管理能力不足等制约着行业的发展。寻找母公司、集团公司或非担保公司的第三方企业进行担保则受到公司实力、区域经济发展状况等多种因素的限制,难以满足企业特别是中小企业发债需求。而且担保这种单一形式的信用风险分散能力有限,远远不能满足我国债券市场的发展需要。在这样的背景下,专业信用增进机构顺应市场需求开始发展壮大。

2009年9月21日,在人民银行的指导下,交易商协会联合多家公司共同发起成立了中债信用增进投资股份有限公司(以下简称中债公司)。作为国内首家专业债券信用增进机构,中债公司不仅积极扩展中小企业融资渠道,先后对多只中小企业集合票据、"区域集优"中小企业集合票据、企业债、短期融资券、中期票据等进行信用增进,而且不断推动信用增进行业发展与债券市场信用风险分散分担机制建设,先后推出信用风险缓释合约、信用风险缓释凭证等多种信用衍生产品。另外,还积极开展了首批信用违约互换交易和首批信用联结票据创设。在中债公司推动下,我国债券市场的信用增进方式正在不断多元化,市场发展空间、产品和制度创新空间均得到有效扩展。

三、信用增进的作用

(一)促进风险分散分担机制的建立

风险分散分担机制将风险进行分拆、捆绑、分散和转移,在不同的经济主体之间进行优化配置,使有能力而且愿意承担风险的投资者承担更多的风险,不愿意承担风险的投资者可以将风险转移出去。风险分散分担与资金配置是金融市场的两项基本功能,发达的金融市场可以通过各种金融工具把不同程度的风险分配给不同风险偏好的投资者来承担。

建立市场化风险分散分担机制具有重要的意义：

首先，建立市场化风险分散分担机制，是顺应信用债市场发展的内在需要，旨在促进信用债市场健康发展。2008年以来中国债券市场信用债发行规模持续增长，债券市场的信用风险逐渐加大，但市场上又缺乏主动的信用风险管理工具。因此，推出信用风险管理工具、建立市场化风险分散分担机制是债券市场发展的内在需要，更是市场成员的现实需要。

其次，建立市场化风险分散分担机制，是拓宽企业融资渠道、提升资本市场对实体经济支撑作用的内在要求。根据国际经验，成熟的高收益债券市场对于解决企业融资难、促进实体经济发展贡献巨大，而一个成熟的高收益债券市场的发展离不开多层次、市场化的信用风险分散分担机制，从而使市场参与者可以有效地将自身的风险控制在可承受范围内。

最后，建立市场化风险分散分担机制，也是改变信用风险过度集中于银行体系这一现状的必然之举，有助于将金融系统中集聚在银行系统的信用风险有效分散和配置，缓解银行业资本压力，提高金融系统稳定性，服务社会安定、团结的大局。

(二) 促进直接债务融资市场的发展

"积极扩大直接融资，引导资本市场健康发展"一直是党中央、国务院大力倡导的金融政策，也是人民银行推进我国金融市场深化改革的重要方针。目前，随着银行间债券市场的快速发展，我国直接融资市场尤其是债券市场发展迅猛，产品不断丰富。但是，我国进行直接债务融资的大部分还是具有国资背景的企业，众多的民营及中小企业由于自身在资本实力、业务营运、技术创新等方面"体弱"明显，外部评级通常较低，不能充分利用金融市场实施直接债务融资。因而，需要通过产品和制度创新，让更多民营及中小企业获得利用债券市场融资的机会。其中最主要的方法是通过信用增进的机制，提高发债企业的评级，为民营企业和中小企业利用债券市场融资提供便利，还可以对高新科技公司和新兴产业发行高收益债券提供支持。在有效的信用增进机制和完善的信用风险分担机制下，投资者根据自己的风险偏好实现收益和风险的合理匹配，从而使各类主体发行债券的市场需求得到有效挖掘。

第七章
加强债券市场管理体系建设

债券市场管理体制是指为了实现促进债券市场功能发挥、维护市场运行、防范系统性风险、保护投资者等目标而制定的一系列制度安排。我国债券市场在特定历史条件下形成了多部门管理的体制,对促进债券市场发展、维护债券市场稳定发挥了重要作用。随着我国金融体制改革的深入和银行间债券市场的快速发展,人民银行结合场外市场的发展特点,推动建立了管理、监管和自律有机结合的债券市场管理体系。实践证明,这种管理体制对于促进市场规范快速健康发展发挥了至关重要的作用。

第一节 着力构建适合我国债券市场的管理体系

我国债券市场的管理体制是从新兴加转轨的特定阶段国情出发、伴随市场发展演化而形成的。初期债券市场主要是国债,财政部门的管理职责重一些,其后债券市场集中于证券交易所,证监部门对债券市场的管理放在股票市场的大框架下,总体上是面向公众、严格审批的思路。1997年后,为大力发展直接融资,防止亚洲金融危机重演,国家决定对债券市场重起炉灶,由人民银行会同相关部门和业界,遵循面向合格机构投资者和场外市场的客观规律建立了银行间债券市场,2003年修订《中华人民共和国人民银行法》,进一步将监督管理银行间债券市场明确为人民银行的法定职责。为了有效实施间接调控,改进完善货币政策传导机制,稳步推进利率市场化改革,实现金融资源的优化配置,改善社会融资结构,维护金融稳定,人民银行将债券市场作为金融总体改革的一部分,从金融改革全局出发,加强债券市场顶层设计和总体规划,坚持市场化改革方向,对原来的债券市场管理理念进行了纠偏,也吸收借鉴了国际先进经验。

一是进一步厘清了管理和监管的内涵。实践中,"管理""监管"等提法常被混用,实际上,"管理"内涵最为丰富,既有督促市场参与者守法合规这一微观层面的含义,也有促进市场发展、提升市场功能、维护市场稳定等宏观层面的含义,甚至促进发展在管理中分量更重。"监管"则侧重于微观层面,以保护投资者为核心,重点是通过反欺诈、防止价格操纵和不法利益输送等监管规则来确保市场公平和公正。本质上以促进发展为重的管理与监管原则并不一致,发展中包含着一系列商业和公共目标,比如定价、产品设计、许可证发放等,这些目标不可避免地与监管目标存在冲突,监管和商业目标所要求的精神与技能的差别也是很大的,因此发展与监管的职责应由不同部门分别承担。

二是由于货币政策与债券市场的天然紧密联系,中央银行在推动债券市场发展和实施债券市场管理中往往发挥着较大作用。中央银行肩负实施货币政策、改进完善货币政策传导机制、维护金融稳定的职责,均与债券市场(以及以债券回购为主体的货币市场)的发展高度相关,因此无论是成熟市场还是新兴市场经济体,中央银行在债券市场管理中都发挥着重要作用。例如，承担宏观审慎和微观审慎职能的英国央行、拥有宏观审慎职能的美联储、统一货币政策和金融监管的俄罗斯央行，以及众多东亚新兴经济体的央行，都深度参与本国债券市场管理，并将其与货币政策操作安排紧密结合。央行参与债券市场管理的依据与具体内容各有不同，主要包括维护金融稳定、金融机构牌照管理、运营和管理债券市场基础设施、政府债发行与托管、跨境资本流动管理等。特别是在新兴加转轨国家，中央银行往往承担了较多的金融市场建设和发展任务，由此也不可避免地在推动本国债券市场发展中肩负重要职责。国际金融危机后，各国赋予央行更大的金融稳定职责，因此央行在债券市场管理中趋向发挥更大作用。

三是各国债券市场的具体管理模式不一而同，但证券监管部门将打击违法犯罪行为、保护投资者利益作为监管的核心内容是一致的。由于管理体制与各国国情、法律制度、金融监管体制、市场发展阶段等密切相关，债券市场管理模式呈多元化特征。如德国和日本对金融市场实行单一监管；英国对金融市场实施目标监管；美国对证券市场在联邦层面综合使用功能监管和目标监管。新兴市场债券管理也较为多样化，但总体而言证券监管部门着重于"合规性"，主要负责打击欺诈、操控市场等违法犯罪行为，切实保护投资者特别是公众投资者利益的核心职责是明确的。

四是充分认识自律管理是维护场外市场规范运行的重要力量。债券市场面向合格投资者和场外市场询价交易的特征对债券市场的管理体制有着重要甚至决定性的影响。从国际上看，在债券市场成长初期，各国并未急于实施严格的行政监管，往往是自律管理为主。在各国逐步建立了完备的证券监管体制之后，债券市场仍然主要依靠自律管理。这是因为机构投资者具有判断和识别风险的能力，因此债券发行主要是依靠信息披露、依靠市场机制的约束，而行政监管往往以保护公众投资者为核心职责，过度关注于债券市场的必要性不大。即使是发行之后公司情况恶化，甚至出现违约，机构投资者也具有一定的风险承受能力，不需要监管过多介入。同时，自律管理还能从很多维度上弥补政府监管的不足，及时根据市场需求推动创新，并促进市场与监管部门间的有效沟通。自律组织主要包括行业协会和证券交易所等，很多国家将自律组织及其职能等通过法律形式予以规定。监管机构可以通过授权扩大自律组织职能。如美国《1934年证券交易法》授权建立并注册"全国性证券协会"，现阶段，美国既有对场内市场进行自律管理的各种交易所，也有对场外市场进行自律管理的美国金融业监管局（FINRA），还有专门对市政债券进行自律管理的美国市政债券规则委员会（MSRB）。

基于上述认识，作为银行间债券市场的主管部门，人民银行着重构建了包括行政管理和监管、自律管理在内的多层次的银行间债券市场管理体制，实践证明，这一体制充分调动了各方力量，确保银行间债券市场的规范快速发展，充分发挥了其在实施国家宏观政策、推动金融体制深化改革、加大金融支持经济发展力度等方面的积极作用。

第二节　建立多层次的债券市场监管体系

经过多年的发展，目前我国债券市场已经形成了场内场外相结合的多层次市场格局。在此基础上，各部门依据相应的法律或法规，依法开展债券管理，共同组成了完整的管理体系：人民银行监管银行间债券市场，指导交易商协会等自律组织和中介机构对银行间债券市场进行自律管理；证监会监管交易所债券市场，并管理公司债券发行；发展改革委负责企业债券的发行管理；财政部兼具国债发行人和管理人双重身份，并对地方政府债券发行进行管理；保监会决定保险公司可投资债券范围。此外，经国务院同意，成立了由人民银行牵头的金融监管协调部际联席会议制度、公司信用类债券部际协调机制、信用评级机构监管部际协调机制（后被纳入公司信用类债券部际协调机制），各部门均可通过上述机制协商债券市场发展与监管中遇到的问题。

当前债券市场的监管格局是经过多年发展实践逐步形成的，有其必然性和合理性，客观上也促进了中国债券市场十几年快速发展。在我国当前债券市场发展阶段，现有的监管分工格局很好地促进了债券市场的改革和发展。

一、银行间债券市场的多层次管理体系

作为债券市场的主体市场，银行间债券市场已经建立起多层次立体化的分级管理体制，各层次间相互有效关联、互为依托，能够有效防范风险、保护投资者利益。

一是市场平台机构的"一线监测"。全国银行间同业拆借中心、银行间市场清算所股份有限公司和中央国债登记结算有限责任公司对市场参与者交易、清算、结算等行为实施一线监控。对于监测发现的疑似重大异常情况，银行间债券市场建立了联席会议机制，组织专家团进行判定和处理，并及时将相关信息报送人民银行和交易商协会。

二是自律组织的自律管理。交易商协会建立了自律管理规则体系，强调市场约束与风险分担机制的作用，有效规范非金融企业债务融资工具相关各方在创新、注册、承销、发行、交易、信息披露、后续管理等各个环节的行为。同时，针对二级市场异常交易行为，交易商协会开展自律调查，并根据自律管理规则进行自律处分。此外，全国银行间同业拆借中心等市场平台机构既承担着"一线监测"的职能，在为会员提供市场服务的同时，也按照相应规则对会员进行管理，发挥着自律组织的功能。

三是管理部门的管理和监管。人民银行作为中央银行，是系统风险的最后承担者，肩负防范金融市场系统性风险的责任，人民银行总行及各分支机构的职责包括制定市场标准、管控系统重要性机构等，同时依据银行间债券市场管理规定，对债券发行和交易行为进行现场和非现场检查。

四是证券监管部门依据《证券法》着重于"合规性"，对银行间债券市场涉嫌欺诈发行、内幕交易、价格操纵等违反《证券法》的行为进行查处。

二、债券市场的监管协调机制

为了发挥监管合力、推动债券市场健康发展，2012年2月，经国务院批准，成立了由人民银行牵头，发展改革委、证监会参加的公司信用类债券部际协调机制，在现行法律框架下，促进相关部门按照法律赋予的职责，依法监管，各司其职，各尽其责，发挥各部门优势，共同推动债券市场健康快速发展。2012年3月，首次部际协调机制会议顺利召开。

2014年5月8日，国务院印发新"国九条"，明确要求"加强债券市场监管协调"，"各相关部门按照法律法规赋予的职责，各司其职，加强对债券市场准入、信息披露和资信评级的监管，建立投资者保护制度，加大查处债券市场虚假陈述、内幕交易、价格操纵等各类违法违规行为的力度"。随后，公司信用类债券部际协调机制在公司信用类债券相关规则统一、债券市场互联互通、公司信用类债券信用建设和风险防范管理等方面取得了积极进展。在部际协调机制推动下，各部门坚持市场化改革方向，简化公司信用类债券发行流程，协调信息披露标准，强化市场自律管理，促进了市场效率和风险防范水平的不断提高。

整体来看，对于债券市场而言，现有的多层次管理体制使得市场需求得以有效满足，市场效率得以充分维持，市场规律得以严格遵循，结合自律管理、部际协调机制等多种形式的监管创新，成为促进市场发展的有益实践。

第三节　不断探索债券市场自律管理

自律组织在世界各国债券市场，尤其是债券交易管理中发挥了重要作用。我国在积极借鉴发达国家发展和管理经验的基础上，充分重视发挥自律组织的功能，实现自律管理与行政监管的相互协调，推动了债券市场平稳健康发展。

一、自律组织在债券市场管理中具有重要作用

全世界范围内的债券绝大多数在场外市场进行交易，自律组织发挥的作用要远远大于其在股票和期货市场上发挥的作用。场外市场参与主体主要是机构投资者，专业水平较高，市场经验丰富，有较强的识别和承担风险的能力，具备自我管理的基本条件；同时，机构参与者往往在实力和地位上比较对等，对于市场规则、产品性质、交易风险等情况较为熟悉，政府行使公权力保护弱势群体、维护公共利益和秩序的需求不大，通过制定切实可行的自律规则进行自我管理更有利于降低成本和提高效率。

从各国金融市场发展历程来看，自律组织作为政府监管者和市场参与者之间的中间层次，在市场管理、会员自律以及市场建设等方面发挥了重要作用。一是协助政府监管部门进行一级市场管理工作。自律组织一般定位于协助监管当局从事具体事务的管理，具体包括制定一级

市场的承销规则、督促发行信息披露等。二是主导二级市场日常管理工作。各国一般都授权或委托自律组织完成主要日常监管工作，包括场外市场基础设施建设、自律规范文件制定、交易专项信息服务、交易制度建立等。保证市场的公平、有效和透明是二级市场监管的出发点。三是进行日常会员自律管理工作。会员自律管理工作是自律组织的基础性工作，是维护市场运行秩序的基石，一般包括市场准入和从业资格认证、市场监督检查、规范从业人员行为和对违规行为的处罚等方面。四是代表行业进行政策沟通和建议。自律组织作为行业和市场参与者的代表，反映行业诉求、参与政策讨论和国际交流等活动是重要工作之一。自律组织作为行业代表，有义务收集会员意见，发挥自身影响力，建议政府部门等机构进行改革，同时对国内相关组织机构采取的措施表明态度。五是参与国际规则制定。国际金融危机后，自律组织更加积极地参与国际监管政策和国际标准的制定。越来越多的自律组织对国际国内新出台的政策法规提出意见和建议，从自身代表市场的角度为监管政策建言献策。

二、中国债券市场的自律管理探索实践

我国债券市场早期主要是由政府规划、推动形成的。这一阶段，在基础产品创设、规则制定、基础设施建设等方面均依赖于政府规划与设计。随着我国债券市场的发展壮大，相关自律组织也逐渐发展成熟。1994年，在人民银行指导下成立了外汇交易中心，在为会员提供市场交易、清算服务的同时，也按照相应规则对会员进行管理，兼具场外市场交易平台和自律组织的功能，是银行间市场自律组织的雏形。2002年10月，经国务院批准，人民银行组建了上海黄金交易所，也实行与交易中心类似的会员管理制度，同时扮演了市场服务机构和自律组织的角色。

第七章　加强债券市场管理体系建设

随着市场的深入发展，我国金融市场发展取得了有目共睹的成绩，但仍面临一些问题，如直接融资与间接融资结构不平衡矛盾突出；企业债券市场发展相对滞后；信息披露、信用评级等基本市场约束与激励机制尚未完全发挥作用；金融产品的种类和层次不够丰富等。

为避免市场交易平台商业职能和公共管理职能的冲突，充分发挥市场参与者依靠自身力量进行自律管理的潜能，2007年9月，经国务院同意、民政部批准，在充分借鉴成熟市场经验、认真总结我国债券市场发展前期问题的基础上，在人民银行的全面指导和大力推动下，交易商协会成立，成为统一独立的自律组织，对银行间债券市场、同业拆借市场、外汇市场、票据市场和黄金市场进行自律管理。人民银行作为交易商协会的业务主管部门，自成立以来，对交易商协会给予了丰富的指导与支持。交易商协会立足于银行间市场，从市场自律管理实际出发，按照市场化、专业化的原则，围绕"自律、创新、服务"的宗旨，组织市场成员发挥积极性和创造性，在开展债券产品创新、推动债券市场注册制改革、加强自律管理和会员服务、增进国际交流等方面取得良好成效。为全体会员、为政府、为社会做好服务，为我国金融市场的创新、改革与发展作出了应有的贡献。

交易商协会的实践对于转变市场管理方式、加强自律管理、完善市场管理体系更是发挥了极其重要的作用，并对整个金融市场形成示范效应，间接推动了企业债、公司债的发行方式逐步朝着市场化方向转变，促进了市场整体功能的提升。在人民银行的正确指导下，债券市场自律组织将科学厘定自律管理和行政监管的边界，不断丰富自律管理职能和手段，实现自律管理与行政监管的相互协调、相互促进，共同推动我国债券市场持续健康发展。

▼ 专栏10

国际债券市场自律组织

一、国际债券市场自律组织概况

（一）国际债券市场自律组织简介

1792年5月，24名经纪商聚集在华尔街68号前的一棵梧桐树下成立了纽约证券交易协会，这是证券行业自律的开端。经过两百多年的发展，自律组织已经成为全球债券市场监管体系中的重要组成部分。根据管理范围的不同，可以将国际债券市场的自律组织划分成国际性自律组织、国内债券市场主要自律组织和本土松散型债券自律组织三类。

一是国际性自律组织，主要有国际证监会组织（IOSCO）、证券业与金融市场协会（SIFMA）和国际掉期与衍生工具协会（ISDA）等。IOSCO主要通过提供监管规则建议、促进信息和经验的交流、提供必要互助等方式，来推动各国场外市场的公平、健康发展；SIFMA致力于在全球推进建设透明、标准统一的债券市场，通过游说、举办论坛和撰写研究报告等方式，敦促各国出台政策发展市场；ISDA对于债券市场的主要作用体现在发布并不断完善信用衍生品交易主协议等标准文本方面。

二是国内债券市场主要自律组织，指的是主要作用于一国债券市场、具有重大影响力和一定强制性的自律组织。这类组织通过法律的授权或政府的委托，依据国家相关法律法规，制定行业自律规则，并保证这些规则的有效实施，从而实现对债券市场的管理，是自律组织中的主导力量。

三是本土松散型自律组织，指的是为一个区域市场或特定券种的投资者服务、自发形成的松散型自律组织。这类组织往往为自身的利益进行政治游说或保证会员的统一行动,影响一般局限于较小范围之内。美国目前仍然有很多松散型债券自律组织,有的专注于某种特定债券品种,如地方债交易商协会(RBDA),还有专注于债券业务某项具体环节的,如债券担保协会(NASBP);在欧洲,有仅在资产担保债券(Covered Bond)市场发挥作用的欧洲资产担保债券交易商协会(ECBDA)以及高收益债券投资者组成的欧洲高收益债协会(EHYA)等;在日本,债券一级市场承销商共同组成了日本债券承销商协会(BUAJ)。

(二)带有自律性质的特殊监管机构

除了上述三种类型的自律组织之外,英国的金融市场监管机构——金融服务局(FSA)可以被认为是介于行政监管机构和自律组织之间的一种特殊组织。英国的监管体制一直以自律监管为主,一直到20世纪70年代都没有正式的金融监管部门。随着金融市场的快速发展和混业经营的深入,英国逐步开始自律监管和行政监管并重,1986年英国制定了《金融服务法》,构建证券与投资局(SIB)和自律组织为主的双重监管架构。1997年10月,SIB经过改制成为FSA,后得到《2000年金融服务和市场法》的授权,全面负责英国金融市场的监管。FSA将自律管理和行政监管进行了融合,这是金融市场监管体系变革中的一次重要尝试。FSA具有三个重要特点:第一,FSA并非政府机构,而是一个独立于政府的有限公司,其资金来源于其监管的金融机构的缴费,而非来自政府预算;第二,FSA是由多家政府机构和自律组织合并而成的;第三,FSA中依然非常倚重自律监管机构开展工作。FSA虽然拥有近2 000名员工,但资本市场监管部仅有70多人,其中负责债券市场的仅有10余人,场外债券市场的主要日常监管事务根据《金融服务法案》授权给国际资本市场协会(ICMA)进行自律管理。

二、各国债券市场自律组织的一般特征

一是各国通过法律确认自律组织在监管框架中的地位。为了保证自律组织能够在债券市场管理中更好地履行职责、发挥作用,大部分国家在法律中对自律组织进行了规定和授权。根据各国债券市场自律组织的发展过程,可将其获得法律地位的方式分为"政府依法设立新的自律组织"和"政府对已有自律组织进行授权"两种类型。美国金融业管理局(FINRA)和美国市政债券规则委员会(MSRB)是自律组织根据法律法规设立,自动成为监管体系中的一部分的典型代表。日本、韩国、俄罗斯、加拿大、泰国和我国台湾等自律组织由市场成员自发成立,在其发展到一定规模以后得到法律法规或政府的授权,从而进入监管的整体框架。

二是自律组织在债券市场管理中发挥重要作用。自律组织一般履行以下职责:协助行政监管部门进行一级市场管理工作;主导二级市场日常管理工作;进行日常会员自律管理工作;代表行业进行政策沟通和国际交流工作。

三是新兴债券市场发展过程中,自律组织承担着推动市场发展的重要责任。例如,1997年亚洲金融危机之后韩国修改了《证券交易法》,授权韩国证券交易商协会(KSDA)成为合法的债券市场自律监管机构,随后KSDA在1999年建立了场外债券交易市场,同时采取了诸多措施增加市场的流动性和透明度,带来了韩国债券市场的爆发式增长。从1997年到2009年,韩国债券市场规模扩大了5倍。

第八章
稳步推进债券市场对外开放

　　对外开放是我国的基本国策，金融市场的对外开放是中国经济金融对外开放的重要方面。从国际经验和国内30多年改革开放的成功实践看，对外开放可以引入国际先进经验，促进市场竞争，纠正封闭条件下资源配置扭曲。新世纪以来，在中国债券市场取得较好发展成绩的基础上，人民银行统筹考虑人民币国际化、资本项目开放等相关工作，稳步推进中国债券市场对外开放，一方面逐步放宽境内机构"走出去"到境外发行、投资的相关限制，另一方面积极为境外发行人、投资者"请进来"到境内发行、投资提供政策便利。经过十余年的改革与发展，相关制度框架逐步搭建完善，离岸人民币债券、熊猫债券、SDR计价债券、境内机构国际债券等发行实践有序推进，QFII、RQFII、QDII制度相继落地推行，以"债券通"为代表的基础设施合作也在展开积极探索。整体来看，债券市场对外开放取得了较大进展，在推动人民币国际化、促进中国融入全球经济发展中发挥了积极作用。

　　当前，中国已经成为世界第二大经济体，经济实力和国际影响力显著提高，人民币已于2016年10月正式加入国际货币基金组织特别提款权货币篮子,国际主要债券指数在纳入中国债券市场方面也取得积极进展,人民币资产配置需求的增加将对中国债券市场的对外开放提出更高要求。同时,持续推进债券市场对外开放,也有利于我国构建市场化、开放型的金融市场体系,是在经济新常态下推动经济提质增效和转型升级的必然选择。正如周小川行长指出的,金融服务业是竞争性服务业,受益于对外开放,今后还要进一步扩大对外开放。

第一节　积极推动债券发行"请进来"与"走出去"

2005年以来,人民银行一方面推动境外机构在中国境内发行熊猫债、SDR计价债券等,另一方面也积极推进境内金融机构赴境外发行人民币债券。这些举措有力促进了债券市场对外开放和资本项目可兑换进程。

一、推进熊猫债市场不断扩大

为加快推进债券市场对外开放,2005年2月,人民银行会同财政部、发展改革委、证监会等部门联合发布了暂行管理办法,允许国际开发机构在境内发行人民币债券。同年10月,两家国际开发性金融机构——亚洲开发银行(ADB)和国际金融公司(IFC)首次获准在我国银行间债券市场发行人民币债券,发行量分别为10亿元和11.3亿元,限定筹集的资金主要用于为我国境内企业提供贷款,这一举措拉开了债券市场对外开放的帷幕。

此后,人民银行按照国务院要求,进一步积极推进境外机构和企业在境内发行人民币债券,不断丰富发行主体类型。一是建立境外非金融企业在境内债券市场筹集人民币资金的渠道,允许境外非金融企业在交易商协会注册后即可在银行间市场发行熊猫债。2014年，戴姆勒股份公司首期5亿元定向工具在我国银行间债券市场成功发行，这是首家境外非金融企业在银行间债券市场发行债务融资工具。二是推动国际金融机构在银行间债券市场发行人民币债券。2015年，香港上海汇丰银行有限公司和中国银行（香港）有限公司，作为国际性商业银行首次获准在银行间债券市场发行人民币债券，成为银行间债券市场的又一类发行主体。此后，加拿大不列颠哥伦比亚省、韩国政府、波兰政府等主权机构也获准在银行间债券市场发行人民币债券。

截至2016年末，我国债券市场境外发债主体已包括国际开发机构、境外非金融企业、金融机构以及外国政府类机构等，累计发行631亿元人民币熊猫债。

表8-1　　　　　截至2016年末熊猫债发行主体及累计发行规模

机构类型	累计发行规模（亿元）
外国政府类机构	70
国际开发机构	90
境外金融机构	80
境外非金融企业	391
合计	631

数据来源：中国人民银行。

▼ 案例3

戴姆勒首发熊猫债

戴姆勒股份公司是一家德国公司，总部位于德国斯图加特市，是戴姆勒全球集团中的母公司。戴姆勒集团是国际领先的汽车制造商之一，主要从事高端乘用车、轻型商用车、中大型客车及卡车的生产及销售。戴姆勒集团收入中占比最大的产品类别是梅赛德斯-奔驰汽车。发行人具有丰富的国际资本市场融资经验，在全球多个资本市场共发行债券百余只，拥有良好的市场声誉，穆迪给予其A3的主体信用评级。

2013年8月，人民银行向交易商协会下发了关于境外非金融企业在银行间债券市场发行人民币债务融资工具有关事项的批复，同意交易商协会接受境外非金融企业在银行间债券市场发行人民币债务融资工具的注册，并对有关债务融资工具的发行与交易实行自律管理。2013年11月，戴姆勒股份公司及主承销商中国银行首次向交易商协会提交非公开定向债务融资工具注册材料，同年12月协会接受戴姆勒股份公司50亿元非公开定向债务融资工具注册。2014年3月14日戴姆勒股份公司首期非公开定向债务融资工具在北京金融资产交易所通过集中簿记建档系统成功发行，发行规模为5亿元，期限为1年，募集资金用于转贷给戴姆勒集团内子公司（包括在中国境内的子公司），或用于发行人一般资金用途。这只债券成为中国银行间债券市场首只由境外机构发行的债务融资工具，戴姆勒股份公司成为首个在银行间债券市场成功注册发行熊猫债的境外非金融企业。

此次戴姆勒股份公司定向工具成功发行，标志着境外非金融企业在境内人民币市场融资渠道的正式建立，对债券市场对外开放有积极意义：一是可增强境外企业使用人民币进行结算的动力，促进人民币双向回流机制的形成，有助于提升人民币的国际地位。二是有利于借鉴国际经验，推动银行间市场制度规则与国际规则接轨，提高银行间市场国际化水平和国际影响力。三是有利于协调国内和国外两个市场、两种资源，推动宏观经济结构调整和转型升级，为推进全面深化改革打下良好基础。

2014年和2015年间戴姆勒股份公司在首次注册额度内共成功发行5只债券。2016年2月戴姆勒股份公司再次注册200亿元非公开定

> 向债务融资工具,并在此之后成功发行了6只债券。截至2017年5月末,戴姆勒股份公司熊猫债发行金额共计220亿元人民币,是目前熊猫债市场累计发行规模最大的发行人。发行过程中戴姆勒股份公司利用良好的资本市场信用与雄厚的财务实力,获得了较低的融资价格。戴姆勒股份公司熊猫债的成功发行产生了良好的示范效应和积极的市场影响,提升了中国债券市场的国际影响力,增强了国际发行人发行熊猫债的意愿。截至2017年5月末共有39家境外发行人在境内银行间市场进行债券注册或获得债券发行核准,核准/注册额度为等值人民币3 097亿元,发行规模为等值人民币885亿元。

二、创新发行SDR计价债券

2015年12月,国际货币基金组织正式宣布,人民币将于2016年10月加入特别提款权(SDR)。这是中国金融发展具有重要意义的事件,是中国经济融入全球金融体系的重要里程碑,也是对中国政府多年来在货币和金融体系改革方面所取得的进步的认可。

为进一步扩大SDR的使用,提高各国市场主体对SDR产品的认可度,继续推动中国金融市场开放与发展,2016年8月,在人民银行的积极推动下,SDR计价债券在银行间债券市场问世,世界银行、渣打银行(香港)等两家境外发行主体分别成功发行两单SDR计价债券,共计6亿SDR(约合人民币55.85亿元),受到境内外市场的广泛关注。同时,不少国际组织也表达了发行SDR计价债券的诉求。SDR计价债券的推出,有利于丰富我国债券市场交易品种,促进我国债券市场的开放与发展。同时,SDR计价债券的发行,也是扩大SDR使用的标志性事件,契合了人民币正式加入SDR后国际化进程的崭新阶段,有利于增强国际货币体系的稳定性和韧性,能够规避单一货币工具的利率和汇率风险,实现多元化资产配置的需求。

> **案例4**
>
> ## 世界银行发行首只SDR计价债券
>
> SDR债券与普通债券不同,其以SDR作为计价单位,定价以SDR利率为基准。由于SDR货币篮子中包括美元、欧元、日元、英镑、人民币,SDR债券可以规避单一货币汇率和利率风险。国际金融危机后,我国曾在多个场合提出要充分发挥SDR作为国际货币的作用,2016年我国担任G20主席国后重启了国际金融架构工作组,扩大SDR使用被确定为当年G20的核心成果之一。此次推动SDR债券的发行,对扩大SDR使用、促进人民币国际化和我国金融市场对外开放具有战略意义。此外,在2016年9月G20峰会前完成SDR债券发行,也充分体现了中国在人民币加入SDR后,积极推进国际货币体系改革的努力和履行承诺的决心,彰显了中国参与国际金融架构所作出的努力,提高了我国金融外交话语权。
>
> 世界银行于2016年8月31日成功发行了首只SDR计价债券。发行规模为5亿SDR,期限为3年,结算货币为人民币。发行利率为0.49%,居于原定0.4~0.7定价区间的较低水平。发行吸引了银行、证券、保险等境内投资者以及货币当局、国际开发机构等约50家机构的积极认购,认购倍数高达2.47倍。SDR计价债券投资者类型较为丰富,其中,银行类机构认购占比为52.4%;券商类机构认购占比12.4%;保险类机构占比为6%;此外,国际开发机构和有关货币当局等央行类机构认购占比高达29.2%。
>
> 世界银行、国际货币基金组织对本次SDR债券的成功发行给予

了高度评价。世界银行表示,世界银行SDR债券发行是中国对国际金融市场作出的重要贡献,具有里程碑意义,体现了中国成功参与到全球治理中来,以及推动人民币国际化、债市国际化的决心,将载入史册。与此同时,中国已经是世界第三大债券市场,世界银行选择在中国发行SDR债券,表明这个市场已经发展成熟。此次债券发行后,世界银行将会继续在中国发行SDR债券。国际货币基金组织表示,世界银行SDR债券发行巩固了G20峰会对扩大SDR使用的目标和成果,为后续国际SDR债券市场发展打下了良好基础,此举对于中国资本市场具有重要意义,体现出人民币国际化的加速,将极大提高中国债券市场的国际影响力。

三、积极支持境内机构"走出去"

在欢迎境外机构在境内发行人民币债券的同时,人民银行也积极推动境内机构"走出去"——赴境外发行人民币债券。一是2007年,人民银行与发展改革委共同发布了暂行管理办法,允许符合条件的境内金融机构赴港发行人民币债券。目前,已有十余家境内金融机构法人赴港发行人民币债券。国家开发银行、中国工商银行、中国建设银行先后赴伦敦试点发行人民币债券65亿元,中国银行、中国农业银行等也先后在境外发行了外币二级资本债券、绿色债券。二是2009年,我国成功在香港发行60亿元人民币国债,这是我国首次在国际市场发行人民币主权债券。截至2016年,我国在香港和伦敦发行人民币国债共计1 670亿元。

我国境内机构到境外发行债券,有利于统筹利用境内外两个市场、两种资源,有利于中国机构走出国门,进行全球资源配置;同时,还有助于打通境外人民币回流中国的渠道,丰富海外投资者的人民币投资品种,推动人民币国际化。

第二节 加快推进境外机构投资中国债券市场

人民银行一直高度重视推进境外机构投资中国债券市场，坚持以开放促竞争、以开放促提高、以开放促发展的理念。2005年，银行间债券市场启动了引入境外投资人的相关工作。此后，人民银行逐步推出系列措施，积极稳妥促进境外投资者参与债券市场。具体来看，中国债券市场对境外投资人开放的过程，是投资人类型从单一到丰富、准入流程从复杂到简化、投资额度从限制到取消的审慎、试行、渐进的过程。

一、引入境外机构投资者

2005年5月，经人民银行批准，亚洲债券基金的子基金——泛亚债券指数基金（PAIF）进入银行间债券市场开展债券交易业务，成为我国债券市场引入的第一家境外机构投资者。之后，证监会、人民银行、外汇管理局公布了合格境外机构投资者（QFII）投资境内证券的管理办法，境外投资者可通过QFII方式，在一定额度内投资中国债券市场。

2010年后，为加快债券市场扩容速度，人民银行在风险可控的前提下，加快推进境外机构投资银行间债券市场。2010年8月，人民银行发布通知，允许境外央行或货币当局、港澳人民币清算行、跨境贸易人民币结算境外参加银行三类机构参与中国银行间市场。经人民银行同意后，境外机构可在核准的额度内，以其开展央行货币合作、跨境贸易和投资人民币业务获得的人民币资金投资银行间债券市场。允许相关境外机构投资银行间债券市场，可为境外机构依法获得的人民币资金提供一定的保值渠道，是跨境贸易人民币结算试点工作的必要配套

第八章　稳步推进债券市场对外开放

举措，有利于促进跨境贸易人民币结算业务的开展，是我国资本项目开放迈出的重要一步。在跨境贸易人民币结算范围不断扩大、人民币跨境直接投资业务和香港离岸人民币业务不断发展深化的前提下，为进一步增加人民币资金回流渠道、鼓励香港中资证券经营机构拓宽业务渠道，RQFII业务作为又一项资本市场开放的试点制度应运而生。2011年12月，证监会、人民银行和外汇管理局联合发布试点办法，明确符合一定条件的境内基金管理公司和证券公司的香港子公司，可以运用其在香港募集的人民币资金，在经批准的投资额度内开展境内证券投资业务，RQFII试点业务正式启动，国务院批准首批试点共计200亿元人民币境内证券投资额度。2013年3月，RQFII试点办法被修订，试点机构范围扩大，投资比例有所放宽。

2015年以来，人民银行进一步加快了债券市场的开放步伐，提升银行间市场对境外机构投资者的开放程度，并持续提高管理的市场化程度与投资的便利性。2015年6月，人民银行宣布已获准进入银行间债券市场的境外人民币业务清算行和境外参加银行可开展债券回购交易，包括债券质押式回购交易和债券买断式回购交易。

为配合人民币加入SDR，2015年人民银行还发布通知，对境外央行类机构投资银行间债券市场推出了更为便利的政策，将相关境外机构投资者投资中国银行间市场的申请程序简化为备案制，取消了额度限制，将其投资范围从现券扩展至债券回购、债券借贷、债券远期、利率互换、远期利率协议等交易。进一步地，2016年2月人民银行发布了公告及相关配套政策，引入更多符合条件的境外机构投资者，取消投资额度限制，简化管理流程。

在加快市场对外开放的同时，人民银行也积极加强对境外投资者的服务，便利境外投资者投资。组织开展对境外投资者的路演，向境外投资者推介银行间债券市场，解释相关政策，了解境外投资者的实际需求。根据境外投资者的需求，积极组织外汇交易中心、上海清算所和中央结算公司完善结算周期,为境外投资者提供 T+2 的结算周期选择,便于境外投资者在投资银行间债券市场时的资金汇兑。在人民银行网站建立了境外投资者投资银行间债券市场的中英文专栏,便于境外投资者了解相关信息。这些措施受到了境外投资者的广泛欢迎。

表 8-2　　　　　　　境外机构投资中国债券市场便利化

主体类型	资金来源与投资额度	投资范围	资金汇出入管理	税收	避险
境外央行和货币当局 主权财富基金 国际金融机构	无限制	债券现券、回购、借贷、远期、利率互换、远期利率协议等交易	不设定锁定期及分期汇出限制资金汇出入币种基本一致	债券利息收入需缴纳所得税和增值税转让债券价差所得暂不征收所得税,免征增值税	允许境外机构投资者参与境内利率、外汇衍生品市场
境外各类金融机构金融机构发行的投资产品 养老基金、慈善基金、捐赠基金等中长期投资者	无限制	债券现券、基于套期保值需求的债券借贷、债券远期、远期利率协议及利率互换等交易 境外清算行和参加行还可参与债券回购交易			

资料来源:中国人民银行。

在上述政策的推动下,银行间债券市场境外机构投资者数量从 2014 年末的 180 家逐步增加至 2016 年末的 407 家。境外投资人持有银行间市场债券余额也从 2014 年末的 5 720.5 亿元增长至 2016 年末的 8 000 亿元,占银行间债券市场总托管余额的 1.36%。

表 8-3　　　　　　截至 2016 年末银行间债券市场数量和规模

截至 2016 年末:	
机构投资者数量	407 家
债券投资余额	8 000 亿元
其中 2016 年:	
机构投资者数量	增加 105 家
债券投资余额	增加 1 500 亿元

资料来源:中国人民银行。

二、加强境内外债券市场金融基础设施合作

随着债券市场对外开放的进一步深化，包括中国香港在内的部分国家和地区金融基础设施纷纷希望与境内基础设施进行合作、连接。在此背景下，为加强统筹协调、避免碎片化、保障安全可控，确保慎重决策，人民银行逐步开始对债券市场开放和境内外基础设施联通进行顶层设计。

基础设施对外合作应定位于作为扩大债券市场对外开放的技术性支持手段之一，主要服务于便利境外发行人、投资者进入境内市场，与境外市场主体直接参与境内基础设施的路径并行。相关工作开展的总体原则：

一是统筹规划、渐进可控。《中共中央关于制定国民经济和社会发展第十三个五年规划的建议》（以下简称《建议》）以及习近平总书记关于《建议》的说明中指出，要建立安全高效的金融基础设施，统筹监管重要金融基础设施，鉴于此，应当将基础设施的对外开放纳入我国基础设施的统一建设与监管框架中。同时，基础设施的开放应当服从于人民币国际化和资本项目开放的总体部署和进度，要视市场需求和外部条件成熟程度稳步推进。

二是平衡效率与安全。国际监管要求和市场实践均表明，基础设施属于系统重要性金融机构，主要服务于市场公共利益，同时，基础设施也是监管部门搜集数据、查处违法违规行为、监测防范风险的主要依托，因此基础设施的开放应当首先保障平稳安全、透明可查，在此基础上尽量提高运作效率，最后从可持续运作的角度适当兼顾商业利益。

三是维护银行间市场基本架构的整体性，坚持经多年实践证明有效的制度安排。境外基础设施接入时不应破坏我国现有前中后台分工互联的基本架构，各类基础设施在对外连接时应当充分考虑与其他类型基础设施的整体衔接及影响。实践证明，我国现行的一些制度安排，如合格机构投资者制度、透明的发行定价机制、集中的交易报告平台、

前中后台紧密合作的交易监测与控制安排、前后台直通式处理、券款对付、央行货币结算等，在一定程度上具有国际领先水平，在对外合作中，应尽量保证其能继续得以落实。

▼ 专栏11

内地与香港债券市场互联互通合作

2017 年是香港回归祖国 20 周年。2017 年 6 月 30 日，习近平主席在访港有关重要讲话中明确指出，香港享有"一国两制"的制度优势，作为国家对外开放"先行先试"的试验场，"债券通"将在香港试点。根据党中央、国务院部署，2017 年 7 月 3 日，内地与香港债券市场互联互通合作（以下简称"债券通"）正式上线试运行。

"债券通"是指境内外投资者通过香港与内地债券市场基础设施机构连接，买卖两个市场交易流通债券的机制安排。初期先开通"北向通"，即中国香港及其他国家与地区的境外投资者（以下简称境外投资者）经由香港与内地基础设施机构之间在交易、托管、结算等方面互联互通的机制安排，投资于内地银行间债券市场。未来将适时研究扩展至"南向通"，即境内投资者经由两地基础设施机构之间的互联互通机制安排，投资于香港债券市场。

"债券通"遵循两地债券市场的相关法律法规。"北向通"遵守现行内地银行间债券市场对外开放政策框架，同时尊重国际惯例做法。具体来看，"债券通"包括"交易通"和"结算通"。在交易环节，通过香港交易所、Tradeweb 等国际债券平台与外汇交易中心连通，为境外投资者提供在海外直接下单交易服务。在结算环节，通过债务工具中央结算系统（CMU）与上海清算所、中央结算公司连通提供托管结算服务，通过跨境人民币支付系统提供资金支付服务，境

第八章 稳步推进债券市场对外开放

外投资者可以选择境外托管行作为名义持有人，通过多级托管机制连接到 CMU 来接入内地债券市场。

人民银行与香港金管局在签订的"债券通"两地监管合作备忘录框架下开展监管合作，加强交易、托管、结算等环节的信息收集，努力实现穿透式信息收集安排，切实防范风险。"债券通"通过两地基础设施连通和资金汇兑安排，实现了"境外资金在境外购买内地的债券"，这是债券市场对外开放的一大突破。同时，实行多级托管和名义持有人制度，这是国际市场通行的机制安排，兼顾了便利和安全，能够有效扩大境外投资者群体。

"债券通"上线试运行以来，境外投资者积极备案开户并积极参与发行认购，相关债券交易结算顺利完成，穿透式数据收集、跨境资金监测等监管合作机制运转顺畅。香港各界对"债券通"评价相当积极。香港各方普遍认为，"债券通"是中央政府支持香港发展、推动内地和香港合作的重要举措，有利于充分发挥香港"一国两制"的独特优势，作为对外开放"先行先试"的试验场，促进香港长期繁荣稳定，有利于进一步提升中国金融市场服务实体经济能力和国际竞争力，也体现了中国的大国自信开放形象。香港新任特区行政长官林郑月娥表示，"债券通"对于两地来说是一项互惠共赢的计划，一方面有利于稳步推进内地金融市场的对外开放，另一方面有利于巩固香港国际金融中心的地位。

全球主要媒体也对"债券通"进行了关注报道，金融机构积极关注并发布相关研究报告。汇丰、摩根大通、花旗银行等业内机构则表示，"债券通"进一步巩固香港连接内地与世界市场的桥头堡与枢纽地位，并认为尽快明确相关税收安排、适当放开债券回购与衍生品等交易品种将有助于境外投资者积极入市，也有利于内地债券市场尽快纳入全球主要债券指数。

三、境外投资者投资银行间市场的展望

随着市场规模的不断扩大，国际影响力不断上升，银行间债券市场已成为境外投资人不可忽视的资本市场之一。尤其是人民币加入SDR后，国际化进程进一步加快，人民币债券产品对境外投资人的吸引力大大增强，成为境外资本投资境内的重要选择。银行间债券市场对外开放已初显成果，扩大对外开放是银行间市场下一步发展不可逆转的方向。

在人民银行的积极推动下，中国债券市场加入国际主要债券指数相关工作取得一定进展。继2006年1月中国债券市场纳入摩根大通GBI–EM Broad/Diversified指数后，2017年3月，国际三大债券指数供应商之一的彭博公司正式推出两只包含中国债券市场的综合债券指数。2017年7月，花旗银行将中国债券市场纳入了新推出的全球政府债券指数—拓展版，这将有利于吸引更多境外资金投资中国债券市场。人民银行将持续推动中国债券市场加入国际主要债券指数相关工作，更好地发挥债券市场在"扩流入"方面的积极作用。

表8–4　　　　　　　　国际主要债券指数介绍

债券指数供应商	主要债券指数	追踪资金量估算	中国债券市场占比估计（若纳入）
摩根大通	全球新兴市场多元化国债指数（GBI–EM Global Diversified）	约2 100亿美元	10%
花旗银行	全球政府债券指数（Citi WGBI）	2万亿~4万亿美元	5%
彭博公司	彭博–巴克莱资本全球综合指数（Barclays AGG）	约2.5万美元	5%

资料来源：中国人民银行。

当前，我国债券市场进一步扩大对外开放仍面临一定挑战。一是在

参与便利性方面，目前银行间债券市场在境外投资人托管、交易、结算等环节与国际市场通行做法差异较大，为境外投资人参与带来一定的学习、适应市场的成本。根据现行制度安排，通过结算代理方式参与银行间债券市场的境外投资人，需与结算代理人商定协议条款，签订代理协议。而国际市场上目前通行的做法是境外投资人通过多级托管、名义持有人制度和债券市场基础设施的跨境直连进行投资，实现全球配置资产。对此，人民银行一方面积极推出"债券通"，逐步探索与国际债券市场制度接轨；另一方面也与外汇交易中心、上海清算所、中央结算公司等机构研究探索更好地为境外机构参与银行间债券市场提供便利，提升市场的吸引力。二是在会计、审计、评级和税收政策上与国际通行制度有一定差异。例如，在会计方面，境外主体发行熊猫债需按照中国会计准则编制财务报告，并由有资质的中国境内会计师事务所审计，除香港财务报告准则及欧盟采用的国际财务报告准则与中国会计准则等效外，根据其他准则编制财务报告的发行人仍面临发行障碍。在评级方面，银行间债券市场信用评级不能与国际市场通行标准进行转换。在税收政策方面，目前对境外投资者的税收政策与国际惯例存在差异，在具体征缴政策方面也没有出台细则。对此，人民银行已经积极推动债券市场评级行业对外开放，允许符合条件的外资信用评级机构根据相应规则参与银行间债券市场评级业务，并将积极与有关部门沟通协调，完善相关的法律、税收、会计、审计政策等制度，优化我国债券市场软环境。

未来，人民银行将按照人民币国际化和资本项目可兑换的总体部署，一方面，坚持改革开放，支持和推动金融市场的双向开放，进一步提升跨境贸易投资便利化水平，服务实体经济；另一方面，防范跨境资本流动风险，防止跨境资本无序流动对宏观经济和金融稳定带来冲击，维护外汇市场稳定，为债券市场对外开放营造良好的市场环境。

▼ 专栏12

境外投资人税收代扣代缴的国际经验

一、境外投资人税收代扣代缴国际经验

国际上对境外投资人征税较为广泛使用的处理方法有以下四种：一是由本地市场基础设施或者支付人（Paying Agent）作为代扣代缴义务人；二是仅对境外投资人的利息收入代扣预提税；三是代扣代缴义务人在付息兑付日当日结束时，根据境外投资人所持有的头寸，计算持有人适用的税率和应纳税所得额，并由代扣代缴机构暂扣预提税；四是对于享有双边税收协定等税收优惠的投资人，根据该国税收规定，可在缴税前出具相关证明，以较低的税率缴纳税款，或代扣代缴机构先暂扣全部税款，在指定时间内投资人可根据相关税收优惠条件退税。

专栏表8-1　国际上对境外机构利息所得税税率及代扣代缴方式

国家	利息所得税税率	税收代扣代缴方式
美国	30%	由美国存管信托和结算公司（DTCC）在向境外投资人支付利息时代扣代缴，如投资人满足税收优惠的规定，应在第一次缴税前向税务机关出具相关证明，并不提供收缴后退税服务
英国	20%	由发行人的税务代理人代扣代缴该税款
德国	25%	实行源泉扣缴，以支付人为扣缴义务人
卢森堡	15%	实行源泉扣缴，以支付人为扣缴义务人，税款由扣缴义务人在每次支付或到期应支付时，从支付或者到期应支付的款项中扣缴。如投资人享受税收协定的优惠政策，应在扣缴完成后申请退税，不可以实行源头扣减
法国	15%	实行源泉扣缴，以支付人为扣缴义务人

续表

国家	利息所得税税率	税收代扣代缴方式
捷克	0	对国际投资者免征税收
俄罗斯	市政债免税;公司债券标准利息所得税税率为20%,最高税率为30%;抵押贷款支持证券标准税率为15%,最高税率为30%	实行源泉扣缴,以支付人为扣缴义务人
中国香港	0	免税
日本	15%（2013年1月到2037年需额外征收0.315%的特殊重建所得税）	实行源泉扣缴,以支付人为扣缴义务人
韩国	25%	实行源泉扣缴,以支付人为扣缴义务人
菲律宾	20%	实行源泉扣缴,以支付人为扣缴义务人
新加坡	15%	实行源泉扣缴,以支付人为扣缴义务人

资料来源：根据公开资料整理。

二、国际上跨境机构投资人税收代扣代缴的模式借鉴

简便、可操作的代扣代缴方式，有利于降低缴税成本，减少税款流失，促进跨境机构投资人积极参与银行间债券市场。参考国际经验，发行人为扣缴义务人和中央存管机构为扣缴义务人这两种模式可以借鉴，其中后者更为可行。

（一）发行人为代扣代缴义务人

采取发行人为代扣代缴义务人的模式，在债券付息兑付环节中，债券发行人作为扣缴义务人面对各种类型、适用于各种企业所得税税率的投资者。如在证券交易所市场上，对于合格境外机构投资者投资债券取得的利息，由中国证券登记结算有限公司受债券发行方的委托，将债券发行人从支付给QFII和RQFII的利息中扣除企业所得税税款，将扣除的税款转回给债券发行人，再由债券发行人向主管

税务机关缴纳。但在银行间市场，发行人落实代扣代缴义务存在一定困难。

（二）中央证券存管机构为代扣代缴义务人

中央证券存管机构（CSD）为代扣代缴义务人的模式，由于登记托管机构是唯一掌握投资人详细名册并实际承担代理付息的机构，从操作便利的角度考虑，采用由中央证券存管机构源头代扣方式，由托管机构在派发利息时代扣境外投资人的利息所得税和增值税，更具可行性。这种做法有以下四个优点：一是托管机构作为代扣代缴机构拥有较为全面的扣缴信息，简化了发行人确定持有人应纳税所得额的烦琐程序；二是投资人通过托管机构缴税，可降低缴税成本，减少退税流程，提高市场效率；三是托管机构统一代扣代缴，可防止漏税，保证税收来源；四是中央存管机构代扣代缴境外投资人应交税费可以增加存管机构所在地的税收收入。

第三节　积极参与国际规则制定

在积极推进债券市场"请进来"和"走出去"的同时，人民银行也高度重视与国际债券市场的沟通与交流，加强与监管部门和国际组织的合作，积极参与国际规则的制定，先后推动了全球中央对手方协会（CCP12）落户中国，并成功举办了亚太中央托管组织年会。

全球中央对手方协会（CCP12）是目前唯一的全球性中央对手方同业组织，在制定场外债券交易、清算和风险管理的国际金融规章方面有一定的话语权。在人民银行的大力支持下，2013年上海清算所加入CCP12，逐步参与国际多边同业交流：一是代表CCP12参加关于中央对手方量化信息披露标准征求意见稿的听证会，向 BIS 等国际组织和欧洲央行等监管机构积极反馈行业意见。二是代表 CCP12 参与国际监管政策协调活动、积极承办协会大会，逐渐提高中国的国际影响力。2016 年 6 月 8 日，CCP12 在中国上海召开注册成立大会，宣布法人实体落户中国，成为第一个落户我国的国际性行业协会。表明中国国际经济治理中的影响力和话语权逐步提高，有助于中国参与债券市场国际标准和准则制定，以及境外机构深入了解我国金融市场并开展合作，对进一步发展人民币债券市场具有积极作用。

亚太中央托管组织（ACG）是旨在推动亚太地区中央托管机构交流和合作的非官方组织。中国于 2006 年加入 ACG，中央结算公司于 2013 年当选 ACG 执委会成员，并于 2014 年在西安成功举办第十八届亚太中央托管组织年会。年会以"国际化与多元化：亚太中央托管机构的机遇"为主题，会上通过并发布了《西安倡议》，倡导 ACG 成员贯彻国际标准和最优实践，促进中央托管机构稳健运营和金融稳定目标的统一；发挥中央托管机构的规模经济优势，促进市场高效有序，发展跨境互联；坚持平等、互助、开放、共赢的原则，顺应市场多样性，广泛寻求境内外利益攸关方的参与。这是该组织自 1997 年成立以来首次发布倡议文件，加深了包括中国在内的亚太金融基础设施互联互通和开放融合，推动金融基础设施建设迈上新台阶。

▼ 案例5

全球中央对手方协会落户上海

在人民银行和上海市的大力推动和支持下，上海清算所作为中国代表经过两年多的艰苦细致工作与不懈努力，2016 年终于成功争取到全球中央对手方协会（CCP12）落户中国。2016 年 6 月 8 日，

CCP12注册成立大会在上海举行，标志着全球中央对手方协会法人实体在上海正式注册成立。2017年1月12日，由全球中央对手方协会主办、上海清算所承办的CCP12开业仪式在上海成功举行。

一、全球中央对手方协会

全球中央对手方协会是目前唯一的全球性中央对手方同业组织。首次会议于2001年1月在伦敦召开，来自欧洲、亚太和美洲的清算机构参会。当年5月，在澳大利亚会议上12家与会机构确立了CCP12的目标，并成立了三个特别工作小组，标志着CCP12正式成立。目前，CCP12成员机构已由最初的12家扩大到35家，绝大多数在各自国家/地区或国际市场具有系统重要性的金融市场专业清算机构都是CCP12的成员机构，范围覆盖全球最主要交易所市场和场外市场，涉及几乎所有金融资产类别和产品类型。

CCP12的主要职能包括：代表中央对手方行业向各国中央银行和国际组织提出政策建议，拟订行业标准、促进跨境监管协调。协会旨在推进CCP之间的合作、鼓励业界分享信息，推动监管机构采取合适的监管措施，开展CCP的市场教育，与各国际组织和各国监管机构有着密切的合作。

二、全球中央对手方协会落户上海

上海清算所是2008年国际金融危机后，全球第二家、亚洲第一家新成立的中央对手方清算机构，2013年5月正式加入CCP12，2014年9月承办2014年度CCP12全体会员特别大会暨"危机后的场外市场改革深化与机制创新"国际研讨会，2015年5月当选CCP12执委会成员，在CCP12内部被视为2008年国际金融危机后发展迅速并取得突出成果的中央对手方机构代表。

作为唯一的全球性中央对手方清算行业自律组织，CCP12成立之初并未法人实体化。为满足2008年国际金融危机后中央对手方行业日益频繁的政策协调、标准制定、同业交流、专题研究等现实需要，CCP12 从 2012 年开始寻求永久落户地点，整合集聚资源、充实专业队伍，进一步提升自身影响力。在人民银行和上海市政府的大力支持和积极引导下，上海清算所主动参与 CCP12 落户地的选择，建议 CCP12 落户上海。在经历前后四任主席、八次全体大会、数十次执委会内部讨论，反复比选伦敦、布鲁塞尔、迪拜和上海等四套竞争性方案之后，CCP12 注册落户上海的决议最终于 2015 年 10 月在新加坡全体会员特别大会上胜利通过。

这是第一个落户我国的国际性行业协会，也是继金砖银行、亚投行后第三个落户我国的国际金融组织，有利于提升我国金融业的国际竞争软实力。

三、CCP12 落户上海有助于我国金融市场对外开放

（一）CCP12 落户上海有助于其迅速发展

CCP12 在上海做实做强，将有助于 CCP12 活动规范化、常态化，有利于迅速增加服务供给、响应境内外各方对协会能力建设的迫切期待，提升其对中央对手方行业其他机构的吸引力，进一步增强其作为全球金融市场主流同业组织的国际影响力。

（二）CCP12 落户上海有助于推动中国金融改革

一是 CCP12 作为具有系统重要性的金融市场基础设施的国际同业组织，落户上海将有助于中国积极融入国际金融事务，参与全球经济金融治理和相关标准、准则的讨论和制定。二是 CCP12 的成员承担全球绝大多数金融交易的清算业务，其注册落户将有助于我国建立和巩固全球性人民币金融产品定价、清算中心地位。三是有助于中国进一步总结场外金融市场在制度设计上的成功经验，以场外中央对手方清算机制建设为抓手，在金融衍生品发展和金融市场系统性风险管理上更有作为。

（三）CCP12 落户上海有助于推动上海国际金融中心建设

一是协会选择上海作为注册落户地，成为上海迎来的第一个专业性国际金融市场同业组织，充分显示了国际社会对上海金融监管环境和金融市场发展取得成就和发展方向的充分认同，标志着上海在国际金融中心建设和金融市场对外开放上又迈出了新的重要一步；二是作为专注金融市场的国际同业组织，协会可以配合亚投行、金砖银行等国际多边金融组织在其相关国际金融事务中更好地发挥主导作用，有效提升上海国际金融中心发展的能级和国际金融市场的话语权；三是协会注册落户上海有助于上海自贸区金融创新试点各项工作的进一步开展，促进金融基础设施进一步完善，从促进系统性风险管理的国际交流合作角度，加速上海国际金融中心建设进程。

第九章
推动同业拆借市场规范创新发展

　　同业拆借市场是金融机构进行流动性管理的重要市场，也是中央银行进行公开市场操作，实施和传导货币政策的重要场所，对建立现代化的宏观调控框架、形成金融市场基准利率和整个金融行业的发展和稳定都至关重要。人民银行高度重视同业拆借市场的规范创新和发展。周小川行长指出，要适应形势，转变观念，鼓励创新，面向未来，积极推动同业拆借市场的改革开放和发展，拓宽市场的广度和宽度，支持金融创新，实现参与主体多元化、交易产品日趋丰富、市场监管透明有效的市场体系。要允许更多类型的金融机构进入同业拆借市场，活跃市场交易，提高市场流动性，为Shibor更好地发挥基准作用打下基础。要设计好行业监管与行业发展之间的关系，一旦监管部门倾向于行业发展，目标以把行业做大做强为主、监管为辅，那么就会出现一系列问题。这些论断为同业拆借市场的规范、创新和发展指明了方向和路径。新世纪以来，人民银行积极建设具有广度和深度的同业拆借市场，建立并完善科学、有效、透明的监管制度，切实防范化解市场风险，为金融机构强化自身流动性管理提供平台，为金融市场基准利率形成提供支持，为货币政策顺利实施传导提供渠道，促进了同业拆借市场的健康、快速发展。

第一节　建立全国统一的同业拆借市场

同业拆借市场在发展之初较为分散和混乱，存在诸多风险。对此，人民银行积极推动建立和完善全国集中统一的同业拆借市场，也为形成统一的金融市场基准利率提供了基础支持。

一、推动建立集中统一的同业拆借市场

我国同业拆借市场诞生最早要追溯到20世纪80年代，至今已经历了二十余年的发展。作为货币市场的重要组成部分，人民银行高度重视建立全国统一、完善高效的同业拆借市场，形成统一的市场价格，积极发挥其在货币政策传导中的重要作用。二十多年来，人民银行经过反复的探索、研究、梳理，以发挥货币政策传导作用、促进利率市场化、提高市场活力为出发点，根据宏观经济形势与市场实际情况，不断推动同业拆借市场健康发展。在人民银行的有效监管下，同业拆借市场从最初的各地分散，发展为全国统一的市场格局，统一的价格形成机制不断进步、完善，已成为金融机构调节流动性的重要场所，为中央银行货币政策的实施与传导提供了坚实基础和有力保障。

在我国同业拆借业务出现的早期，其市场形态还较为分散，这在当时有一定的时代背景。1984年，我国对信贷资金管理体制进行了重大改革，允许各专业银行之间相互拆借资金。此后，全国各地开始建立和发展同业拆借市场，截至1987年6月，除西藏外，各地区都建立了不同形式的拆借市场。由于这种同业拆借市场不是全国统一的市场，管理较不规范，普遍存在违规借贷问题。例如，沿海开放地区大

量从内陆地区拆入资金以弥补本地资金不足,且拆借期限普遍较长;信托投资公司等非银行金融机构从商业银行拆入资金用于证券投资和房地产投资等。

为纠正同业拆借市场的混乱局面,1993年,人民银行及时采取措施规范同业拆借市场。在市场组织架构上,撤销省级以下金融机构违规办理的有形拆借市场机构,各省(区、市)成立一家由人民银行牵头的资金融通中心,办理同业拆借。在省(区、市)以下的部分城市设立融资中心办事处,办理本地区的资金拆借业务,要求所有跨系统、跨地区的资金拆借必须通过融资中心办理。1995年11月,商业银行组件的50多家融资中心、资金市场和各种中介机构也被撤销,所有同业拆借业务必须经过人民银行的融资中心,同业拆借市场单一的融资中心融资渠道形成。

经过前期的不断研究与摸索实践,人民银行参考意大利屏幕市场模式,决定建立一个全国联网的拆借网络系统,以形成全国统一的同业拆借市场。1996年1月,全国统一的同业拆借市场网络开始运行,该网络由拆借中心电子网络组成的同业拆借交易一级网和由各省、区、市人民银行融资中心牵头组织的二级网络组成。1997年,各地融资中心逾期拆借问题开始突出,人民银行及时采取有效措施,全面整顿并逐渐撤销融资中心,同业拆借市场的两级网络发展成统一的拆借市场一级网络。由此,散落于各地的拆借市场归为一统,全国统一的同业拆借市场正式形成,开始步入崭新的发展纪元。

其后,人民银行不断加强市场制度、基础设施等各个方面的建设,并于2007年颁布了《同业拆借管理办法》(中国人民银行令〔2007〕第3号),就市场准入、期限管理、额度管理、信息披露等各个方面作出了明确的规定,保证了市场的规范运行。其间全国银行间同业拆借市场虽然经历了亚洲金融危机、美国次贷危机和欧洲主权债务危机,但得益于制度建设完备、交易机制设计合理,市场运行整体保持平稳,虽然有外资银行参与,但没有因为杠杆率过高等因素引发市场风险。2007年以来,统一、规范的同业拆借市场取得了快速发展,市场规模、参与主体、制度建设不断发展完善,为中央银行的货币政策传导提供了良好的市场基础。

二、扭转同业存款线下业务乱局,建设线上同业存单市场

2010年后,我国银行同业存款等线下业务开始迅猛发展,对优化银行间资源配置、促进资金有效使用等方面起到了积极作用。但信息不透明、恶性竞争等问题始终是线下业态的通病,形成了不少风险点,也不利于宏观调控。遵循建立统一同业拆借市场体系的思路,人民银行开始探索发展线上的同业存单,以替代线下同业存款。经过反复研究论证。2013年12月,人民银行发布《同业存单管理暂行办法》,并指导同业拆借中心提供同业存单的发行、交易和信息服务。同业存单的发行价格和发行利率采取市场化的方式确定,为下一步探索存款利率市场化创造了良好条件。与同业拆借市场一样,统一、规范的同业存单市场取得了快速发展。

▼ 专栏13

同业存单市场的建立与发展

同业存单是指由银行业存款类金融机构法人面向金融同业机构发行的、可流通转让的记账式定期存款凭证。2013年12月,人民银行发布《同业存单管理暂行办法》,同月,10家试点银行成功发行340亿元同业存单,标志其正式推出。推出以来,市场发展较快,迅速得到各方认可。

一、同业存单市场整体运行情况

一是发行量保持较快增长。2015年、2016年发行量分别为5.3万亿元和13.0万亿元,同比增速分别高达490%和140%。2017年6月末,存单余额达8万亿元左右。此外,同业存单对同业存款的替代也不断增加,2016年,同业存单发行量约为定期同业存款发生额的20%。

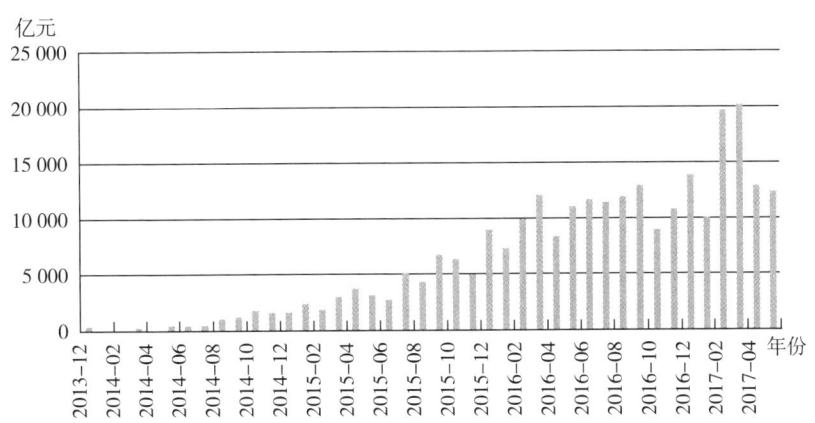

数据来源:中国外汇交易中心。

专栏图9-1 同业存单发行情况

二是参与机构不断扩容。2016年,共1 556家机构具备发行资格,实际有510家披露了年度发行计划,占1/3左右,披露额度为10.67万亿元。从机构类别看,股份制银行和城商行占主导,发行量占比分别为47%和37%。

2016年,共有2 120家机构认购过同业存单,涵盖了商业银行、农信社、投资基金、银行资管、理财产品等31类主体。其中,农村类金融机构、股份制及城商行、政策性及国有商业银行、货币基金认购量占比较高,依次为22%、20%、16%和15%。

三是利率整体低于同业存款,个别时点因灵敏反应资金需求而上升较多。总体来看,同业存单利率略低于相同期限定期同业存款。但

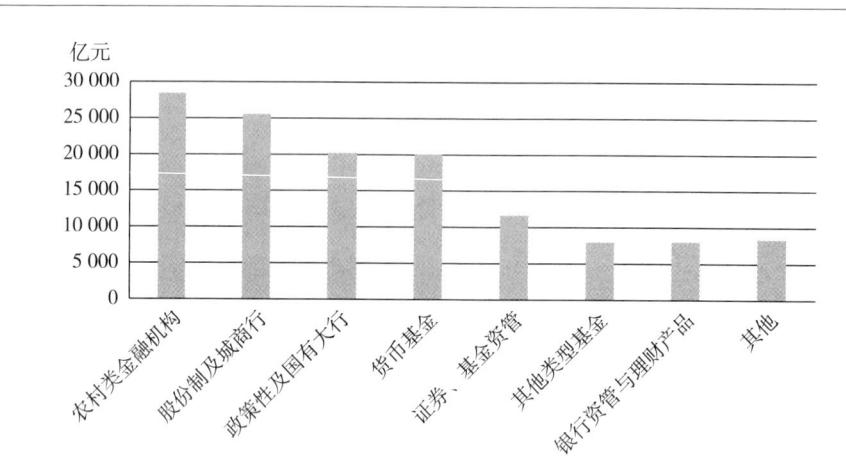

数据来源：中国外汇交易中心。

专栏图9-2　2016年同业存单主要认购主体

在资金面较紧时，股份制银行、城商行难以吸收到同业存款，此时发行同业存单便成为其重要的融资来源，利率也会相应抬升。对一个货币市场而言，略抬升价格就能迅速找到对手方、融入资金、缓解流动性紧张，本身就是高度透明且极具深度的表现，同业存单市场无疑是良好的印证。

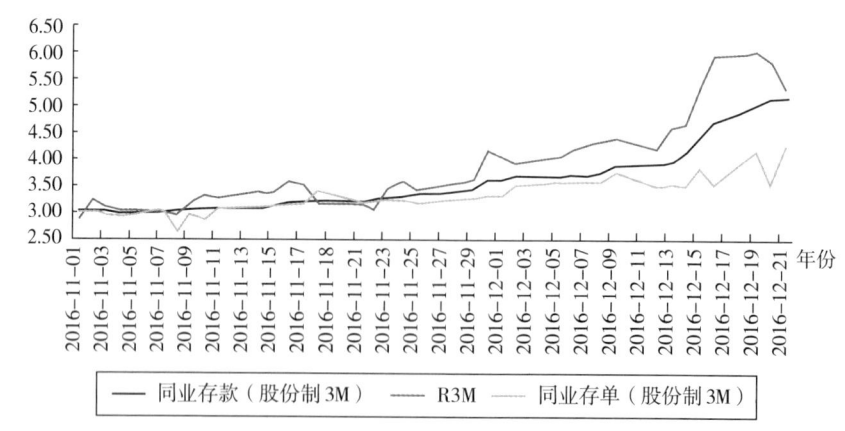

数据来源：中国外汇交易中心。

专栏图9-3　股份制银行同业存款、同业存单与质押式回购3个月加权平均利率

第九章 推动同业拆借市场规范创新发展

四是二级市场交易量继续较高速增长,流动性进一步增强。2016年,存单二级市场累计成交70万亿元,交易量月均增幅约8%,从交易品种来看,质押式回购占比最高,约为70%,其次为现券买卖,约为28%;买断式回购占比相对较小。2016年参与过存单二级市场交易的机构达2 373家,机构类型以城市商业银行、证券投资基金、农村类金融机构和股份制商业银行为主,交易量占比合计达69%。

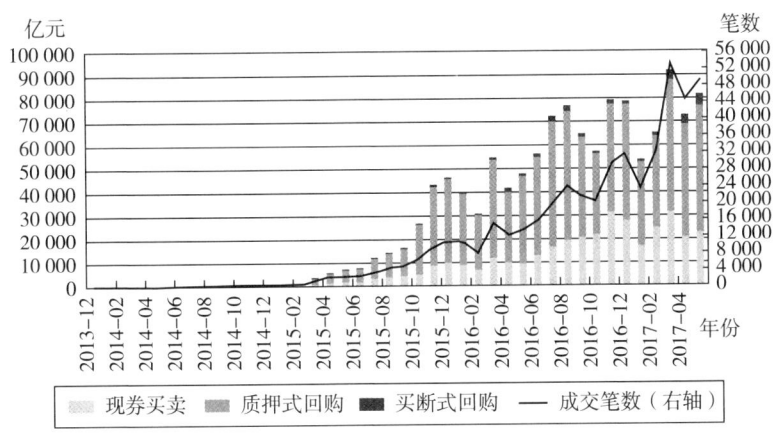

数据来源:中国外汇交易中心。

专栏图9-4 同业存单二级市场运行情况

二、同业存单市场发展展望

(一)同业业务透明化线上化趋势进一步巩固,同业存单将迎来更好发展契机

作为依照"先大额、再小额、先同业、再零售"顺序推进利率市场化的先锋,同业存单推出的意义无须赘述,发展至今取得的成绩也有目共睹。对一个新事物,尤其是因为发展较快而被放置于聚光灯下的新事物,有不同的声音实属正常。但目前看,无论是监管部门,还是市场参与者,总体上均认可同业存单在服务监管、降低操作风险、培育基准利率等方面的重大作用。结合同业业务透明化、电子

化的大背景看,同业存单发展的势头不会因为个别杂音的干扰而停滞。随着监管举措理顺和市场参与者不断成熟,会迎来更好的发展契机。

此外,目前同业存单在我国银行业金融机构总负债的比重为3.65%,远低于美国CDs占银行全部负债10%的比例,也低于日本的5%以上比例,再结合同业业务线上化的趋势,同业存单在银行总负债的比重仍有较大提升空间。

(二)发行后管理进一步加强,发行利率的信用溢价不断扩大

随着全面深化改革不断推进,金融领域面临一系列出清,发行人到期能否按时足额兑付将成为投资人愈加关注的焦点。目前,有关方面正在研究制定同业存单存续期管理办法,力求通过完善舆情跟踪、加强日常监测等,及时发现风险苗头,确保守住不发生系统性区域性风险的底线。同时,随着经济金融领域改革举措的深化,各个层次的刚性兑付将被有序打破,理财产品、信用债、包括同业存单等,不同信用级别的发行人的溢价差异将更为明显。这也是利率市场化体现机构"差异化"的应有之义。

第二节 加强金融市场基准利率体系建设

从世界各国的市场经验来看,一个具有较强基准性和权威性的货币市场基准利率在中央银行货币政策传导过程中扮演着重要的角色,而统一、完善的同业拆借市场是建设培育货币市场基准利率的重要基础和有力保障。人民银行在指导同业拆借市场发展过程中,不断完善市场规则,扩大市场广度与深度,为基准利率体系建设提供了良好的基础,积极发挥同业拆借市场在货币政策传导中的重要作用。

第九章 推动同业拆借市场规范创新发展

2007年1月,为进一步推动利率市场化,培育中国金融市场基准利率体系,中国人民银行依托同业拆借市场,推出了上海银行间同业拆放利率(Shibor)。Shibor的推出是我国基准利率体系培育的重大里程碑。2007—2017年十年间,人民银行不断指导提升Shibor基准性,持续扩大影响力,积极发挥其在货币政策传导中的作用。经过多年建设培育,Shibor运行机制不断完善,基准性和权威性不断提高,已经成为许多金融产品重要的定价参考。

一是不断提高Shibor基准性。Shibor运行以来,人民银行高度重视提高其市场化程度,不断提高Shibor基准性。伴随着近年来同业拆借、债券回购市场规模的迅速扩大,尤其是14天以内的短期交易非常活跃,Shibor短端利率的市场化程度持续提高。2010年以来,1天期、7天期品种的Shibor利率与同业拆借利率、质押式回购利率的吻合程度非常高,三者1天期品种的利率曲线基本是重合的,相关系数均在0.99以上。说明Shibor短端利率能够真实准确反映市场资金供求关系,对短期利率价格的指导性在逐步增强。中长端Shibor在同业存单等创新产品的支撑下,基准性也有了较为显著的改善。2017年上半年,3个月Shibor(Shibor 3M)和1年期Shibor(Shibor 1Y)与同业存单利率的相关系数均为0.88,同比分别上升0.31和1.12。

二是不断扩大Shibor运用范围。随着Shibor基准性的不断提高,其运用范围也在持续扩大。Shibor运行十年以来,人民银行主导陆续推出了Shibor浮息债、以Shibor为基准的利率互换等产品,市场迅速发展并不断壮大。Shibor指导同业存款、同业借款和票据融资等的作用也不断凸显,Shibor报价行在货币市场交易中的占比也保持高位。2011年以来,全部的固息企业债、31%的固息短融和17%的浮息债发行均以Shibor定价。仅2017年上半年,以Shibor为浮动端定价基准的利率互换名义本金就有6 032亿元,占全部利率互换交易的10.90%。发行以Shibor为基准定价的浮动利率债券及同业存单66只,总量为443.6亿元;发行固定利率企业债 80 只，总量为 769 亿元，全部参照 Shibor 定价。此外，随着离岸人民币市场的快速发展，Shibor 的基准作用已延伸至境外，离岸人民币拆借和部分离岸人民币债券也在一定程度上采用 Shibor 作为定价基准。

三是积极发挥 Shibor 在货币政策传导中的积极作用。货币市场作为市场参与者融通资金及货币政策实施传导的重要平台，在宏观调控政策和其他市场及实体经济之间发挥了重要的桥梁作用。人民银行在培育 Shibor 基准利率体系过程中，不仅注重 Shibor 报价充分反映报价行自身需求和市场资金供需情况，也注重 Shibor 报价切实体现宏观调控政策实施效果和宏观经济发展的总体方向。纵观 Shibor 运行十年以来的走势，其对存款准备金调整、公开市场操作等货币政策的反应灵敏度不断提高，并能迅速传导至债券收益率、互换利率、票据利率等其他市场利率。尤其是短端 Shibor，能够灵敏地甚至有前瞻性地体现经济与政策周期，意味着其将政策信号较好地传递给了市场和经济体，货币政策传导渠道作用进一步显现。

▼ 专栏14

上海银行间同业拆放利率（Shibor）

Shibor 自 2007 年推出以来，到 2017 年已经正式运行 10 周年。伴随我国金融市场，尤其是同业拆借市场的发展，Shibor 的报价质量不断提高，应用范围不断扩大，其货币市场基准利率地位已初步确立，为我国利率市场化改革的推进进一步夯实了基础，也为金融机构经营机制的完善提供了重要保障。

一、Shibor 利率形成机制

Shibor 是借鉴 LIBOR、Euribor、HIBOR、SIBOR 和 TIBOR 的模板，由信用等级较高的银行组成报价团自主报出的人民币同业拆放利率计算确定的算术平均利率，是单利、无担保、批发性利率，也就是对境内信用等级较高银行拆出资金的利率,是境内人民币风险溢价最小的市场利率。

目前对社会公布的 Shibor 品种包括隔夜、1 周、2 周、1 个月、3 个月、6 个月、9 个月及 1 年共 8 个品种。全国银行间同业拆借中心负责 Shibor 的发布和 Shibor 报价行的考评。每个交易日,同业拆借中心根据各报价行的报价,剔除最高、最低各 4 家报价,对其余报价进行算术平均得到每一期限品种的 Shibor,并于 11:00 通过 Shibor 官方网站对外发布。

对 Shibor 报价行的考评内容主要包括报价行拆借市场参与度、报价的基准性、创新能力、报价影响半径、报价的出勤率、报价的变动率、市场问卷调查等。根据考评结果实行淘汰制,每年淘汰一家报价行。首批 Shibor 报价行由 16 家商业银行组成,现在为 18 家。

二、进一步完善 Shibor 基准利率体系建设

一是引导货币市场长端交易规范化、透明化。目前,Shibor 长端利率水平基准性还有待加强,这与交易基础薄弱有关,同业拆借市场 3 个月以上的交易量很少,而这个期限的交易需求通常通过同业存款完成,同业存款通常是交易双方一对一达成,没有统一的交易平台,也缺乏集中的信息披露机制,市场监管存在困难。引导这部分交易以同业拆借方式通过统一的交易平台完成,有利于提高市场透明度,规范交易行为,活跃市场,能够为 Shibor 长端报价夯实交易基础,提高 Shibor 长端报价的准确性并提供验证参考。

二是进一步加强 Shibor 报价体系的管理。进一步规范报价流程,建立报价人员与其他交易员的防火墙,确保报价独立性。强化监测管理,及时发现报价行异常报价与交易,并及时处理。优化报价机制,扩大报价行群体,提高报价行代表性,从而充分反映不同需求方对市场流动性的看法,提高市场操纵难度。

第三节　推动同业拆借市场改革开放和发展

《同业拆借管理办法》明确市场准入管理、交易和清算等方面的规定，不断扩大市场参与主体，同时通过风险控制、信息披露管理等方面的要求，来对市场中的杠杆风险、流动性风险和信用风险等进行有效防控。

一、不断扩大市场参与面，加强风险控制和信息披露管理

一是不断扩大市场参与主体。遵循周小川行长关于不断拓宽同业拆借市场广度和深度的指导思想，人民银行一直致力于扩大同业拆借市场参与主体范围，进一步加强其在货币政策传导中的积极作用。2004年以前，同业拆借市场的参与主体主要为银行业金融机构，2004年以来，不断拓宽参与者主体，先后支持包括保险公司、保险资产管理公司、信托公司、金融租赁公司、汽车金融公司、金融资产管理公司六类金融机构进入同业拆借市场。目前，同业拆借市场参与主体扩大到16类金融机构，涵盖了所有银行业金融机构和绝大部分非银行业金融机构。

通过不断扩大同业拆借市场参与主体范围，同业拆借市场的广度和深度不断提升，一方面为各类金融机构提供了流动性管理渠道，在拓宽其短期融资渠道、支持其服务实体经济方面发挥了积极作用；另一方面，通过丰富参与主体，优化了市场结构，使得同业拆借市场在传导货币政策意图中发挥了更加显著的作用。

此外，通过加强对外开放，增加境外投资人，进一步扩大同业拆借市场参与主体。自2009年开始在同业拆借市场引入境外人民币业务清

算行以来,截至 2016 年末,已先后有 8 家境外人民币业务清算行进入同业拆借市场开展同业拆借交易,在人民币国际化进程中发挥了重要作用。

二是加强市场风险控制和市场自我约束。在扩宽市场参与主体范围的同时,加强了市场化约束机制建设,通过设置风险控制指标、加强信息披露等,发挥市场自我约束、自我管理的作用,防范市场风险。

首先,为了有效防范因为过度拆借带来的杠杆风险和信用风险,针对不同类型的金融机构实行分类管理,确定了不同的拆借金额。具体来看,金融机构的拆借金额分为五个档次:中资商业银行、城乡信用社、政策性银行为主要负债的 8%,外资银行为营运资本的 2 倍,财务公司、金融资产管理公司、金融租赁公司、汽车金融公司、保险公司为实收资本的 100%,证券公司为净资本的 80%,信托公司、保险资产管理公司为净资产的 20%。

其次,为了有效防控因为期限错配带来的流动性风险,针对不同类型的金融机构实行分类管理,确定了不同的拆借期限。具体来看,金融机构的拆借期限分为三个档次:商业银行、城乡信用社、政策性银行最长拆入 1 年,金融资产管理公司、金融租赁公司、汽车金融公司、保险公司最长拆入 3 个月,财务公司、证券公司、信托公司、保险资产管理公司最长拆入 7 天。

最后,为了进一步提高市场透明度、降低信息搜索成本和提高金融市场运行效率,加强信息披露管理,这是对同业拆借市场参与主体的自我约束要求,对于防控信用风险有着积极作用。2007 年之前只有针对证券公司的信息披露规范要求,2007 年以后,为进一步加强信息披露管理,在《同业拆借管理办法》中新增信息披露章节,对信息披露的内容、时间和披露场所等重要内容进行了明确。此后,同业拆借中心按照人民银行的要求,制定了信息披露的实施细则,规定企业集团财务公司及证券公司应当按照人民银行此前制定的相关规定进行信息披露;

信托公司、金融资产管理公司、金融租赁公司、汽车金融公司、保险公司、保险资产管理公司等非银行类金融机构则按照同业拆借中心制定的要求,通过同业拆借中心平台披露信息。在信息披露管理方面,强调信息披露质量,对信息披露违规的机构依法采取相应约束措施。证券公司、企业集团财务公司和参加信息披露试点的信托公司、保险公司和金融租赁公司等,须在每年1月中旬、7月中旬披露未经审计的财务报表,在4月30日前披露经审计的财务报表。如发生股权变更的,须在股权工商变更完成后30个工作日内,通过同业拆借中心的电子信息系统向同业拆借市场公告股权变更的情况。

二、取消准入行政许可,加强事中事后管理

随着同业拆借市场的高效发展,金融机构的内部风险控制水平、流动性管理水平和资金定价能力的逐步提高,取消准入行政许可的条件已经成熟。逐步减少事前的行政手段管理,将市场能够决定的交给市场,将监管的重点放在规则的制定、市场环境的维护、事中事后的监督检查上,这是新兴市场发展的一般规律,也是人民银行推动我国金融市场发展的实际经验。顺应市场发展趋势,国务院作出了"行政审批制度改革"和"简政放权"的重大战略部署。

为贯彻落实国务院关于简政放权工作的相关要求,2016年3月取消了同业拆借市场准入行政审批,同时明确了行政许可取消后金融机构进入同业拆借市场的操作性安排:一是简化了市场参与主体的入市流程,符合《同业拆借管理办法》资质要求的金融机构向同业拆借中心提交联网材料,同业拆借中心对材料进行形式核对后予以办理联网手续并向市场公告,金融机构即可开展同业拆借交易。二是简化了拆借金额和期限的确定流程,由同业拆借中心根据《同业拆借管理办法》现行规定和金融机构提交的财务指标自动计算、确定拆借金额和期限。

三是明确人民银行上海总部负责对同业拆借中心为金融机构办理联网、计算拆借限额和期限以及金融机构信息披露等行为进行监督管理,发现异常情况及时报告的制度。

但是,取消审批不是说就不要管理,取消审批以后,对同业拆借市场的管理更加注重事中事后监管,充分发挥一线监测职能,促进市场监管透明有效。由于《同业拆借管理办法》明确所有同业拆借业务均需在线上开展,所有交易主体的数据都集中在同业拆借中心的交易平台,同业拆借市场变得更加高效透明。同业拆借中心通过发挥一线监测职能,进行同业拆借市场的日常监测和市场统计。

未来,同业拆借市场化管理的核心是在完善相关制度的基础上,进一步加强信息披露管理和事中事后监督检查,逐步放松期限管理和限额管理,直至完全交由金融机构自行决定。具体而言,要不断优化同业拆借交易的风险管理制度,建立健全风险处置机制,加强市场主体的风险管理制度和内控机制建设;不断完善、优化信息披露制度,着力提高市场透明度,便利市场主体充分了解对手方风险;不断加强制度完备、奖罚分明、促进发展、严控风险的自律机制建设,强化市场主体自律意识,充分发挥自律机制作用,推动市场主体合法合规参与市场交易,共同维护市场平稳健康发展。

第四节 完善同业拆借市场,促进货币政策传导

一、同业拆借市场取得快速发展

在人民银行的不断努力下,2004年以来,同业拆借市场规模不断扩大、品种不断完善、主体不断丰富。

一是交易量实现稳步较快增长。除2013年受货币市场异常波动影响外，成交量均呈现逐年稳步增长态势。2016年同业拆借累计成交95.9万亿元，较2006年增长8倍，较1996年增长164倍（见图9-1）。

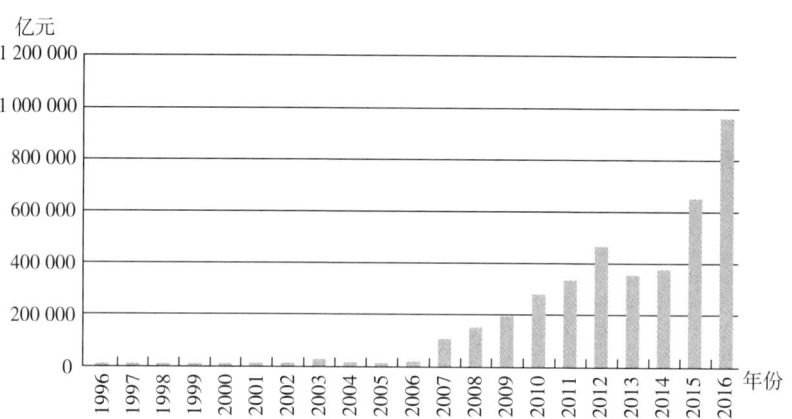

数据来源：全国银行间同业拆借中心。

图9-1　银行间同业拆借市场交易量

分年度来看，2006年下半年开始出现上升走势，年度交易规模增长至2.15万亿元。2007年，随着《同业拆借管理办法》等政策的陆续颁布，同业拆借市场规模实现了跨越式增长，当年交易量首次跃过10万亿元台阶。随后保持快速增长态势，于2015年成交规模突破50万亿元，2016年达到95.9万亿元。

二是期限品种日趋丰富。同业拆借市场作为短期资金调剂的市场，在成立初期曾被当做金融机构长期资金融通的场所，导致期限结构扭曲、市场风险加大、市场发展受阻。全国统一的银行间同业拆借市场建立以来，这种状况逐步转变，拆借交易逐步集中于短期品种，拆借市场成为满足金融机构短期资金融通需求的重要场所。2016年，隔夜拆借交易占比87.6%，隔夜和7天拆借交易占比为97.2%（见图9-2）。

三是参与主体类型日益多元化。同业拆借市场成立以来，人民银行积极推动各类投资者进入市场。目前，同业拆借市场主体共有16类金

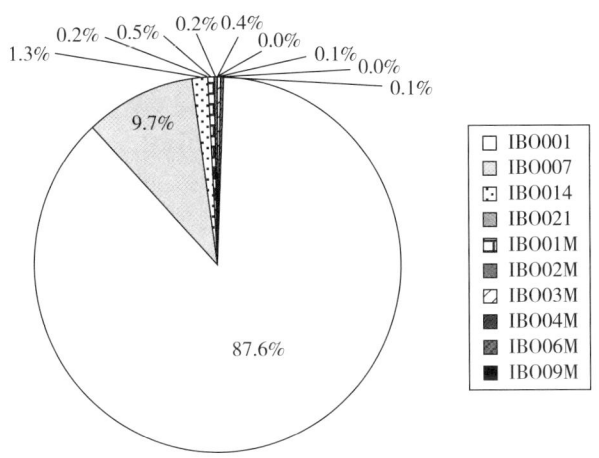

数据来源：全国银行间同业拆借中心。

图 9－2　2016 年银行间同业拆借市场期限品种结构

融机构，涵盖了商业银行、政策性银行、信用社等所有银行类金融机构和信托公司、金融租赁公司、保险公司、证券公司等绝大部分非银行类金融机构。截至 2016 年末，各类拆借市场成员共 1 725 家，比 2006 年增加 1 023 家，增长 146%。

从交易机构类型看，同业拆借市场以银行类机构为主，2016 年银行类金融机构同业拆借交易占比为 86.4%。从资金融出入情况看，市场结构基本稳定，政策性银行、大型商业银行和股份制商业银行是主要的资金融出方，城市商业银行、农村金融机构和证券公司等非银行金融机构是主要的资金融入方。

二、Shibor 已成为众多金融产品定价的重要基准

随着 Shibor 的不断发展完善，其基准性不断提高，已成为全社会、全市场认可的最重要的基准利率，并为众多金融产品提供了重要定价参考。

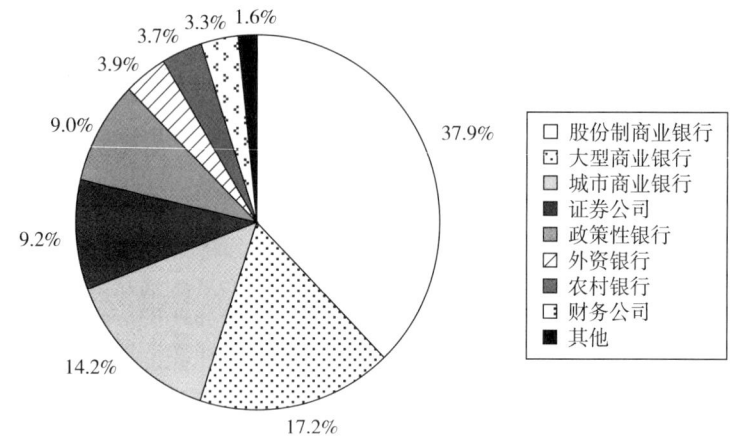

数据来源：全国银行间同业拆借中心。

图9-3　2016年银行间同业拆借交易参与者结构

一是为债券产品定价提供基准。目前，以Shibor为定价基准的债券品种包括企业债、短期融资券、同业存单等固定利率品种以及部分浮动利率债券。2016年，发行以Shibor为基准的浮动利率债券13只，合计550亿元；发行同业存单13万亿元；发行固定利率企业债498只，合计5 926亿元，全部参照Shibor定价；发行参照Shibor定价的固定利率短期融资券4 928亿元，占固定利率短期融资券发行总量的81.3%。

二是为票据业务定价提供基准。截至2016年底，共有14家报价机构在中国票据网持续提供以Shibor为基准的票据转贴现、回购业务报价，基本实现了Shibor与票据业务定价的联动。

三是为金融创新产品交易提供基准。截至2016年底，共有24家报价机构在同业拆借交易系统持续提供以Shibor为基准的利率互换定盘/收盘曲线报价。2016年，以Shibor为基准的利率互换交易量达1.4万亿元，占利率互换交易总量的13.8%。

四是为商业银行内部转移定价（FTP）提供基准。目前，18家Shibor报价行的内部资金转移价格已经不同程度地与Shibor结合，部分报价行的 FTP 全部实现了在 Shibor 基础上定价。

三、同业拆借市场在货币政策传导过程中发挥了积极作用

一是为宏观调控提供有效政策依据。同业拆借市场作为银行间市场流动性格局的晴雨表，能灵敏地反映货币市场资金供求，而同业拆借利率的升降，会引导其他金融工具利率的同步升降。因此，同业拆借利率通常被视为观察金融机构流动性充裕程度的指示器。对比同业拆借市场成交数据与公开市场操作情况可以发现，一旦同业拆借成交利率出现大幅波动，往往伴随着相应的公开市场操作来熨平波动。例如，2016 年 12 月 28 日，7 天期同业拆借利率由前两日的 2.78% 快速攀升至 4.05%，人民银行随即加大公开市场操作力度，在 28 日及之后的 3 个交易日共开展了 4 500 亿元逆回购操作，12 月 31 日利率水平回落至 2.71%。总的来看，同业拆借利率为中央银行实施宏观调控提供了有力的政策依据。

二是有效实现货币政策的传导。在市场化调控机制下，货币市场的敏感性和有效性对货币政策的实施和传导的效果影响明显。同业拆借市场作为无抵押、无担保的资金批发市场，其成员多具有资金规模大、信用程度高、市场敏感性强等特点，能够较好传导中央银行的货币政策意图。一方面，存款准备金率的调整、公开市场操作和借贷便利等规模的变化直接决定了金融机构的准备金水平，影响短期资金市场的流动性格局；另一方面，存贷款基准利率的调整、公开市场操作和借贷便利利率等的微调影响到短期资金借贷成本及市场价格预期，上述货币政策的实施对同业拆借市场的交易环境均产生了直接影响。各交易主体根据货币市场资金面松紧、中央银行的货币政策意图、货币市场其他金融工具收益率水平、拆入方资信程度等各种因素，综合决定所形成的交易价格能较快反映市场短期资金供求和未来预期，从而实现货币政策

在货币市场的传导,既而通过市场机制传导到中长期资金市场和其他金融市场。

近几年,同业拆借市场利率对货币政策表现出较强的敏感性。2012—2016年,历次存款准备金率、存贷款基准利率调整,或大规模公开市场操作政策实施后,同业拆借利率大多快速出现了明显反映。通过历次市场反映比较可以看出,同业拆借利率对存款准备金率、公开市场操作规模等调控措施均表现出较强的灵敏。

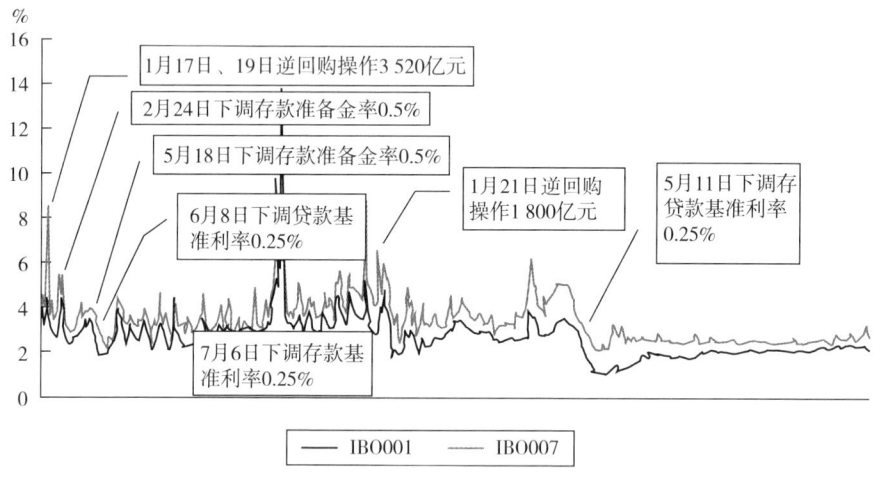

数据来源:全国银行间同业拆借中心。

图9-4　2012—2016年货币政策对拆借利率影响

四、同业拆借市场对外开放在人民币国际化进程中发挥了重要作用

随着同业拆借市场对外开放程度的不断深化,一方面,为境外人民币清算行提供了人民币流动性管理的渠道以及与境内银行间市场成员沟通交流的平台;另一方面,促进境内外人民币货币市场联动,推动境外人民币利率定价机制建设。

一是境内同业拆借市场为境外人民币清算行提供了畅通的人民币流动性管理渠道。初期，境外人民币资金池不断扩大，投资渠道有限，境外人民币清算行向境内单向拆出人民币，境内银行间市场为境外人民币资金提供了稳定的增值渠道。随着境内外人民币资金双向流动的渠道不断拓宽，境外人民币资金波动幅度明显加大，清算行的流动性管理需求大幅提升。境外人民币清算行根据不同时期的流动性需求变化，在境内同业拆借市场的拆借期限和融资方向也逐步呈现短期化、多样化和双向交易的特点。尤其在2012年后，当离岸人民币市场出现流动性紧张、利率大幅波动的情况下，境外人民币清算行多次通过境内同业拆借市场拆入人民币资金平抑境外人民币价格波动，稳定离岸人民币流动性水平，较好地维护了离岸人民币市场的稳定运行。

二是境内同业拆借市场在促进境内外人民币货币市场联动，推动境外人民币利率定价机制建设方面发挥了重要作用。随着跨境人民币资金双向流动机制的有序推进，境内外人民币利率联动性不断增强。境外人民币清算行开展境内同业拆借交易主要跟随境内市场利率水平；而在境外同业拆借市场，金融机构多根据境外人民币供需情况、人民币汇率波动等因素，参考香港CNY Hibor利率开展人民币同业拆借交易。从CNY Hibor与Shibor利率走势来看，2011年之前，CNY Hibor利率稳定在1%左右的较低水平，与境内Shibor利差较大，多在300个基点以上，利率走势相对独立。从2012年开始，境外人民币投资品种逐渐丰富，人民币资金定价体系日渐成熟，境内外人民币利差逐步收窄，境内外人民币利率联动性有所增强。在人民银行指导下，各境外人民币清算行还参考Shibor定价，逐步推动建立当地人民币定价机制，推动当地人民币产品发展。

第十章
推动债券回购市场健康平稳发展

债券回购是指通过债券质押或债券买卖进行短期融资的行为,其期限通常在一年以内,是货币市场的重要工具。由于债券回购不仅可以作为融资、融券的手段,还可以作为保值和短期投资的工具,具有非常广泛的应用范围,因此一个健康的回购市场有助于提高金融市场的流动性和效率。然而,我国债券回购市场的发展并不是一帆风顺的,在发展过程中出现过一些失误,经历过曲折和反复。近年来,在不断总结经验、吸取教训的基础上,我国债券回购市场制度不断完善,债券回购市场广度和深度不断扩大,在促进货币政策的执行和传导,扩宽资金融通渠道以及促进利率市场化方面发挥了重要的作用。

第一节 债券回购市场的发展历程

我国国债回购业务始于 1991 年,最早在全国证券交易自动报价系统(STAQ)推出,1992 年,武汉证券交易中心也推出了国债回购业务。1993年12月13日,上海证券交易所推出国债回购业务,规定凡是交易所的会员均可办理此项业务。此后,深圳证券交易所、天津证券交易中心也先后推出国债回购。随着回购业务的推广,此时,用于回购的标的物也逐渐增加,不仅包括国债,还包括金融机构债券以及当时在各证券交易中心上市的基金凭证。债券回购在证券交易所和各地的证券交易中心推出后,其交易量迅速扩大。然而,作为一种新的金融交易方式,债券回购市场出现后也暴露了一些问题。如交易不规范,没有足额债券担保,加大了金融风险;部分金融机构存在违规吸纳和运用资金的情况;一些金融机构用回购资金绕开信贷规模控制扩张贷款,逃避中央银行的监管;交易双方直接进行的"地下交易"也很活跃。鉴于此,1995年8月,国家开始对债券回购市场进行规范清理,此后,债券回购主要在上海证券交易所和深圳证券交易所进行交易,回购市场的混乱状况有了明显改善。

1995—1996年,随着股票市场逐步活跃,交易所债券回购市场随股市出现超常增长。一些证券公司和机构投资者通过债券回购从商业银行获得大量资金后,转而投资股市,交易所国债回购成为银行资金流入股市的重要渠道。1997年,为防止信贷资金进入股市,在国务院的统一部署下,人民银行发布通知要求商业银行全部退出证券交易所市场。同年6月,银行间债券市场成立,推出了银行间债券市场债券回购制度,此后,银行间债券市场逐渐成为债券回购市场的主体,自此,新的债券回购市场格局开始形成。

目前,我国债券回购主要在证券交易所市场和银行间债券市场进行交易。由于两个市场的交易方式不同,债券回购的基本制度也存在很大的差异。

一、交易所债券回购制度几经波折

交易所债券回购制度经历了几次大的改革。1993年,上海证券交易所推出国债回购时,采用的是分券种的债券回购制度。当时,在上交所上市的5种国债都可作为回购业务的基础债券,交易期限主要是1个月、3个月和6个月几个品种。从1994年9月12日起,上海证券交易所取消原来按各年份(期限)国债分设回购品种的做法,设立不分券种、统一按面值计算持券量的国债回购合同。在这个时期,因为股票市场活跃,交易所回购交易量一路走高,逐渐成为股票市场短期资金的重要融资渠道。

2001年,随着股票市场逐渐步入熊市,证券机构资金短缺,部分机构开始利用证券交易所债券回购制度的漏洞,挪用客户债券进行融资。2003年,随着债券价格持续走低和不断调低标准券折算比例,风险开始逐渐暴露。由于挪用客户债券、违规回购而先后被迫关闭的券商达28家,占当时券商总数的三分之一。由于违约面广、违约金额巨大,致使中国证券登记结算有限责任公司的结算风险基金已不足以弥补客户的损失,不得不向央行申请再贷款,以防止系统性风险扩散。2003年8月,银监会在对交易所债券市场制度性缺陷认真研究的基础上,发文要求农村信用社退出交易所债券市场,通过银行间债券市场开展现券和回购交易。从2004年1月1日起,南方证券、德隆系证券公司(德恒证券、恒信证券、中富证券等)、大鹏证券等挪用委托国债的违法行为相继被披露,大量机构包括上市公司甚至地方社保基金牵涉其中,损失严重。同时,中国证券登记结算有限责任公司的清算资金告急,清算风险大增。鉴于情况的严重性,证监会和证券交易所开始着手对交易所债券回购制度进行改革。2006年2月6日,在证监会的推动下,中国证券业协会、上海证券交易所和中国证券登记结算有限责任公

第十章 推动债券回购市场健康平稳发展

司分别发布了针对交易所债券质押式回购的改革措施，这些措施对原有债券回购制度进行了改进，增加了券商挪用客户债券的难度，使客户资产的安全性得到了加强；同时，通过调整标准券折算率公布频率，调低标准券折扣比例等措施，在一定程度上降低了中证登的风险。新的质押式回购制度于2006年5月8日起正式实行。

二、银行间债券市场债券回购制度逐步完善

1997年银行间债券市场成立之初，即引入了债券回购制度。由于当时银行间债券市场现券交易不活跃，而且存在大量以计划方式发行的债券，无法进行现券买卖，为避免因某一交易者出现交割困难引起市场连锁反应，回购采用了质押的方式，即债券在回购期间冻结在资金融入方的账户。

银行间债券市场质押式回购的特点：首先，银行间债券回购合同的标的券是现实的具体券种；其次，交易方式是一对一询价，逐笔订立交易合同，交易双方互相知道交易对手；最后，需要签订债券回购主协议，明确回购交易双方权利和义务。银行间债券市场的回购制度避免了回购合同存续期的挪券和清算风险，风险较小。自银行间债券市场质押式回购推出以来，交易量增长迅速，涉及的券种也日渐丰富，包括国债、政策性金融债、央行票据、金融债券、短期融资券等银行间债券市场交易流通的所有券种。2007年，中国人民银行发布公告允许资产支持证券也可以用于质押式回购。

除了质押式回购，为了充分利用现券资源，提高市场流动性，中国人民银行经过充分市场调研，借鉴国外经典回购的经验，于2004年5月在银行间市场推出了买断式回购业务。与质押式回购相比，买断式回购的首期和到期交易均采用买断的形式，回购期间债券所有权发生转移，使得资金融出方对这部分债券具有完全支配权，这是两者的根本区别。

> 专栏15

回购市场的国际发展经验

从国际发展经验看,回购分为双边回购和三方回购,其中三方回购包括一般抵押品回购。双边回购为最常见的类型;三方回购多见于美国、欧洲、日本等发达经济体,但各国发展情况不一,美国和日本交易比较活跃,欧洲交易比较清淡;一般抵押品回购仅在日本比较活跃,在美国和欧洲不属于主流品种。

一、回购市场的总体发展情况

全球金融体系委员会2017年4月发布的报告显示,2016年6月末,欧元区、美国和日本是全球前三大回购市场。

在美国,来自纽约联储的数据显示,2015年6月10日回购市场总规模为3.41万亿美元,其中三方回购规模为1.84万亿美元,市场占比为54%,双边回购规模为1.58万亿美元,市场占比为46%,在三方回购中,一般抵押品回购占比为9%。

在欧洲,国际资本市场协会(ICMA)的调查数据显示,截至2016年12月7日收盘,被调查机构持有的回购合约总规模为5.66万亿欧元,其中以双边回购交易为主,三方回购在市场中的比重仅为12%。

在日本,东京货币市场调查数据显示,2016年7月日本债券回购市场规模为116万亿日元,其中一般抵押品回购所占比重为65.6%,特定抵押品回购占比为34.4%。

二、回购市场的投资者结构

回购属于货币市场工具,主要被机构用于弥补短期资金缺口、杠杆投资、融入证券或实现闲余资金保值增值,单笔交易规模较大。因此,各国回购市场天然成为机构投资者主导的市场,个体投资者很少直接参与回购交易，而是通过购买货币市场基金及其他投资产品间接参与回购市场。

在美国，回购市场的参与者主要包括证券交易商、商业银行、经纪—交易商、保险公司、共同基金、货币市场基金、对冲基金、养老金、主权财富基金、中央银行等。货币市场基金、银行、证券交易商等是主要的资金融出方；共同基金、对冲基金等是主要的资金融入方。

在欧洲，回购市场的参与者可以分为三类：一是短期资金管理机构，主要为商业银行、资产管理公司和货币市场基金；二是杠杆融资机构，主要为在债券等市场进行杠杆交易的证券经纪商和对冲基金；三是管理市场流动性并通过公开市场操作释放货币政策信号的中央银行。

在日本，资金融入方中，占比前三位的为证券金融公司、外国证券公司和国内证券公司；资金融出方中，占比前两位的为信托银行和证券金融公司。

三、回购的交易场所

回购交易主要在场外市场进行，交易方式包括双边直接交易、声讯经纪交易以及电子化交易。目前，双边直接交易为主流方式，声讯经纪交易方式普遍存在，电子化交易作为效率最高的一种交易方式，近年来获得了较快发展。

在美国，双边回购一般采用直接交易或声讯经纪交易模式；三方回购交易既可采用传统的直接交易模式、声讯经纪模式，也可通过电子交易平台开展；一般抵押品回购交易通常通过交易商间经纪商匿名开展。

在欧洲，回购交易均在场外市场进行，交易方式主要包括直接交易、声讯经纪和自动化交易系统（ATS）三种。ATS是电子化交易

> 平台，可实现交易的自动化和清算结算的直通式处理。ICMA最新调查数据显示，截至2016年12月7日收盘的未到期回购合约中，通过直接协商达成的交易占比为60.6%；通过声讯经纪达成的交易占比为10.5%；通过ATS达成的交易占比为28.9%。
>
> 在日本，债券回购交易仅在场外市场开展。日本的回购交易既可以是双边直接交易，也可以通过金融中介或电子平台开展。

第二节 推动银行间债券回购市场健康平稳发展

银行间债券回购市场建立以来，人民银行积极采取举措促进市场平稳健康发展。不断完善市场准入机制，促进参与主体多元化；逐步丰富回购品种，有效满足各类融资需求；不断完善制度建设，提高市场效率、有效防范风险；持续推进对外开放，引入境外参与主体。

一、不断扩大参与主体

银行间债券回购市场成立初期，只是为商业银行提供流动性管理和资金调剂的平台，证券公司等非银行金融机构不能进入银行间债券回购市场。随着金融市场的发展，人民银行于2000年发布《全国银行间债券市场债券交易管理办法》，允许非银行金融机构、非金融机构等机构投资者进入银行间债券回购市场进行回购交易。随后，相关市场准入机制不断简化、优化，回购市场的参与主体类型逐步丰富，投资者数量不断增长，目前，回购市场的参与者主要包括政策性银行、大型商业银行、股份制银行等银行类金融机构，证券公司、保险公司等非银行类金融机构，基金、证券公司资管、保险公司资管等投资产品，境外机构等类型。

二、逐步丰富回购品种和交易方式

我国债券回购市场在发展的最初几年，只有质押式回购交易这一品种。1998—2003年，我国质押式回购交易规模快速增长，导致大量现券资源被占用，市场可交易债券规模有限。为提高债券市场流动性，防范市场风险，维护市场参与者合法权益，人民银行于2004年4月发布《全国银行间债券市场债券买断式回购业务管理规定》，自2004年5月开始推出买断式回购业务。经过几年的发展，买断式债券回购业务建立了较为完善的市场框架，提高了债券市场的流动性。目前，质押式回购期限为1天到365天，投资者可根据自身需求选择隔夜、7天、14天、21天等11个不同品种进行融资，而买断式回购的期限暂时限定在1天到91天，交易品种包括隔夜、7天、14天、21天、1个月、2个月、3个月。

在交易方式方面，银行间回购市场已经在双边询价的基础上，推出了匿名撮合交易方式（X-Repo业务），有效满足了不同类型的交易需求，改善了金融机构间区域性或结构性的流动性不平衡问题，这种交易方式将在市场发展中不断优化。

此外，在中央对手方净额清算业务机制建设方面也在不断完善。经人民银行批准，上海清算所于2015年3月正式推出了债券净额清算业务，在现行债券现券交易净额清算业务的基础上，推出了涵盖债券现券、质押式回购、买断式回购交易的中央对手方清算业务，并通过代理清算的分层机制，为更多市场机构提供净额清算服务。

三、不断完善配套制度建设

为促进银行间债券回购市场规范发展，明确债券回购双方的权利和义务，人民银行于2000年和2004年先后发布了《全国银行间债券市场债券质押式回购主协议》和《全国银行间债券市场债券买断式回购主协议》，这对于当时市场的健康发展发挥了重要作用。此后，根据市场环境变化和发展需要，进一步引导银行间市场机构投资者加强自律规范职责。2013年，在人民银行的指导下，交易商协会对外发布了《中国银行间市场债券回购交易主协议（2013年版）》（以下简称主协议）。新版主协议兼顾实用和创新，充分体现了"延续性、适用性、前瞻性"的特点。在框架结构设计上，采用"通用条款+特别条款"的结构；在核心机制安排上，引入回购债券盯市调整机制，实现质押债券替换，建立买断式回购单一协议和终止净额等机制；在风险事件认定处理上，详细约定违约、终止等事件的认定标准、处理流程及补偿金额；在签署方式安排上，主协议由市场成员多边签署生效，补充协议由签署机构视需要进行双边签署。主协议对于市场的规范健康发展具有里程碑意义，可以增强价格发现功能，进一步提高债券回购利率的准确性和影响力；有利于构建债券回购市场科学的风险防范体系，维护金融稳定；同时也进一步完善了债券回购交易机制，丰富了市场参与者的交易方式和交易策略。

四、持续推进对外开放

2009年以来，银行间市场持续推进对外开放，随着境外机构投资者逐渐进入境内债券市场开展交易，银行间债券回购市场于2015年向境外央行、国际金融组织、主权财富基金等机构以及人民币境外清算行和参加行等机构开放。境外机构的进入进一步丰富了债券回购市场的参与者类型，也能够推动境外机构积极参与债券交易，并促进人民币国际化进程。

第三节 回购市场的功能得到充分发挥

在人民银行的积极推动下，经过多年发展，银行间债券回购市场成绩显著，市场成交活跃，期限品种丰富，参与主体类型多样，管理制度完备，指标性利率的基准性和权威性显著提高，银行间债券回购市场成为机构投资者之间资金融通最为重要的渠道。

一、回购市场是中国金融机构流动性调节的主要场所

综观近年来的发展情况，我们可以发现银行间回购市场呈现出以下特点：一是始终保持快速增长态势。截至2017年6月，银行间回购市场待购回余额已达6.3万亿元，日均交易规模已超过2.4万亿元，近5年平均增速为46.3%。二是银行类金融机构占主导地位。据统计，每日有超过1 000家机构参与交易，其中银行类机构回购交易占比为77.5%。三是交易集中于短期限。回购质押式回购份额保持在90%以上，2016年全年的交易占比为94.5%，其中以7天以内的短期限回购交易为主。2016年，1天和7天质押式回购交易成交量分别占市场总成交量的85.5%和10.9%。在买断式回购中，同样1天和7天等短期限品种交易活跃度较高。2016年，1天和7天买断式回购交易成交量分别占市场总成交量的79.3%和14.2%。

二、回购市场已成为货币政策传导的重要操作平台

近年来,中国的金融调控框架有了新的演进。随着金融市场发展和金融创新深化,在资源配置效率得以提高的同时,金融周期与经济周期开始分化,金融体系自身的复杂性、脆弱性也明显增大,原有的以货币政策为主的金融调控框架面临挑战。鉴于此,基于中国国情并结合国际上对国际金融危机教训的总结,中国在构建宏观审慎政策框架方面进行了一系列探索,从而初步形成了"货币政策+宏观审慎政策"双支柱的金融调控框架。

第一,作为我国货币政策的重要操作平台,银行间回购市场承载着货币政策的执行和传导的核心职能。我国1998年取消贷款规模管理后,随着中央银行货币政策调控方式的转变,需要新的货币政策总量调控工具。1998年5月,人民银行恢复公开市场业务,通过银行间债券市场开展债券回购及现券交易,收回或放出基础货币,适时调节流动性。目前,债券回购已经成为我国公开市场操作的重要工具,债券回购市场在促进货币政策执行和传导方面发挥了重要作用。

同时,借鉴债券市场回购机制,人民银行还根据流动性供需变化,借助常备借贷便利(SLF)、中期借贷便利(MLF)以及抵押补充贷款(PSL)等提供不同期限的流动性,保持了流动性的合理适度。在此基础上,人民银行仍在不断探索,逐步丰富货币政策调控手段。一是完善公开市场操作机制,人民银行将原先每周二、周四操作改为每个工作日均开展操作;二是丰富MLF期限品种,操作期限由3个月扩展至6个月、1年期,并保持中期流动性常态化操作。这些改进更加有利于稳定市场预期,减少防御性流动性需求。

第二,回购市场为加快利率市场化进程,促进货币市场价格发现和衍生产品创新奠定了基础。实现利率市场化,是我国金融改革的基

本方向。我国利率市场化从货币市场起步,债券回购利率完全由交易双方自行决定,随着债券回购交易日趋活跃,以及广度和深度的不断拓展,目前,债券回购利率已经成为我国市场化程度最高的利率之一,债券回购利率为发行市场债券价格的确定和流通市场交易报价提供了基准。此外,债券回购利率也成为许多金融衍生品,如人民币利率互换、远期利率协议等的参考利率基准,促进了金融衍生产品市场的发展。

回购定盘利率成为重要指标,为相关产品定价提供参考基准。银行间回购市场成立以来,市场规模稳步增长,参与者范围逐步扩大,市场活跃度不断提升,日益成为银行间市场机构间资金融通最为重要的工具。人民银行指导同业拆借中心于2006年3月起正式对外发布银行间回购定盘利率,包括隔夜、7天和14天三个品种,并于每天上午11∶30对外发布。近年来,银行间回购市场的广度和深度不断提高,回购定盘利率的准确性和公信力不断增强,日益成为银行间市场重要的基准性指标,并为利率互换等相关产品定价提供了参考基准。以2016年利率互换市场的成交情况为例,当年以7天回购定盘利率为浮动端参考利率的互换交易占比为85.9%。

第三,以回购市场利率为抓手,探索构建利率走廊机制。随着我国存款利率上限的放开,目前仅保留存贷款基准利率,利率市场化改革的重点正在从"放得开"向"形得成"尤其是"调得了"转变。2016年以来,人民银行进一步完善央行利率调控和传导机制,一方面继续注重稳定短期利率,持续在7天回购利率上进行操作,释放政策信号,探索构建利率走廊机制,发挥SLF作为利率走廊上限的作用;另一方面也注意在一定区间内保持利率弹性,与经济运行和金融市场变化相匹配,发挥价格调节和引导作用。为增强利率传导效果,在通过中期借贷便利(MLF)常态化提供流动性的同时,注意发挥其作为中期政策利率的功能。强化上海银行间同业拆放利率(Shibor)报价质量考核,改进发布时间，更好地反映市场利率变化情况。进一步扩大贷款基础利率（LPR）报价行范围，推动拓展 LPR 应用范围。最新的实证检验显示，央行 7 天回购利率和 MLF 利率这两个主要的操作利率品种对国债利率和贷款利率的传导效应总体趋于上升。

三、回购市场也正在成为宏观审慎管理的重要抓手

人民银行早在 2009 年中即开始研究丰富宏观审慎政策工具，并在 2011 年开始实施差别准备金动态调整机制，对信贷投放实施宏观审慎管理。在总结前期工作经验的基础上，针对金融创新和金融业务的快速发展，人民银行于 2016 年将差别准备金动态调整机制"升级"为宏观审慎评估体系（MPA），将更多金融活动和资产扩张行为纳入宏观审慎管理，从资本和杠杆、资产负债、流动性、定价行为、资产质量、跨境业务风险、信贷政策执行七大方面对金融机构的行为进行多维度引导。在此背景下，从防范金融领域系统性风险的角度出发，人民银行对降低银行间债券市场回购杠杆水平开展了一系列工作。

第一，抓紧制定相关制度。针对债券市场参与者债券交易业务中出现的违规"代持"、杠杆过高等相关风险隐患，研究完善制度规定在规范市场参与者交易行为的同时，从宏观审慎管理角度，对不同类型市场参与者设置了回购杠杆的上限标准，提高市场参与者风险防控及承受能力。

第二，摸底市场回购杠杆情况。组织交易中心、中央结算公司及上海清算所，联合开展了银行间市场回购杠杆水平的排查及监测工作，跟踪关注市场部分回购杠杆水平过高的市场参与者。

第三，贯彻落实宏观审慎要求。一方面探索建立信息共享机制；另一方面要求人民银行分支机构加强对所辖范围内金融机构的管理，从防范区域性金融风险角度，加强对银行间回购市场的管理。

第十章 推动债券回购市场健康平稳发展

第四,积极防范化解标准券回购市场风险。近年来,标准券回购市场也在逐步扩大,但其助长杠杆放大、违约后的平仓处理流动性风险高、券款对付尚未实现、制度随意性较强等缺陷尚未得到有效解决。人民银行高度关注标准券回购市场风险,深入研究国际成熟市场回购制度设计,从投资者适当性管理、担保品、结算机制、风险防范与处置机制、转向国际通行的三方回购模式等方面提出了关于完善标准券回购制度的建议。

▼ 专栏16

回购市场与公开市场操作

在多数发达国家,公开市场操作是中央银行吞吐基础货币,调节市场流动性的主要货币政策工具,通过中央银行与市场交易对手进行有价证券和外汇交易,实现货币政策调控目标。我国公开市场操作包括人民币操作和外汇操作两部分,其中人民币公开市场操作于1998年5月26日恢复交易,规模逐步扩大。1999年以来,公开市场操作发展较快,已经成为人民银行货币政策日常操作的主要工具之一,政策工具箱不断丰富,操作水平不断提升,在调节银行体系流动性水平、引导货币市场利率走势、促进金融市场平稳运行、有效防范金融风险、促进货币供应量合理增长等方面发挥了积极作用。人民币公开市场操作工具主要包括回购交易、现券交易、发行央行票据以及短期流动性调节工具等,目前回购交易是最为主要的操作工具。

人民币公开市场操作恢复以来,人民银行根据市场发展的需要灵活运用各类操作工具,以达到货币政策调控的效果。操作恢复初期,人民银行主要通过回购操作调节流动性,2002年,由于持续进行正回购操作且当时国债市场规模较少,到当年年末,人民银行持有的国债余额水平已难以继续开展正回购操作。为了更有效对冲外汇占款,当时人民银行推出了央行票据,并以此作为当时市场条件下最主要的对冲工具。

近年来,随着我国外汇收支情况的变化以及市场环境的变化,央行票据已经逐步停止发行,公开市场操作又逐步回到以回购市场操作为主的阶段。随着我国金融市场的发展、市场环境的变化以及金融机构资产负债管理策略的变化等,人民银行公开市场操作的精细化程度不断提高,灵活使用正、逆回购工具,搭配不同期限品种,政策针对性、有效性不断增强,维持了市场流动性的基本稳定,实现了货币政策的调控意图。

2016年以来,人民银行进一步完善公开市场操作机制,在以7天期逆回购为主每日常态化开展公开市场操作的基础上,综合考虑流动性季节性变化、市场需求等因素,于8月下旬和9月中旬先后增加了14天期和28天期逆回购品种,灵活搭配开展操作,保持银行体系流动性基本稳定,优化市场资金供求期限结构,较好地实现了政策意图。

一是满足金融机构流动性期限搭配需求,提高市场资金面稳定性。金融机构进行资产负债管理会产生不同期限的流动性需求,这些需求大部分可通过市场融通满足,在市场波动较大或资金供求不平衡的情况下,人民银行公开市场操作可发挥调剂边际余缺的作用。2016年以来,受财政收支、地方债和可转债发行、资本流动等因素叠加影响,银行体系流动性变化更趋复杂,人民银行增加14天期和28天期逆回购品种为市场提供了更多选择,有力推动了金融机构优化流动性管理、合理调整资产负债期限结构,进而提高了银行体系资金稳定性,增强了货币市场应对流动性波动的弹性。

二是缓解季节性因素对流动性供求的扰动，维护货币市场平稳运行。我国银行体系流动性供求变化的季节性特征较为明显，逢季末、企业缴税及节假日现金投放高峰来临，金融机构对较长期限的资金需求增加，通常会多备头寸以应对流动性波动，容易导致跨节、跨季利率上升。人民银行开展14天期、28天期逆回购操作可在特定时点跨越税期、节假日和监管考核期，及时填补市场资金供求缺口，降低金融机构短期融资到期滚续的压力，适度减少期限错配，同时也有利于稳定市场预期，维护货币市场利率平稳运行。

三是引导金融机构资金融通行为，优化货币市场交易期限结构。2016年货币市场单日交易量一度超过4万亿元，是2014年日均交易量的4倍，其中90%左右为隔夜品种，短期内交易量快速增长和交易期限超短期化蕴含的风险值得重视。适当拉长资金供应期限，有利于引导商业银行提高流动性管理水平，合理安排资产负债总量和期限结构，防范资产负债期限错配和流动性风险。

▼ 案例6

三方回购市场简介

三方回购是指在回购中，债券和资金由交易对手方交付至一个独立的托管银行、清算所或者证券托管机构，由其负责在交易存续期间确保和维持有足额价值的担保品。在实践中，回购双方在进行交易时，只谈论融通资金的金额、利率和期限等，不谈具体的担保品，而由托管结算机构按事先约定的标准自动配置担保品，即从正回购方的证券账户中自动选取足额的证券并进行担保处理。在回购期间，根据风险敞口和证券价值变化，托管结算机构提供逐日盯市以及相应的追加、退还、替换等一系列担保品日常管理服务，确保足额担保。当回购到期时，再由托管结算机构办理资金结算以及相应的解除担保处理。

三方回购最早产生于美国，随着金融机构债券投资组合的国际化以及跨境交易规模的快速增长，交易后处理愈加复杂，对担保品管理的操作要求也越来越高。为降低成本，许多金融机构纷纷将担保品管理相关的后台业务外包给托管机构，这促使了三方回购在国际金融市场上进一步推广与活跃。近年来，鉴于三方回购在担保品管理方面的安全性和高效率，欧美一些国家的中央银行也开始使用三方回购服务，进行相应的货币政策操作。

三方回购的优势和作用主要体现在以下五个方面。一是增强了金融机构的风险防控能力，使用担保品是金融机构防范交易信用风险普遍而有效的手段，而三方回购由托管结算机构进行专业的担保品管理，可以充分利用其特有的账务处理优势和较为全面的信息优势，从而使担保品的风险防控作用更为有效发挥。二是降低了金融机构后台处理的成本，由托管结算机构对担保品进行专业化管理，效率更高、成本更低。三是简化了交易过程，回购双方在交易谈判时，可以不用谈具体的担保品，只需谈资金的相关要素，如回购规模、利率、币种、期限等，从而提高了交易效率。四是扩大了回购交易中证券的使用范围，一些结构复杂、流动性较差，或者面额较小的证券也能得到充分利用。五是当资金融入方用作担保品的证券出现结算需求时，托管结算机构担保品管理系统可以识别该需求并对该担保品进行替换以保证结算执行，从而使市场成员的证券得到充分的利用。

第十一章
推进票据市场建设和规范发展

票据市场是我国发展较早的市场之一，起初用于解决企业之间的信用支付，随着经济金融市场化改革，票据的功能从传统的支付结算工具演变为投融资工具，市场规模不断扩大，发展中的问题也逐渐显现。人民银行立足票据市场发展实践，以解决问题为导向，加强顶层设计，完善市场制度建设和基础设施建设，推动票据市场规范发展，更好地服务于实体经济和我国经济金融的改革发展。

第一节 票据市场发展成为金融市场重要组成部分

商业汇票是出票人签发、持票人在票据到期后请求付款的票据，其远期支付的特点使之具有信用和融资功能。我国票据业务是在20世纪70年代末企业融资渠道和融资工具短缺、商业信用不健全的背景下，为解决企业"三角债"而推出的，主要通过票据结算实现商业信用关系的票据化。经过80年代到90年代初的探索和试点后，90年代中后期《中华人民共和国票据法》出台,人民银行制定了一系列规范票据业务发展的制度性文件,并通过再贴现引导信贷资金流向、支持商业银行扩大票据业务,对规范企业信用行为、保证票据的使用和流通、完善中央银行宏观调控起到了积极作用。

与此同时,随着我国经济金融改革的不断深化和宏观调控的转型,票据的融资、交易和投资功能逐渐发挥,企业通过票据签发和贴现融资、商业银行通过票据交易调节信贷规模和资产负债结构的需求日益增加,票据市场规模和参与主体不断扩大,逐渐发展成为金融市场的重要组成部分。

一、顺应市场需求引导和支持票据业务发展

2000年以来,随着我国经济的市场化改革和快速发展,企业生产经营活跃,融资需求尤其是短期融资需求增加,而金融市场功能尚不完善、企业直接融资渠道较少,企业通过票据结算延期支付或通过银行贴现方式获取低成本现金的优势明显,票据市场进入快速发展阶段。顺应市场发展需要,人民银行放松行政管制,加强市场建设,引导和支持商业银行提高票据业务经营能力,进一步发挥再贴现政策优化信贷结构的作用。

(一)取消部分票据业务行政限制

2001年7月,印发《关于切实加强商业汇票承兑贴现和再贴现业务管理的通知》,明确"票据融资"不再计入金融机构的存贷比考核,同时再次强化了增值税发票作为票据真实贸易背景判别标准的权威性。

2002年12月,发布《关于办理银行汇票及银行承兑汇票业务有关问题的通知》,取消此前有关业务管理规定中关于商业银行"办理银行承兑汇票业务实行总量控制,其承兑总量不得超过上年末各项存款余

额的 5%"的指标限制,提高了商业银行办理票据承兑业务的积极性。

2005年9月,取消了转贴现、再贴现业务中对票据交易背景材料的审查要求,大大提高了票据业务处理效率和业务量。

(二) 引导和支持票据业务发展

一是批准商业银行设立票据专营机构。2000年11月,人民银行批准中国工商银行成立票据专营机构——票据营业部,集中开展票据业务。此后,中国农业银行、浦发银行、华夏银行也相继成立票据专营机构。

二是建设中国票据网。2003年6月30日,为满足票据市场发展需要,指导同业拆借中心建设中国票据网。中国票据网为票据市场参与者提供票据转贴现和票据回购的报价、查询、在线业务洽谈服务,是推进票据市场金融基础设施建设的一次重要尝试。

三是促进商业承兑汇票业务发展。针对商业汇票中商业承兑汇票占比过低的结构性矛盾,2006年11月,发布《关于促进商业承兑汇票业务发展的指导意见》,组织商业银行选择和鼓励部分企业使用、推广商业承兑汇票;根据国家宏观调控政策和产业发展政策,对信用状况良好的企业签发的商业承兑汇票给予再贴现支持。

四是建设和推广使用电子商业汇票系统(ECDS),提高票据业务电子化水平。为提高票据业务的透明度和处理效率,降低交易成本,克服纸票操作风险大的缺点,2009年建设电子商业汇票系统并投产运行,我国票据市场进入了电子化发展的新阶段。

2016年8月,为进一步推广电子商业汇票的使用,印发《关于规范和促进电子商业汇票业务发展的通知》,明确自2017年1月1日起,单张出票金额在300万元以上的商业汇票应全面通过电票办理,自2018年1月1日起,原则上单张出票金额在100万元以上的商业汇票应全部通过电票办理。票据市场电子化程度不断提高,票据市场电子化进程明显加快。2016年，电子商业汇票承兑金额为8.58万亿元，同比增长48.29%；贴现金额为5.77万亿元，同比增长54.54%；转贴现金额为4.92万亿元，同比增长122.26%。2016年，电子票据承兑金额占全部商业汇票的比重为47.41%。

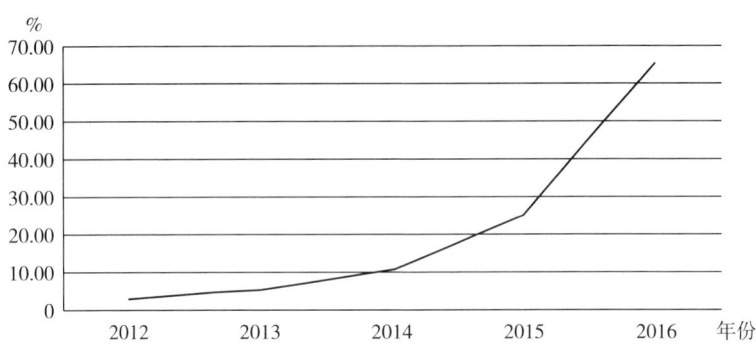

资料来源：中国人民银行。

图11-1 电子商业汇票交易金额（含贴现、转贴现）

（三）发挥再贴现政策优化信贷结构的作用

2008年以来，为适应金融宏观调控的变化，改进和完善再贴现制度管理，适度发挥再贴现引导信贷资金投向和促进信贷结构调整的功能。2008年12月，印发《关于完善再贴现业务管理、支持扩大"三农"和中小企业融资的通知》，扩大再贴现的对象和机构范围；运用再贴现推广使用商业承兑汇票，促进商业信用票据化；对商业承兑汇票、涉及"三农"和中小企业的票据优先办理再贴现；进一步明确再贴现可采取质押回购和买断两种方式，提高业务效率。再贴现政策的调整优化了信贷结构，有效地支持了对"三农"、中小企业等国民经济重点领域和薄弱环节的信贷投放力度。

二、票据市场规模不断扩大、功能进一步增强

在宏观环境变化和相关政策引导下,票据业务自身的特点和优势进一步发挥,其功能从传统的支付结算逐渐演化为投资和融资,成为企业融资和商业银行资产负债管理的重要工具。

(一)票据签发规模持续快速发展

2001年以来,票据融资规模快速发展,在支持企业融资和实体经济发展中发挥着重要作用。2016年,票据累计签发18.1万亿元,是同期公司信用类债券发行量的2倍多,签发量比2001年增长13倍,年均增速为19%。2016年末,未到期票据余额为9万亿元,是同期公司信用类债券市场余额的54%,未到期余额比2001年末增长17倍,年均增速为21%。

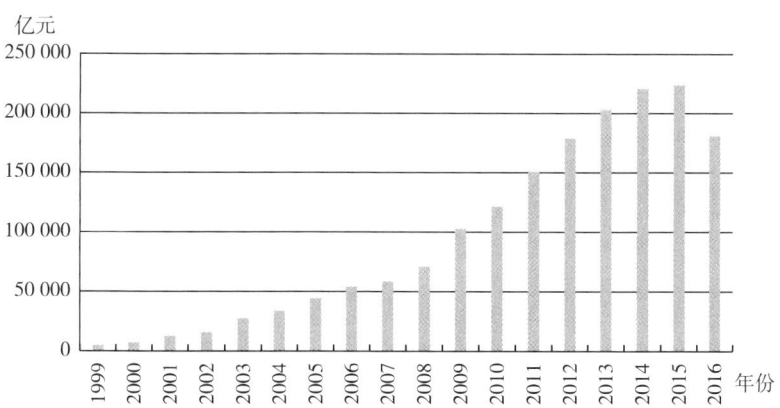

资料来源:中国人民银行。

图11-2 当年企业签发商业汇票金额

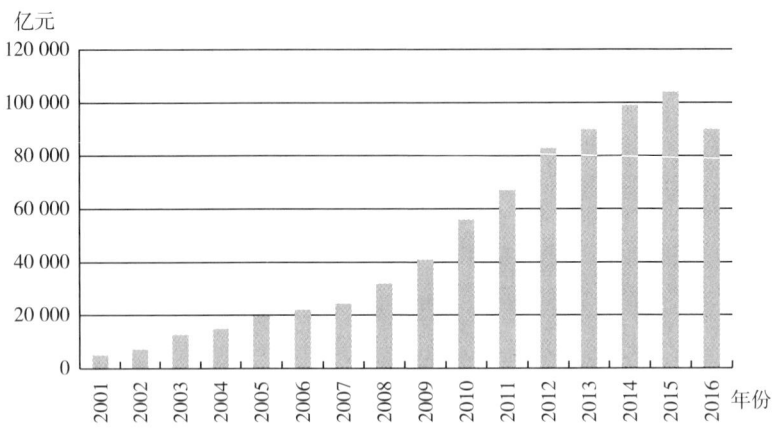

资料来源：中国人民银行。

图 11-3　商业汇票未到期余额

(二) 票据融资动能不断增加

票据业务门槛低、成本相对低、流动性高，中小企业可以便利地通过票据获得融资，是拓宽中小企业融资渠道、降低财务费用、解决融资难、融资贵问题的重要渠道之一。从签发企业的结构来看，我国的银行

资料来源：中国人民银行。

图 11-4　票据融资余额与其占各项贷款的比重

承兑汇票中大约有三分之二为中小企业签发。2016年末,票据融资余额比年初增加8 946亿元,占各项贷款的比重为5.1%。从财务成本来看,票据融资利率低于同期贷款利率。2016年12月,票据融资加权平均利率为3.90%,比企业贷款加权平均利率低1.37个百分点。

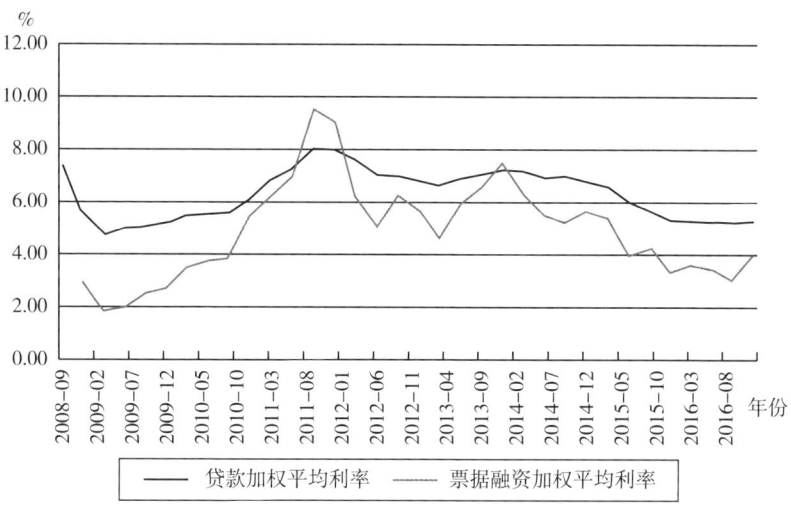

资料来源:中国人民银行。

图11-5 贷款利率与票据融资利率比较

对商业银行而言,票据作为短期信贷资产,其周转快、风险低、成本收益稳定,办理票据承兑和贴现业务有利于调节信贷规模和资产负债结构,拓展客户关系,商业银行开展票据业务的积极性较高。2016年末,票据贴现余额为5.5万亿元,比2001年末增长19倍,年均增速为26%。

(三)票据的交易和投资属性增强

随着市场规模的扩大和宏观调控的转型,票据的交易和投资功能日益显现,商业银行通过票据交易调节资产负债结构、提高盈利能力的需求愈加明显,票据市场参与主体也从商业银行扩大到财务公司、信托公司、证券投资基金、理财产品、资产管理计划等,市场深度和活跃度

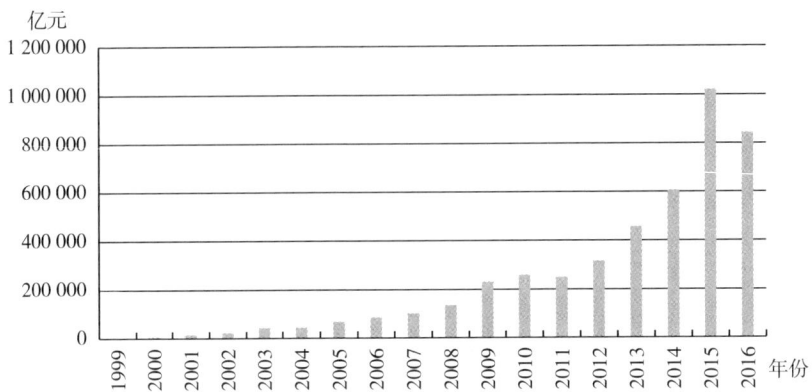

资料来源：中国人民银行。

图 11-6　当年金融机构贴现商业汇票金额

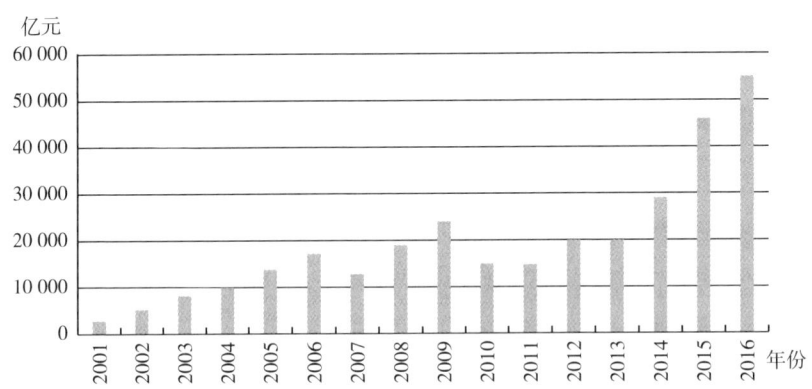

资料来源：中国人民银行。

图 11-7　商业汇票贴现余额

不断提升。票据交易量的增长率大大高于同期票据签发量的增长率，票据资产成为金融机构重要的资产配置类别，通过票据资产打包、质押等方式进行的票据业务创新也日益增多。2016年，票据累计交易量为84.5万亿元，比2001年增长53倍，年均增速为34%，交易量接近同业拆借交易量，成交利率与同业拆借、债券回购利率基本一致。

第十一章 推进票据市场建设和规范发展

第二节 票据市场的问题和风险原因

与债券市场自上而下的发展模式不同，票据市场多年来一直处于自发发展状态，信息不透明、金融机构操作不规范，市场在快速发展过程中逐渐累积了一些问题和风险。同时，部分机构利用票据业务灵活、场外交易信息不透明等特点规避信贷管理和资本管理，影响了宏观调控的效果。特别是2016年以来，票据市场相继爆发一系列重大风险事件，市场信用生态环境发生变化，亟待总结票据市场的问题和风险原因，加强治理整顿、重塑市场秩序。

一、票据功能异化，相应的管理制度和市场建设滞后

票据业务发展过程中，其支付结算功能逐渐演化为融资功能，但票据管理制度以规范支付结算为主，投融资相关规范相对比较滞后，加上市场透明度低、信息不对称严重，套利和违规行为盛行，隐藏的风险较大，并对宏观调控造成一定的影响。

（一）票据主要功能从支付结算演化为融资

我国票据起初定位于商品交易活动中的信用支付，但远期支付本身蕴含着融资功能，在现代支付体系条件下，企业在商品交易活动中使用票据延期支付通常是为了减少资金占用、节省财务成本，实为出票方的短期融资。对于达不到股票和债券融资资格的中小企业而言，票据融资门槛低、流动性高、贴现利率低于同期贷款利率，是其短期融资的重要工具之一。对商业银行而言，票据期限短、周转快、资本占用相对较低、成本收益稳定，是其调节资产负债结构、进行流动性管理的重要手

段。部分银行在资金充裕的情况下,大量承揽票据业务进行资产配置。因此,票据业务契合了企业融资和商业银行经营的多种诉求而快速发展,其功能逐渐从传统的支付结算工具演化为融资交易工具。

(二) 票据相关的管理制度滞后于市场发展

票据融资功能不断增强的同时,包括《票据法》在内的票据相关制度主要围绕其支付结算功能设计,票据投融资相关的管理制度和行为规范缺乏。为满足票据投融资的现实需求,市场主体创新出各种交易模式,并衍生出大量的监管套利和违规行为,如违规"代持""代售""清单"交易;通过"过桥行""资金行"及与理财、信托等对接隐匿票据资产,规避信贷规模及资本管理;利用中小金融机构管理漏洞创设通道,为其他银行调节信贷及资产规模等。这些交易模式和行为透明度低、隐藏较大操作风险,且使得大量"影子"资金游离在银行体系外,造成金融统计数据失真,影响了宏观决策的判断和宏观调控的有效性。

(三) 票据市场基础设施落后

票据以纸质为载体、严格的要式要求及签章流转规定,加上商业银行票据业务按信贷模式进行管理、分散在各分支机构甚至营业部,使得票据交易的主体数量庞大,电子化和市场统一的难度较高。相对于其他金融市场健全高效的基础设施,票据业务规模较大、交易活跃但"硬件"落后,票据市场在不同地区和机构间割裂、透明度低,市场参与者无法充分有效对接需求,交易成本高、信息不对称严重,容易滋生各种违规交易和套利行为,监管部门也无法及时准确掌握真实、完整的市场数据。

二、金融机构内控薄弱、票据中介监管缺失是风险产生的主要原因

票据业务本身的操作风险较大,若金融机构内控不严,很容易给不法分子可乘之机。另外,大量票据中介违规介入市场,加大了票据业务的风险。

(一)金融机构内控薄弱和激励机制过于激进,引致操作风险和道德风险

对于不同的金融市场而言,健康的参与主体是市场有效的基础。这就需要金融机构自身在内部风险控制、交易制度、道德操守等方面的改革与完善。由于长期以来我国票据业务以纸质票据、线下交易为主,电子化水平较低,流转环节较多,本身存在较大的操作风险。部分金融机构内部控制不严,在票据传递和保管、查账查库程序、岗位设置和人员安排等制度设计及操作环节存在漏洞,票据工作人员兼岗、混岗,未能建立票据相关的岗位制衡、部门制衡机制并严格遵守操作规范,给不法分子留下可乘之机。

同时,部分金融机构激励机制过于以盈利为导向,因利益驱动忽视风险防范,放松业务执行标准,或故意有章不循、违规操作,以获取更大利益。也有部分银行工作人员为追求个人利益,利用银行的内控管理漏洞"寻租",甚至挪用票据生财、赚取个人非法收益。

(二)票据中介深度介入票据业务,加大了票据市场的风险

在票据市场信息不透明的情况下,票据中介通过信息搜集、信息交互等手段为交易双方进行信息撮合,促进票据交易达成,对改善市场信息不对称、促进价格发现、活跃市场交易、提高市场效率发挥了一定的积极作用。但是,由于票据中介准入基本无门槛、经营无明确范围和行

为规范，长期监管空白使得违法违规行为盛行，引发各种行业乱象，且其违规操作使得银行之间的防火墙弱化，票据相关的道德风险和操作风险加大。一些中介机构和个人违规从事票据买卖交易，充当"信用中介"、协助银行规避监管制度和宏观调控要求，扰乱了正常的金融市场秩序，部分中介机构与银行工作人员联手内外勾结，挪用银行票据、骗取银行资金，引发一系列重大案件。

(三) 商业银行规避监管和行业无序竞争，违规现象增多

由于票据业务兼具资金业务和资产业务性质，往往成为商业银行调节信贷总量和结构的重要方式，受到宏观调控目标、商业银行利润目标及资本充足率目标等多重目标的影响。部分金融机构为追求盈利，大量承揽业务，但又受信贷规模和资本管理限制，利用一些中小金融机构管理漏洞，创设通道隐匿票据资产、规避信贷规模及资本管理，其交易链条较长、交易结构复杂，链条中的任何一环出现漏洞，都极易产生风险。

另外，随着近年来经济增速下降、息差收窄，票据业务竞争激烈，银行出现抢客户、抢票源、争资金、争规模等现象，违规现象增多。同时，利润空间缩小后，金融机构通过"薄利多销"的批发交易策略，单笔交易额达几亿元甚至数十亿元，一旦案发涉及的金额巨大。

第三节 加强票据市场体系建设和规范发展

2016年以来票据市场曝出的一系列重大风险事件，暴露了部分金融机构内控薄弱、公司治理存在缺陷，也与票据市场基础设施落后、部分制度不符合市场发展实际需求有关。对此，人民银行在深入分析总结问题和风险原因的基础上，加强顶层设计，加强票据市场制度建设和基础设施建设，强化金融机构内控管理，推动票据市场规范健康发展。

第十一章 推进票据市场建设和规范发展

一、加强票据市场基础设施建设，建立全国统一的票据交易平台

票据市场割裂、信息不对称为票据违规交易、中介机构介入提供了可乘之机，解决之道在于加强票据市场基础设施建设，提高票据业务电子化水平和透明度。2016 年，人民银行推动建设全国统一票据交易平台，成立上海票据交易所。2016 年 12 月 8 日，票据交易平台上线运行，上海票据交易所正式开业。

票据交易平台实现纸质票据电子化交易、无纸化托收、券款对付等多种功能，票据流转公开透明，杜绝"一票多卖""表外交易"等违规行为，降低操作风险。对票据承兑、贴现、质押、保证等信息进行集中登记，对纸质票据和电子票据实现一体化登记托管、交易、清算结算等，推动票据市场向电子化、标准化方向发展，提高交易效率，降低交易成本和交易风险。

▼ 专栏17

票据交易平台的创新点

借鉴金融市场基础设施建设的经验，结合票据市场的特点和存在的问题，票据交易平台实现了以下五个方面的创新。

一是实现票据交易全面电子化。票据交易平台通过纸质商业汇票电子化及融合电子商业汇票系统，将所有商业汇票全部纳入平台交易标的范围，实现商业汇票的全面电子化交易。对纸质商业汇票，在其贴现环节截留纸质凭证，后续金融机构之间的票据交易以及票据到期托收均以电子信息形式处理。同时，通过整合现有电子商业汇票系统，实现纸质商业汇票和电子商业汇票的同台交易。

二是采用了以询价为主,以点击成交、匿名点击等为辅的交易方式。票据市场与债券市场一样,属于场外市场,具有参与主体为合格机构投资者、交易频率较低、单笔交易金额较大等特点,客观上更适合采用以询价为主的交易方式。点击成交、匿名点击等其他辅助交易方式在货币市场和债券市场也已经有较为成熟的运行经验,将其引入票据市场交易,有助于促进票据市场的对手方发现和价格发现,将显著提升票据交易效率。同时,以票据交易平台生成的标准化电子成交单取代传统的线下纸质成交合同,将有助于提高票据交易效率和市场透明度,便于人民银行对票据交易进行更有效的监管。

三是交易清算机制创新。统一电子平台交易,可以实现直通式处理和券款对付结算,有利于防范结算风险,提高市场透明度,提高交易清算效率,也有助于防范不规范票据中介违规介入票据交易,降低道德风险和操作风险。

四是通过自主标的组合,实现票据交易标的标准化。票据交易标的标准化程度较低,每一张票都是唯一的,单张票金额相对较小且不可拆分,这导致票据交易难以像债券一样进行标准化交易。通过提供挑票、打包等自主标的组合,票据交易平台可以将票据改造为标准化的类债券产品,有助于提高交易效率。

五是通过票据交易平台开展再贴现操作。通过票据交易平台受理金融机构再贴现业务申请,可以更加安全、高效地实现货币政策操作目标,最大程度地体现货币政策意图。

二、完善票据市场制度建设,规范票据交易行为

针对票据市场投融资相关制度建设滞后于市场发展实际的问题,人民银行在对市场发展实际深入研究的基础上,对现行制度安排进行

第十一章 推进票据市场建设和规范发展

梳理和调整,进一步完善相关规则,弥补票据融资性业务规范的缺失,全面规范市场行为。

(一)建立完善票据交易管理制度和行为规范

2016年12月6日,发布《票据交易管理办法》,对票据市场参与者、票据市场基础设施、票据信息登记与电子化、票据登记与托管、票据交易、票据交易结算与到期处理等进行了系统的规定,规范金融机构票据交易行为。

《票据交易管理办法》以《票据法》等现行法律法规为基础,遵从票据市场基本规律,契合票据市场参与者实际需求:一是坚持纸票电票政策一致原则,并为日后不同介质票据的统一管理奠定基础;二是立足票据市场发展的现实情况,既尊重市场惯例与实践、满足市场成员的现实需求,同时又前瞻性地为票据市场未来发展留有空间;三是全面考虑票据特殊性、票据市场发展特点和规律的同时,充分借鉴国内外货币市场、债券市场发展建设中的经验,吸收其中运行多年被证明行之有效的先进做法;四是坚持促进发展与防范风险并重,既要有助于提升票据市场交易规模和效率,又要发挥对票据市场参与者行为的约束和规范作用,逐步构建和完善票据市场风险监测与防范机制。

同时,在《票据交易管理办法》制度框架下,上海票据交易所陆续发布了一系列业务操作细则,包括票据交易主协议、票据交易规则、纸质商业汇票业务操作规程、票据登记托管清算结算业务规则等,成为票据交易管理办法的重要配套制度,规范票据市场参与者在票据交易平台的各类票据行为。

(二)引入多元化市场参与主体

长期以来,票据交易主体仅限于银行类机构(含信用社)和财务公司,具有同质性、同向性特点,市场波动较大,且未能充分发挥市场潜力，在一定程度上制约了票据市场的发展。而随着金融市场的发展，券商、基金、信托、资产管理计划因其资产配置的需要，逐渐以各种方式介入票据市场，在正规市场之外形成了游离于监管之外的"灰色"地带，其规模较大、参与机制不明确、信息不透明。

为顺应票据市场发展实际，增加市场透明度和活力，票据交易管理办法将银行机构、财务公司、信托公司、证券公司、基金管理公司、期货公司、保险公司等金融机构以及各类投资产品引进票据市场，实现其持有票据资产的公开化、合法化。多元化市场主体的引入，扩展了市场的深度和广度，有助于提升票据市场的透明度、规范性和监管效率。

（三）取消贴现环节贸易背景审核，创新交易机制

票据融资主体大部分为中小企业，其票据贴现大多因为短期融资需求，不具备真实贸易背景，助推大量民间中介的产生。中小企业通过票据中介"包装"后去银行贴现，其实质仍是银行信贷融资，但加长了交易链条，加大了风险。为减少制度性套利，《票据交易管理办法》取消了贴现环节贸易背景审核要求，更好地满足中小企业的融资需求。

同时，按照金融市场理念创新交易机制，提高交易透明度和效率。根据《票据法》相关规定，票据被拒付时，持票人可对在票据上背书的任一前手进行追索，这是在传统一对一背书转让、信息不透明的条件下，维护持票人权利的需要。《票据交易管理办法》的发布和票据交易平台的建立，市场主体资质和交易信息的透明度大大提升，为改变交易机制、提高交易效率创造了条件。《票据交易管理办法》通过付款确认、保证增信等创新机制设计，进一步明晰票据交易及到期处理等环节交易主体之间的权利义务关系，使票据交易锁定唯一信用主体，促进交易定价的决策和判断。同时，实行直通式处理和券款对付结算机制，消除操作风险，提高结算效率。

三、强化票据市场监管

针对票据风险案件暴露的金融机构内控薄弱和公司治理缺陷问题，人民银行会同相关部门发布关于加强票据业务监管、促进票据市场健康发展的通知，要求商业银行强化票据业务内控管理，建立科学的考核激励机制，加强票据实物保管，严格规范同业账户管理，强化风险防控。规范票据交易行为，严格执行同业业务管理要求，规范纸质票据背书要求，严格资金划付要求。全面开展风险自查，并强化对金融机构的监督检查。

同时，针对票据中介广泛介入票据市场、加大票据业务风险的问题，对票据中介业务模式和票据中介机构经营情况进行了深入调研，研究加强票据中介管理，发挥其在缓解中小企业融资难、提高市场流动性等方面作用的同时，依法查处、严厉打击各种违法违规票据中介活动，维护市场正常秩序。

四、继续加强市场体系建设和规范发展

票据交易平台的运行和《票据交易管理办法》的实施，改变了票据业务运行的模式，使票据市场初步具备了向现代金融市场方向发展的条件，是票据市场里程碑式的事件，将对票据市场的功能发挥、金融机构票据业务运营管理模式等产生深远影响。

第一，票据交易向集中化、电子化模式转变后，交易将更加高效、便捷，交易成本和交易风险更低，票据业务的货币市场特征更加明显。证券、基金、保险等非银行金融机构以及非法人类参与者的加入，畅通了与其他资金市场间的流通渠道，票据市场将成为金融机构进行流动性管理的重要场所。

第二,统一平台集中交易为票据业务前中后台集中化和一体化经营创造了条件,商业银行票据业务将向法人层面和专营业务体制集中,票据业务的盈利模式由获取不同金融机构、不同区域间利差转变为获取市场供求关系主导的交易性利差,风险管理主要对象由手工流转导致的操作风险转变为市场风险和信用风险。

第三,票据交易集中、透明化后,削减信贷规模、减少风险资产计提等规避监管的伪创新将大幅减少,产品创新更加公开化、透明化、规范化。同时,标准化集中票据交易将衍生出票据保管、经纪、代理、顾问等多种新业务,有利于逐步探索建立多元化票据交易服务体系,拓展市场深度和广度。

第四,票据承兑、贴现、转贴现、回购等信息的集中,有利于动态监控各市场主体的交易行为及市场流动性、交易杠杆率、信用风险等情况,为有效监管市场、防范风险创造了条件,有利于通过再贴现引导信贷资金在不同产业、不同行业优化配置,促进货币政策更有效地向实体经济传导。

同时,也应认识到,票据市场长期以来自发发展形成了既有的运行模式和利益格局,其调整和规范不可能一蹴而就。票据由支付结算功能向融资和投资功能转变的过程中,相关法律法规、监管理念与思路、金融机构经营管理的转变可能需要一个漫长的过程。建设规范透明、功能完善、组织体系健全的票据市场仍任重道远。

一是疏堵结合,推动票据市场规范发展。加强票据市场监管,全面落实票据业务管理规定。督促金融机构强化内控管理,加大对票据业务合规性的检查和处罚力度,防范和控制相关风险。推动票据市场创新,丰富票据市场产品体系,支持符合实体经济需求的商业承兑汇票、融资性票据的发展。探索通过金融科技等手段进一步优化票据交易和风险管理模式。

二是建立健全市场组织体系,加大票据对中小企业融资和实体经济的支持作用。在我国信用体系建设尚不完善的条件下，借助商业银行或其他主体的信用进行融资可能在一段时间内是中小企业融资的重要渠道之一。应结合中小企业融资特点和需求，逐步建立规范化的票据经纪、增信、评级等多元化票据服务机构体系，加强票据市场自律管理，完善票据市场生态环境，增强票据市场服务小微企业的能力，更好地支持实体经济发展。

三是加强票据市场建设，完善票据相关法律法规。根据当前票据业务模式、风险特点及对宏观经济的影响，进一步完善票据市场相关规则和基础设施，促进票据市场持续健康有序发展。同时，推动《票据法》等相关法律法规修订完善，明确融资性票据、电子票据的法律地位、行为规范和监管框架，为票据市场发展营造良好的法制环境。

第十二章
建立功能完备的中国黄金市场

在全球经济文化社会发展中，黄金扮演着重要角色。自19世纪英国创建金本位制以来，黄金的货币属性承载了历史的使命，在全球市场范围得到广泛应用。1978年《牙买加协定》生效后，黄金不再具有计价和支付功能，但仍保留价值和贮藏功能。

伴随中国历史发展进程，黄金也承担着不同的角色。新中国成立后，实行黄金统购统配体制，黄金主要体现为创汇功能。伴随黄金流通体制改革，黄金的金融和商品属性发挥越来越重要的作用。

新世纪以来，综合中国国情，我国确定了黄金市场市场化的改革方向。由于承担黄金市场的监督管理职能，人民银行成为改革的发起者。经过充分论证，人民银行构建了黄金市场流通体制的改革方向，积极会同各部委推动改革。经国务院批准，2002年人民银行组建上海黄金交易所，实现了由黄金统购统配向市场化发展的平稳过渡，为短时间内我国黄金市场的快速发展提供了条件。2004年，人民银行行长周小川指出我国黄金市场今后要"由商品交易为主向金融交易为主转变、由现货交易为主向衍生品交易为主转变、由国内市场向国际市场转变"的重要思想，进一步明确了我国黄金市场化改革的方向和目标。按照周小川行长"三个转变"的重大部署，在上海黄金交易所业务快速发展的同时，商业银行黄金业务和上海期货交易所黄金期货业务也从无到有，发展迅速。经过多年的发展，我国黄金市场已初步形成上海黄金交易所现货和现货衍生品黄金业务、上海期货交易所黄金期货业务和商业银行柜台黄金业务共同发展、功能完备的多层次黄金市场体系，在服务黄金产业和满足居民投资消费需求发面发挥了重要作用。

第一节　不断推动黄金市场化改革进程

新中国成立后，为了满足新中国建设对外汇的需求，我国将黄金作为主要的创汇手段之一，建立了黄金统购统配管理体制。随着经济发展和改革开放深化，我国外汇储备在2001年达到2 000亿美元左右。适应新形势的发展，人民银行充分论证黄金流通管理体制改革的必要性，2001年牵头对黄金流通管理体制进行了一次市场化重大改革，组建了上海黄金交易所，有力地促进了我国黄金产业发展，推动了我国黄金市场多层次体系基本形成。

一、黄金统购统配的历史沿革

1949年新中国成立后，我国外汇储备十分紧缺。黄金是重要战略资产和全世界公认的硬通货，但我国黄金储备很少。因此，国家对黄金实行了统购统配机制，由人民银行进行管理。

1950年4月，受国务院委托，人民银行出台了金银管理办法草案，明确国家对金银实行统一管理、统购统配的基本方针，规定国家管理金银的主管机关是人民银行。此后，我国对黄金实行了"统购统配"的管理体制。在统购统配政策框架下，黄金由人民银行以统购价收购企业生产的黄金，以统配价向用金单位供给黄金。黄金统购统配管理体制在国家外汇短缺的时候，对保证大规模经济建设的黄金需求、稳定金融环境起到了重要作用。

1977年10月，根据国内黄金市场发展的情况，人民银行制定了金银管理试行办法，为金银管理工作提供了制度依据。1978年改革开放以后，为适应国家经济建设需要，我国黄金生产和流通管理政策逐步由单纯保管型向经营管理型方向转变。1982年9月，我国开放了黄金饰品市场。1983年6月，国务院发布了《中华人民共和国金银管理条例》，主要是对金银收购、金银配售、经营单位和个体金银匠以及金银进出口的管理进行了规范。同年12月，人民银行公布金银管理条例施行细则。1984年2月，人民银行、海关总署发布了对金银进出国境的管理办法，明确金银及其制品（产品）进出国境，必须向海关申报，进一步加强了统购统配的黄金管理体制。

二、黄金流通体制改革

在我国黄金实行统购统配机制时期，国际黄金市场发生了巨大变化。1978年《牙买加协定》生效后，黄金充当国际货币的功能弱化。黄金价格开始大幅度增加，发达国家的黄金市场也开始复兴并发展起来。

随着我国经济实力不断增强，外汇储备增速加快，1996年突破1 000亿美元，2001年达到2 000亿美元左右。如何适应国内外新形势，改革黄金流通体制，成为非常紧迫的问题。人民银行进行充分论证，成立黄金管理体制改革领导小组，研究黄金流通体制改革问题。在大量调研和深入研究的基础上，人民银行为黄金流通体制市场化改革设立了三大目标：一是取消统购统配、统一管理的运行体制，放开黄金市场，充分发挥市场对黄金资源配置的基础性作用，实现黄金生产、流通和消费的市场化；二是为国内黄金买卖提供一个规范的交易平台和流通渠道，发现合理价格，培育黄金交易的信用环境，保证黄金交易的安全性和可靠性，规范国内黄金交易市场管理；三是逐步实现国内黄金市场向国际市场开放，最终建设成以金融投资业务为主、具有中国特色乃至国际影响力的黄金市场。

三、形成功能完备、具有国际竞争力的黄金市场

自人民银行确定黄金市场市场化改革方向后，在周小川行长"三个转变"指导下，我国黄金市场经历多年发展，初步形成功能完备、具有国际竞争力的市场。

（一）多层次的市场体系基本形成

自黄金流通管理体制改革以来，我国黄金市场由最初的上海黄金交易所，发展到由上海黄金交易所、上海期货交易所和商业银行共同为市场提供交易服务的多层次市场体系。参与主体涵盖了各类产金用金企业、商业银行、证券公司、期货公司等金融机构、黄金投资公司和广大个人投资者，较好地满足了各类投资者的多样化需求。

（二）市场产品日益丰富

随着我国黄金市场的发展，黄金交易产品不断丰富。上海黄金交易所推出以竞价、询价方式交易的黄金现货、延期交收和衍生品产品系列，以及黄金 ETF 和"上海金"定价产品。上海期货交易所上线了黄金期货合约。除了上海黄金交易所和上海期货交易所以外，商业银行的黄金业务也快速发展，包含了账户金、黄金租借、黄金质押、黄金理财、境外黄金自营等业务。

（三）交易规模快速增长

上海黄金交易所黄金交易量从 2002 年的 42.5 吨快速增加到 2016

年的4.9万吨,14年间增长了1 145.6吨,已成为全球第一大场内黄金现货交易所。上海期货交易所黄金期货交易量从2008年上市当年的7 781吨快速增长到2016年的7.0万吨,8年间增长了近8倍,已成为仅次于美国CME市场的全球第二大黄金期货市场。我国商业银行黄金市场包括自营、黄金经纪、场外柜台零售、黄金租借、质押、理财等项目众多的产品和服务内容,成为连接场内、场外和国内、国外黄金市场的主要黄金市场,场外黄金业务交易量从2004年的2.2吨大幅增加到2016年的7 655.1吨,12年间增长了3 478.6倍。

(四)服务黄金产业和满足居民需求的能力不断增强

现有的多层次黄金市场为市场参与主体提供了丰富工具,既可以对冲风险,也对上下游企业的定价形成指导,有力促进了黄金产业迅猛发展。2002年我国黄金产量仅有189.81吨,2016年我国国内累计生产黄金453.486吨,连续10年成为全球最大黄金生产国。

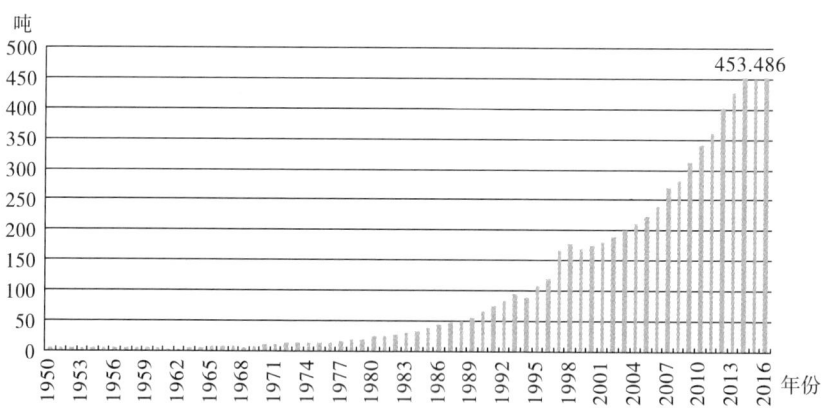

数据来源：中国黄金协会。

图12-1　中国历年黄金产量

针对我国居民投资消费黄金的喜好,金交所推出百姓金,商业银行推出品牌金,黄金加工企业也销售黄金首饰和金条。2016年我国黄金消费 975.38 吨，连续 4 年成为世界第一大黄金消费国，是全球黄金市场的需求主力。

（五）实现黄金市场的对外开放

伴随着我国对外开放的步伐，我国黄金市场在发展国内市场的同时，也成为我国金融市场对外开放先行先试的场所。黄金市场在金融市场率先推出与国际接轨的夜市交易，率先引进外资会员参与市场，率先推出向全球金融市场全面开放的黄金"国际板"业务，率先推出以人民币计价的上海金基准价。近年来，黄金进出贸易也不断扩大，加强了我国黄金市场同境外黄金市场的联系和合作。商业银行还积极参与"伦敦金"定价交易，积极探索"走出去"发展路径。黄金市场的对外开放，为境内外投资者开辟了多样化的投资渠道，为我国金融市场国际化发展作了有益探索。

（六）形成与我国黄金市场发展相适应的监管格局

全国人民代表大会 2003 年 12 月通过的《人民银行法》明确了由人民银行履行"监督管理黄金市场"的职责。由于在履行监管黄金市场职责时，也涉及商业银行和上海期货交易所的黄金业务，人民银行加强与银监会和证监会等部委的沟通协调，共同推动黄金市场规范平稳发展，形成与我国黄金市场发展相适应的监管格局。

回顾我国黄金市场改革开放、攻坚克难不平凡的发展历程，我国黄金市场在周小川行长"三个转变"发展方向的指引下，取得了丰硕成果，积累了大量经验，不仅有力地促进了我国黄金实体产业的迅速发展，而且也完善了我国金融市场体系，发展成为全球黄金市场的重要组成部分。

第二节 以"三个转变"为方向
推动上海黄金交易所改革发展

经国务院批准,2001年人民银行筹建上海黄金交易所。2002年上海黄金交易所开始向市场提供服务,标志着我国黄金体制成功由统购统配向市场化方向转变。经过两年的发展,2004年人民银行周小川行长提出我国黄金市场今后要"由商品交易为主向金融交易为主转变、由现货交易为主向衍生品交易为主转变、由国内市场向国际市场转变"的重要观点,为上海黄金交易所的发展指明了方向。按照"三个转变",上海黄金交易所不断推动产品和业务创新,完善黄金定价体系,加强会员管理,形成集黄金交易、托管和结算于一体的市场,交易规模快速攀升,2016年黄金成交量为4.87万吨(双边统计),成交额为13.02万亿元。

一、黄金现货品种不断丰富

2002年10月,上海黄金交易所正式运营。开业初期,上海黄金交易所挂牌黄金现货品种Au99.99这一单一产品。2003年3月18日,人民银行批复同意上海黄金交易所增加12.5公斤(成色99.5%以上)金锭交易产品。2004年2月18日,Au(T+5)业务上线交易,为满足产金企业锁定生产成本提供服务。2004年6月28日,上海黄金交易所新交易品种50克金条挂牌交易。2006年12月25日,黄金Au100g合约挂牌后,上海黄金交易所现有黄金现货产品全部上线。

在市场起步阶段,上海黄金交易所重点发展现货产品,现货交易规模稳定增长。2003年黄金现货成交量达到470.69吨,已确立了全球场内现货黄金交易最大交易所的地位。

二、创新推出延期交收品种

黄金现货产品基本满足了企业的产用金需求，但均为全额商品。为进一步丰富黄金交易品种，2004年8月16日，上海黄金交易所上线黄金现货延期交收产品Au（T+D）。现货延期交收交易是指以支付保证金的形式在交易所集中买卖某种延期交收合约的交易活动，客户可以选择合约成交当日交割，也可以延期交割，同时引入延期补偿费机制来调节实物供求矛盾。

上海黄金交易所黄金现货延期交收产品Au（T+D）推出后，很快便成为市场最活跃的主力交易产品和上海黄金交易所业务发展的重要支柱产品，交易量逐年攀升。此后，上海黄金交易所于2007年11月5日推出黄金Au（T+N1）、Au（T+N2）合约，2014年1月1日又挂牌Mini黄金延期合约［mAu（T+D）］，2014年11月18日黄金T+N交易产品升级上线。上述产品的推出完善了黄金现货延期交收产品体系，更加确立了现货延期交收产品为上海黄金交易所竞价市场主导产品的地位。

三、上线询价交易系统

国际黄金市场既有竞价也有询价交易系统。上海黄金交易所在初期发展阶段，只有竞价交易系统。然而，场内竞价交易方式的黄金投资品种无法完全满足市场主体不断增长的个性化黄金交易需求。尤其是面对银行间的大单交易时，竞价市场显示出流动性不足的问题。

在人民银行指导下，上海黄金交易所从2008年着手研究、探索询价交易模式。2011年3月26日，上海黄金交易所上线试运行了在主系统建立的询价平台。2011年8月，上海黄金交易所与外汇交易中心就外汇交易中心挂牌黄金询价品种事宜签署备忘录。2012年12月3日,经人民银行备案同意,上海黄金交易所银行间黄金询价业务上线。2013年3月25日,银行间黄金询价远期交易业务上线。2015年1月5日,"国际板"询价业务上线。2015年1月6日,为增加市场流动性、提高市场效率,询价业务正式引入经纪制度。2015年2月2日,我国首个交易所挂牌的实物期权产品——黄金询价期权业务正式上线。

2016年1月,上海黄金交易所为加强黄金市场基础设施建设,提高银行间黄金询价交易流动性,促进价格发现,正式在银行间黄金询价市场引入做市商制度。银行间黄金询价市场做市商包括正式做市商和尝试做市商,其中正式做市商10家、尝试做市商6家。做市商制度的建立有利于提高市场交易流动性、报价有效性,并逐步构建场外市场中远期价格发现机制。

上海黄金交易所询价业务上线后业务发展迅猛,2016年询价即期、远期、掉期共成交为1.77万吨,成交金额为4.72万亿元。询价市场成交量在交易所总黄金成交量占比36.35%。询价交易成为银行等机构投资者的重要交易方式之一,在中国黄金市场的多层次市场体系中发挥着日益重要的作用。

四、向市场提供登记托管服务

作为实物黄金的托管机构,上海黄金交易所托管的金锭、金条均为经其认定的可提供标准金锭、金条企业生产的符合上海黄金交易所金锭SGEB1－2002、金条SGEB2－2004质量标准的实物,以及伦敦金银协会认定的合格供货商生产的标准实物。上海黄金交易所不仅为竞价和询价业务提供登记托管服务,也推出了黄金租借业务和黄金ETF登记托管服务。

第十二章　建立功能完备的中国黄金市场

（一）推出黄金租借业务的登记托管服务

上海黄金交易所作为黄金租借业务平台的组织者、管理者，于2004年8月24日完成首笔黄金租借业务。2013年后，随着市场成员对黄金租借业务了解加深，越来越多的机构参与其中，国内外黄金租借业务日益活跃，租借规模迅速增长。2014年7月7日，交易所上线黄金拆借业务平台。2016年，共有31家商业银行在交易所开展租借业务，租借黄金共计3 386.76吨。

上海黄金交易所制定了严格的业务规则控制黄金租借市场风险，引导租借市场合理有序发展。

▼ 专栏18

上海黄金交易所黄金租借业务情况

一、业务简介

在黄金市场中，许多黄金持有人都有通过租借业务盘活不用的黄金库存增加收益的需求，许多用金者有租借黄金的需求。

国际黄金租借业务始于20世纪80年代。1988年加拿大皇家银行等三家银行与美国一家黄金矿山公司签订一笔标的为30吨的黄金租赁业务。经过二十多年发展，国际黄金租借市场无论在市场规模、主体构成、定价模式和制度建设等方面已比较成熟，黄金租借市场成为国际黄金市场重要组成部分，黄金租借利率也已经成为黄金衍生品市场价格变动的主要指标之一。

上海黄金交易所成立后，我国黄金市场快速发展，黄金交易量迅速提高，黄金现货交易规模和实物库存量逐年扩大，为黄金租借业务发展打下了坚实的基础。

在人民银行和银监会的大力支持下，上海黄金交易所与商业银行、黄金企业共同推动建立黄金租借业务平台。上海黄金交易所作为黄金租借业务平台的组织者、管理者，根据市场发展需求，结合黄金租借业务国际惯例与国内市场实际情况，在先后完成市场调研论证、规章制度修订、业务流程设计、系统平台建设、市场推广等各项工作后，推出了黄金租借业务。2004年8月24日，上海黄金交易所租借业务服务平台完成首笔黄金租借过户。

黄金租借可为租借双方带来双赢，对承租方来讲，通过借入实物黄金既可满足日常经营用金需求，又能有效规避黄金价格波动风险，此外还可以优化融资结构、提高资金使用效率，降低企业经营成本；对出租方来讲，通过黄金出租提高了实物黄金资产的运营效率，降低实物黄金管理成本，增加黄金投资收益。

二、业务开展情况

上海黄金交易所黄金租借业务推出以来，因其风险可控、运行规范、操作简便，能给租借双方带来双赢，受到商业银行和产金、用金企业的普遍欢迎。随着黄金市场参与者对黄金租借业务理解加深，越来越多的机构参与其中。近些年来，国内外黄金市场迅猛发展，黄金租借业务日益活跃，租借规模迅猛增长。2016年，商业银行累计租出黄金3 070.38吨，名义成交金额为8 175.36亿元，其中：商业银行对客黄金租赁1 827.78吨；同业之间累计拆出黄金1 242.59吨；黄金租借市场的参与主体已近千家，包括四大国有商业银行、股份制商业银行、地方商业银行及外资银行，黄金ETF，证券公司，以及矿山企业、首饰加工企业和冶炼企业等。

黄金租借业务的健康快速发展，不仅有效拓展了黄金市场的服务功能，而且在服务黄金行业实体经济和丰富商业银行黄金业务等方面起到非常积极的作用，经济和社会效益显著。

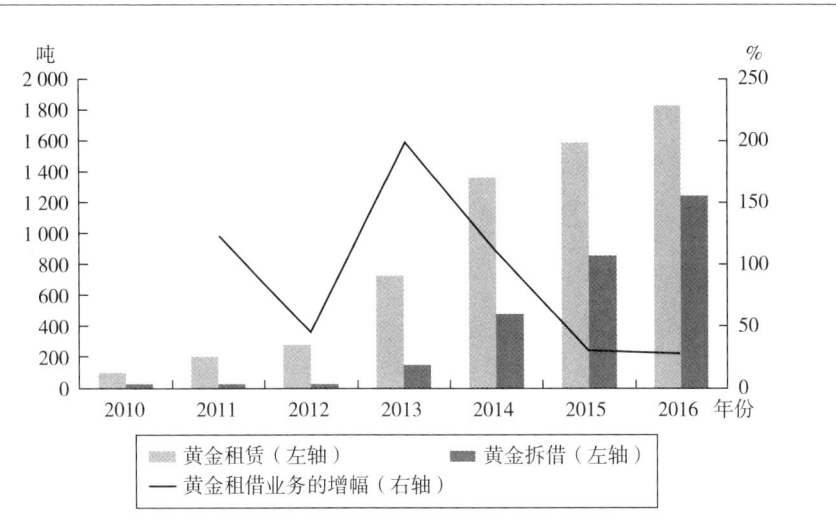

数据来源：中国黄金市场监测分析系统数据库。

专栏图12-1　2010—2016年黄金租赁、黄金拆借业务量及黄金租借业务的增长幅度

首先，黄金租借业务推动了黄金产业链上下游企业的联动发展。对黄金矿山而言，通过向商业银行租入黄金，不但可以将未来即将生产出的黄金提前销售以筹集资金开发矿山，还可以在预期金价下跌时锁定稳定的收益。从实践来看，黄金租借利率通常低于银行同期贷款利率，有利于企业降低融资成本。对于用金企业而言，借金生产不但大大节省了资金占用成本，还可以规避金价波动对企业财务的冲击，降低企业的市场风险。

对于商业银行而言，黄金租借业务风险较小，可以更好地盘活库存黄金投资渠道，降低实物黄金的仓储和管理成本，赚取租借收益。由于黄金租借业务属于银行中介业务范畴，不受贷款规模控制，在信贷环境偏紧时，为企业提供了新的融资渠道，成为商业银行的一项创新业务。

其次，黄金租借业务能有效带动黄金市场发展。当现货市场出现实物供不应求的情况时,商业银行将库存黄金借出,为市场提供流动性。黄金租借业务也有助于推动黄金衍生市场发展,对承租方来说,为了避免还金时金价上涨造成损失,可买入一份黄金远期合约,在租借合约到期时以约定价格买入相应数量的黄金用于归还。对于借出方来说,为了防范对手方信用风险,可在签订租借合同时要求承租方买入黄金远期合约,保证还金来源。

三、黄金租借业务发展展望

上海黄金交易所推出黄金租借业务以后,得到了市场参与者的普遍认同和大力支持,租借业务日趋活跃,取得了良好的经济效益和社会效益。但与国际成熟市场相比,我国黄金租借市场的深度和广度有待进一步提升,业务模式和系统平台还需要进一步完善。

未来,上海黄金交易所将持续跟踪国际黄金租借业务发展趋势,深入研究市场需求,抓住黄金市场发展历史机遇,加大市场推广力度、完善制度流程建设、升级优化系统功能,逐步完善黄金市场租借利率曲线,推动国内黄金租借市场在规范中进一步发展完善。

(二) 推出黄金ETF的托管服务

我国黄金ETF是在人民银行和证监会领导下,上海黄金交易所和上海证券交易所合作的成果。2008年,上海黄金交易所和上海证券交易所于2008年成立黄金ETF联合研究组,于2012年签订黄金ETF业务合作协议。上海黄金交易所为黄金ETF提供实物托管功能。目前,我国有4只黄金ETF基金产品,截至2016年底基金规模为53.18吨。其中,华安黄金ETF规模2016年5月突破15吨,成为亚洲最大的黄金ETF。

第十二章 建立功能完备的中国黄金市场

▼ 专栏19

跨市场推出黄金ETF，促进金融市场联动发展

一、我国黄金ETF的诞生与发展历程

黄金ETF是指将绝大部分基金资产投资于黄金资产，紧密跟踪黄金价格，使用黄金资产或基金合同约定的方式进行申购赎回，并在交易所上市交易的开放式基金。

自2003年世界上第一只黄金ETF在澳大利亚交易所上市以来，英国、美国、南非、印度等国家和地区纷纷推出黄金ETF，世界黄金ETF持仓总量持续增加。全球最大的黄金ETF是在纽约证券交易所交易的SPDR Gold Shares（交易代码为GLD）。SPDR Gold Shares还在亚洲的东京证券交易所（TSE）、新加坡交易所（SGX）和香港交易所（HKEX）三个交易所跨境上市交易。境外黄金ETF的成功实践经验表明，黄金ETF产品运行风险可控，已成为各国和地区投资者分散投资组合风险，提高收益率的良好金融工具。

2008年，上海黄金交易所牵头和上海证券交易所成立黄金ETF联合研究组，共同进行黄金ETF基础研究，制订了黄金ETF初步可行性设计方案，向人民银行进行了汇报，并得到支持。随后，研究组对产品方案做了大量细致的前期产品设计和业务准备。

黄金ETF涉及上海黄金交易所和上海证券交易所、深圳证券交易所、中国结算以及基金公司等众多参与者。上海黄金交易所为黄金ETF的一级市场，负责黄金现货合约进行申购赎回，证券交易所为二级市场，申购和赎回实现了T+0实时交易。

2013年6月8日，国内首批黄金ETF发行，同月24日华安黄金ETF和国泰黄金ETF开始发行，7月18日成立，分别募集12.08亿

元和 4.1 亿元，7 月 29 日在上海证券交易所挂牌上市。继上海证券交易所之后，2013 年 7 月 31 日深圳证券交易所的两只黄金 ETF——易方达黄金 ETF 和博时黄金 ETF 获得证监会批准。易方达黄金 ETF 于 2013 年 11 月 29 日成立，募集 5 亿元，2013 年 12 月 16 日挂牌上市。博时黄金 ETF 于 2014 年 8 月 13 日成立，2014 年 9 月 1 日挂牌上市，募集 2.92 亿元。

黄金 ETF 挂牌后，我国证券投资者可以通过黄金 ETF 投资黄金，受到证券投资者的广泛关注和参与，黄金 ETF 交易活跃度和总体规模都不断增长。2016 年，4 只黄金 ETF 的二级市场成交量为 568.74 吨，成交金额为 1 540.29 亿元；总申购量为 60.98 吨，总赎回量为 30.83 吨；基金总规模为 53.18 吨黄金。2016 年 5 月，华安黄金 ETF 规模突破 15 吨，成为亚洲最大的黄金 ETF。

二、我国黄金 ETF 的创新与优势

我国黄金 ETF 是在学习国外黄金 ETF 基础上推出的具有中国特色的金融创新产品，较国外黄金 ETF 有一定的优势。主要体现在：

（一）实现了业务模式创新

作为国内证券市场的首只商品类 ETF，黄金 ETF 开创了跨市场、跨系统、跨监管创新的业务模式，在黄金市场和证券市场间建立有机联系，为国内其他商品证券化提供了示范和借鉴。

（二）实时申购赎回全球领先

得益于上海黄金交易所和证券交易所的交易系统进行的系统直连和数据实时传输，我国申购赎回效率达到了 T+0 实时，大大方便了一二级市场套利，处于全球领先水平。

（三）增强型 ETF

我国黄金 ETF 持有的黄金中一部分可用于黄金租借。基金管理人通过合理运作基金资产获得一定收益，弥补基金运营费用及基金管

理费对基金净值的影响,降低跟踪误差水平,甚至获得超过业绩基准的收益率。

(四) 申购和赎回的参与者广泛、参与方式便捷

在我国黄金 ETF 设计中,凡是同时拥有证券账户和黄金账户的普通投资者都可以通过上海黄金交易所提供的统一申购赎回平台办理申购赎回业务。

基于以上创新突破,黄金 ETF 项目获得了 2013 年度上海市金融创新一等奖。

黄金 ETF 连接了证券市场与黄金市场,为证券投资者提供了一个新的简单易行的黄金投资渠道,便利黄金投资。证券投资者可以像买卖股票一样在证券交易所买卖黄金,实现黄金资产证券化,为黄金市场引入新的投资群体。

五、建立起高效安全的资金结算和实物储运体系

上海黄金交易所运行后,逐步建立了高效安全的资金结算和实物储运体系,确保了业务的快速发展。

上海黄金交易所实行"集中、净额、分级"的结算原则,截至 2016 年,主板业务共有指定保证金存管银行 18 家。资金结算量随着市场交易规模大幅增长,2016 年资金结算量为 35 072 亿元,日均结算量为 144 亿元。

上海黄金交易所建立了完善的交割储运服务体系,并不断优化指定仓库日常管理工作,优化实物交割和物流管理。2016 年,上海黄金交易所在全国 35 个城市使用了 61 家指定仓库,并在全国范围内对金锭和金条进行统一调运配送。2016 年实物黄金入库量共计 2 060.16 吨,出库量共计 1 970.37 吨。黄金实物交割顺畅有序,有效保障了黄金市

场的实物供应。

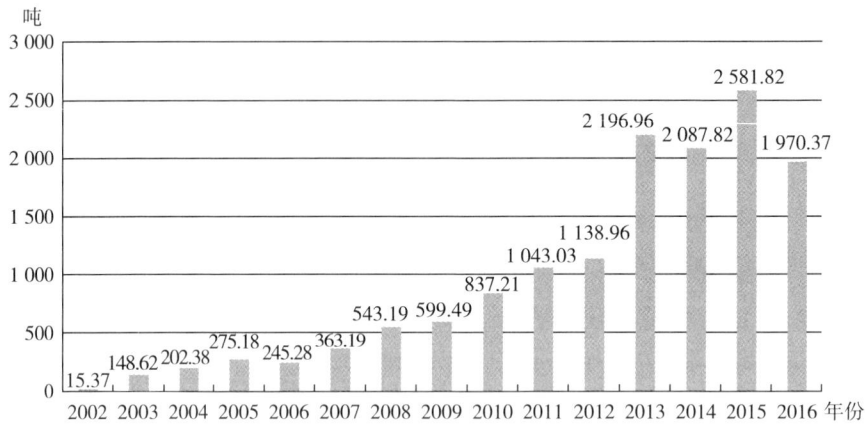

数据来源：上海黄金交易所。

图12－2 上海黄金交易所历年黄金出库量

2014年，为配合"国际板"推出，上海黄金交易所在自贸区内建立了"国际板"交割仓库。在现行黄金进口管理制度框架下，"国际板"黄金实物物流服务与国际标准接轨，为国际投资机构提供标准实物黄金的入库、出库和账户划转服务，为国内黄金进口银行办理实物登记、存放和转运服务。"国际板"启动以来，黄金实物交割顺利，进口渠道畅通，"国际板"作为黄金进口渠道的作用日益显现。

第三节 促进黄金期货业务不断发展

上海黄金交易所建立以后，推出了黄金现货及衍生品等黄金产品，为黄金市场培育了大量成熟的投资者，他们熟悉上海黄金交易所的交易规则，具有一定的风险承受能力，同时，他们也希望市场能有更多样化的投资工具。为进一步丰富黄金市场产品体系，经商中国证监会并报国务院同意，2007年9月证监会批准上海期货交易所上市黄金期货

(证监期货字〔2007〕158 号)。2008 年 1 月 9 日黄金期货正式在上海期货交易所挂牌交易。

一、上海期货交易所黄金期货的基本情况

标准的黄金期货合约包括以下几个交易要素，即交割实物为成色不低于99.95%的 3 千克或 1 千克标准金锭，交易单位为 1 千克/手，交割月份为 1~12 月，采取保证金交易，由交易所根据合约上市运行的不同阶段逐级调高保证金比例。

黄金期货上市以来，上海期货交易所遵循"高标准、稳起步"的原则，严格控制市场风险，保证了黄金期货在交易、结算、交割等各个环节运行平稳。我国黄金期货的推出，为投资者投资黄金增添了新渠道，促进我国黄金市场与国际黄金市场接轨。目前，黄金期货市场规模已经排在世界前列，形成了稳健发展的良好态势。

二、黄金期货的交易情况

黄金期货上线后，市场交易规模持续增长。2016 年上海期货交易所黄金期货累计成交 6 951.90 万手（合 6.95 万吨，双边统计），累计成交金额为18.69 万亿元，占上海期货交易所所有品种总成交金额的10.99%。黄金期货全年日均成交量为 28.49 万手，日均成交额为 765.78 亿元，日均持仓33.70 万手，年末持仓39.27 万手。

三、黄金期货机构参与情况

黄金期货的上市，为黄金企业进行套期保值提供了一个很好的工具，上海期货交易所已经吸纳中国黄金、山东黄金、招金集团和紫金矿

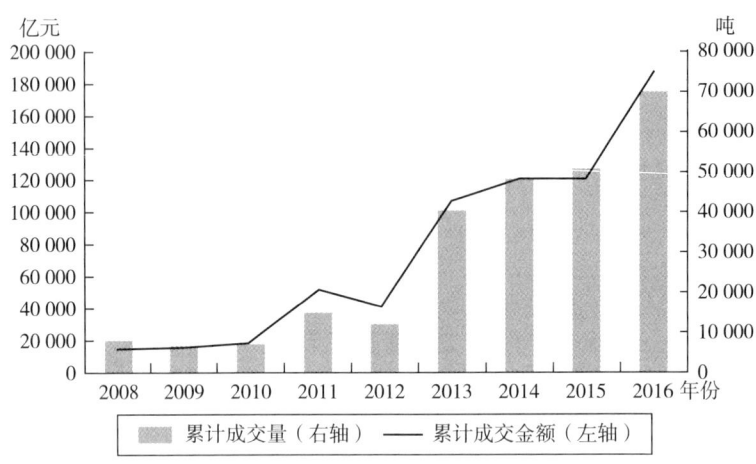

数据来源：中国期货业协会，双边统计。

图 12-3　黄金期货成交量与成交金额

业等大型黄金企业作为其自营类会员。同时也为商业银行等金融机构进入期货市场创造了契机。中国银监会于2008年3月和2009年1月相继出台了相关文件，批准商业银行参与黄金期货交易。2009年以来，工商银行、交通银行、兴业银行、民生银行、中国银行、农业银行和浦发银行、汇丰银行、澳新银行、平安银行、光大银行、上海银行、宁波银行、建设银行、广发银行、中信银行16家商业银行先后成为上海期货交易所自营会员。随着商业银行正式参与期货市场，标志着我国期货市场在机构投资者方面取得了历史性突破。

四、黄金期货市场交割库和交割情况

上海期货交易所的黄金交割仓库共有工行、中行、建行和交行四家商业银行的34个交割仓库，覆盖13个省及直辖市。由于期货主要是以套期保值或套利交易为主，因此交割量很小，从2008年上线以来，月均交割量为129千克。

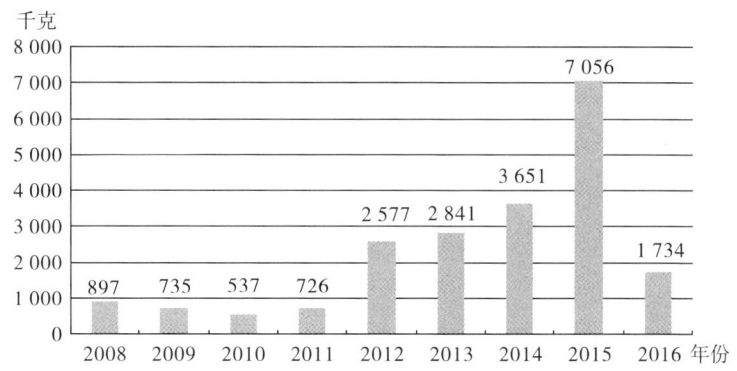

数据来源：上海期货交易所网站。

图 12-4　上海期货交易所黄金期货交割量

五、黄金期货市场建设

服务服从于国民经济是期货市场发展的指导原则，大力发展机构投资者是期货市场的一项长期而重要工作。国外市场的长期实践表明，以商业银行为代表的金融机构和大型现货商等机构投资者在降低投资风险、增加投资收益、提高市场及资金的流动性、降低交易成本等方面发挥了不可替代的积极作用。同时，机构投资者的投资行为更加理性，并着重于市场的长期投资价值，起到了"市场稳定器"的作用。因此，培养和发展我国期货市场的机构投资者，既是机构投资者本身经营过程中风险管理的需要，更是促进期货市场功能发挥、提升市场运行质量的需要。

第四节　推动商业银行黄金业务快速发展

2002 年人民银行组建上海黄金交易所，为我国黄金市场开启了市场化的进程。我国商业银行的黄金业务由此开始快速发展，产品日益丰富，参与主体趋于多样化，管理制度也日趋完善。经过多年的发展，商业银行除了参与上海黄金交易所和上海期货交易所的黄金业务外，还创新开展了账户黄金、实物金销售、黄金租赁、黄金质押、黄金理财、黄金衍生品和境外黄金交易等业务。

一、商业银行黄金业务基本情况

2001—2002 年，人民银行陆续批准了工商银行、农业银行、中国银行、建设银行、交通银行、华夏银行、招商银行等银行开展黄金现货买卖、黄金租赁、黄金收购、黄金同业拆借等业务和对居民开办黄金投资产品等零售业务。2002 年只有 12 家商业银行成为上海黄金交易所金融类会员，到 2016 年末，已经有 31 家商业银行成为上海黄金交易所金融类会员，另外有许多中小银行通过交易所会员的代理，也参与到上海黄金交易所业务中。2008 年，经银监会批准，工商银行、中国银行等机构也成为上海期货交易所会员，开展期货业务。

（一）参与上海黄金交易所的黄金业务

1. 商业银行成交量和成交占比情况。商业银行成交量整体呈增加态势，占全部成交量的比重除了 2003 年至 2005 年和 2012 年呈下降态势之外，此后皆呈增长态势。尤其 2012 年以来成交量大幅增长。2012 年商业银行会员共成交 6 352 吨，成交金额为 2.15 万亿元。2016 年成交 48 676 吨，成交金额为 13.02 万亿元，分别为 2012 年的 7.66 倍和 6.06 倍。商业银行成交量占全部成交量的比重在 2015 年也达到 70.08% 的历史峰值。

2. 商业银行自营及代理业务情况。商业银行参与上海黄金交易所的业务分为两类：自营业务和代理业务。自营业务是指商业银行以自有

第十二章 建立功能完备的中国黄金市场

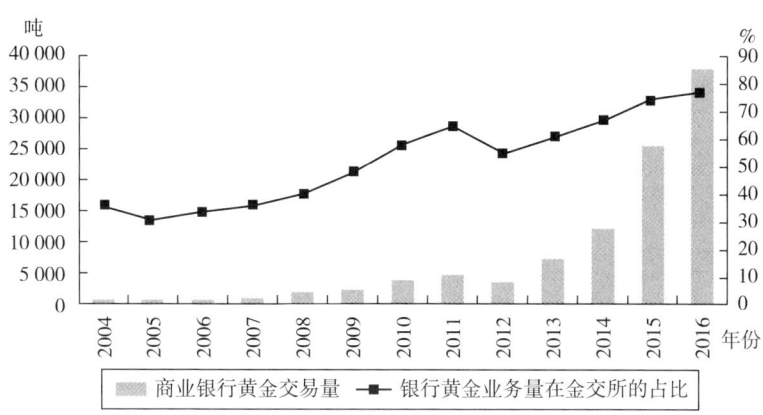

数据来源：中国黄金市场监测分析系统数据库。

图12-5 商业银行在金交所的黄金交易总量和占比情况

资金参与上海黄金交易所交易，承担价格变动风险，获取买卖收益。代理业务是指商业银行代理投资者参与上海黄金交易所交易，由投资者承担价格变动风险，商业银行获取手续费收入。

2011年5月20日，经人民银行批准，上海黄金交易所发布《上海黄金交易所商业银行代理个人业务指引》和《上海黄金交易所商业银行代理个人业务信息技术管理指引》，以规范商业银行个人代理业务行为，防范系统性风险，强化黄金市场管理。商业银行代理个人业务严格加强市场风险防范和投资者保护，促进了上海黄金交易所个人业务的平稳有序发展，商业银行成为上海黄金交易所个人业务的主要渠道。

2016年，商业银行在上海黄金交易所的自营和代理黄金交易总量达37 576.1吨，成交金额为10.05万亿元。其中，自营黄金成交量为25 966吨，占交易所黄金交易规模的53.34%；代理机构和个人累计交易黄金11 610.17吨，其中代理机构交易黄金2 745.53吨，代理个人交易黄金8 864.64吨。商业银行已成为上海黄金交易所黄金业务的主力军。

3. 商业银行提供交割库服务情况。商业银行向上海黄金交易所提供交割库服务,以工商银行、中国银行、农业银行和建设银行为主。交割库分布在全国各地。上海黄金交易所交割库数量逐年增加,使用率在70%左右。山东、河南、广东是黄金主要的入库地,广东、上海和山东是黄金主要的出库地。截至2016年底,商业银行共有74个交割库为上海黄金交易所提供仓储服务,使用率达到77%。

4. 商业银行资金清算服务情况。上海黄金交易所的清算银行数量不断增加,2003年提供清算服务的共有4家银行,经过13年的发展,截至2016年为黄金交易所提供清算服务的资金托管银行共有18家,但主要集中在工商银行、中国银行和建设银行,占总资金清算量的60.50%,截至2016年,商业银行共为上海黄金交易所清算13.69万亿元资金,2016年全年18家清算银行共清算资金3.51万亿元。

(二) 参与上海期货交易所的黄金业务

商业银行从2009年开始成为上海期货交易所会员,商业银行参与上海期货交易所交易目前只能开展自营业务。至2016年,共有16家商业银行成为上海期货交易所会员,累计开展黄金期货自营交易1 327.11吨,占上海期货交易所黄金期货交易总量的1.91%。

除了参与上海期货交易所的黄金期货交易外,商业银行还向上海期货交易所的黄金业务提供仓储和清算服务。截至2016年末共有工商银行、建设银行、中国银行、交通银行、浦发银行和农业银行6家银行的39个仓储库,主要分布于北京、上海、深圳、河南、山东等黄金生产和消费集中的城市。

(三) 商业银行账户黄金业务

商业银行账户黄金业务,又称纸黄金业务,是指商业银行根据国内外黄金市场价格,经过自行计算形成买卖报价,投资者按照商业银行报价买卖黄金但不提取实物黄金的业务。账户黄金业务有人民币账户黄金和美元账户黄金两种业务。

账户黄金业务不提供实物交割,投资者通过买卖差价获取收益,商业银行收益有两部分:一是报价点差收益;二是对头寸敞口动态管理的收益。商业银行在提供账户黄金业务时,充当了类似做市商的角色,其账户黄金报价卖价高于买价,买卖价差构成商业银行账户黄金的点差收益,与商业银行的外汇买卖业务类似。商业银行对客户买卖账户黄金的头寸进行轧差后产生净头寸,通过在境内和境外市场平补,形成对头寸敞口动态管理收益。

账户黄金业务是商业银行的自有黄金业务。2016年,商业银行账户金累计成交2 102.61吨,成交金额为5 638.18亿元。其中,美元账户金和人民币账户金分别成交213.07吨和1 889.54吨。

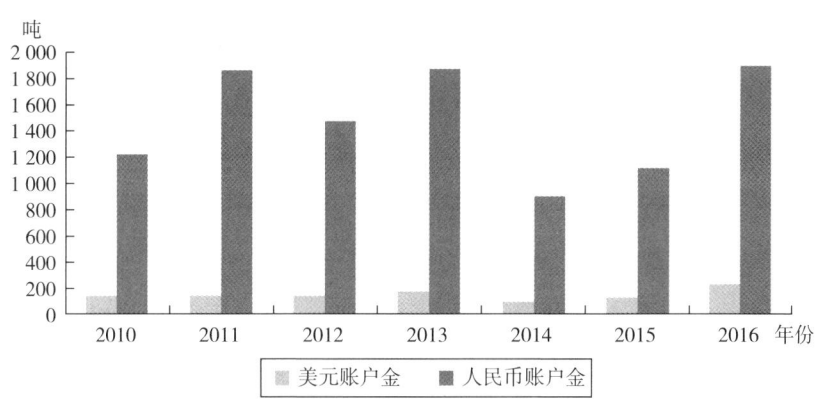

数据来源:中国黄金市场监测分析系统数据库。

图12-6　2010—2016年商业银行账户金历年成交量情况

(四) 实物金销售业务

商业银行实物金销售是全额现货买卖,分自有品牌金销售和代理品牌金销售两类。商业银行自有品牌金销售报价参考国际主要黄金市场和上海黄金交易所的报价而定。业务运作模式主要有借贷模式和自购金模式。代理品牌金销售价格可由委托人自行决定销售价格,也可以由商业银行和委托人协商确定。

实物金销售自2007年开展以来,业务呈增加趋势。2016年,商业银行累计销售实物黄金377.32吨,销售金额为1 070.0亿元。其中,自营品牌金销售113.51吨,代理品牌金销售23.08吨;黄金积存(黄金定投)销售240.71吨。

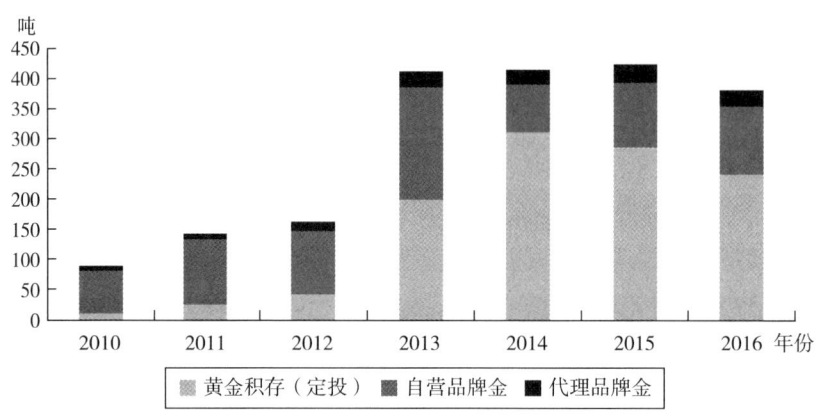

数据来源:中国黄金市场监测分析系统数据库。

图12-7 2010—2016年商业银行实物黄金销售量

(五)黄金租赁业务

黄金租赁业务是指金融机构按照一定的租赁利率,借黄金给产金、用金企业的行为。产金、用金企业通过黄金租赁既达到了融资的目的,又规避了黄金价格波动风险。由于黄金租赁利率通常低于货币融资利率,因此降低了客户融资成本。

黄金租赁业务自2004年开始以来,业务量呈上升趋势。2016年,商业银行累计租借黄金3 070.38吨,名义成交金额8 175.36亿元。其中,商业银行对客黄金租赁1 827.78吨;同业之间累计拆出黄金1 242.59吨。

第十二章 建立功能完备的中国黄金市场

（六）黄金质押业务

黄金具有质押品的功能。商业银行在黄金质押业务中为客户提供贷款和处置质物的服务。2016年，商业银行累计接收质押黄金3.42吨，发放黄金质押贷款6亿元。

（七）黄金理财业务销售

近年来，商业银行推出的以黄金为标的资产的理财产品越来越丰富。2016年，商业银行出售各类挂钩黄金的理财产品名义本金额达5 849.27亿元，到期赎回5 136.64亿元。

（八）境内场外黄金衍生品交易

商业银行的境内场外黄金衍生品业务是黄金自营业务的重要组成部分。2016年，境内场外黄金衍生品业务累计交易1 834.38吨。其中，黄金远期成交1 222.07吨；黄金掉期成交596.52吨；黄金期权成交15.79吨。从分币种的黄金衍生品交易情况看，以人民币报价的黄金衍生品累计成交831.35吨，以美元报价的黄金衍生品累计成交1 003.04吨。

（九）开展境外黄金交易业务

商业银行通过路透等电子交易系统，在境外市场开展交易对冲境内头寸，或开展自营贵金属业务。商业银行境外黄金交易以衍生品业务为主。2016年，商业银行各类境外黄金交易累计成交15 800.47吨，成交金额为6 339.4亿美元。其中，境外黄金掉期累计成交10 423.76吨；境外黄金远期成交1 563.8吨；境外黄金期货成交148.13吨；境外黄金期权成交2.07吨；境外黄金即期成交3 662.71吨。从交易结构看，黄金远期和黄金掉期分别占商业银行境外交易黄金衍生品的9.9%和

65.91%。境外黄金即期的交易占比为 23.18%，衍生品业务占比超过七成。

二、商业银行形成较为完善的风险管理体系

（一）商业银行黄金业务面临的风险

商业银行黄金业务主要面临着以下几个方面的风险：

一是价格风险。主要是指黄金价格和汇率波动给商业银行黄金业务带来的风险，商业银行各种黄金业务都面临着黄金价格风险。黄金受政治经济等多种因素影响，若商业银行持有黄金头寸过高，当黄金价格向着不利的方向波动时可能给商业银行带来较大损失。

汇率波动也会给商业银行黄金业务带来损失，主要体现在黄金寄售业务、账户金业务、品牌金原料金业务。商业银行在开展黄金寄售业务时，是通过境内卖出的价格和与境外机构约定的价格价差获取收益。若期间汇率波动，会对价差产生影响。

二是流动性风险。黄金业务流动性风险是指商业银行黄金实物无法满足市场需求所带来的风险。随着黄金租赁业务和个人实物黄金业务的发展，若黄金实物供给不足，商业银行黄金业务面临的流动性风险会增大。

三是信用风险。在商业银行开展黄金业务的过程中，可能与境外机构开展黄金交易、与银行同业开展黄金拆借以及与产金用金企业开展黄金租赁，部分交易对手存在违约风险。在进入清算环节后，部分交易对手也可能由于资金或实物不足导致不能完成清算的风险。

四是操作风险。在商业银行黄金业务的交易环节中，交易员的操作不及时、操作差错、不及时撤销委托等行为，以及在运输交割环节相关工作人员的不规范行为，均可导致操作风险。

五是交易系统风险。商业银行黄金业务主要是依托电子交易系统进行,黄金业务对商业银行的交易系统要求较高,需要稳定实时的交易系统作为保障。交易系统出现故障,会给商业银行黄金业务带来较大风险。

六是纳税合规风险。实物金销售和回购涉及复杂而严格的增值税管理环节,对银行增值税管理提出了较高要求。这要求商业银行在开展黄金业务时,要准确把握相关税收政策,合法合规地开展业务。

(二) 商业银行应对黄金业务风险的措施

在人民银行和银监会的推动下,商业银行黄金业务迅速发展,商业银行成为推动我国黄金市场对外开放的重要载体。第一,商业银行是我国黄金进口业务的主体。通过商业银行进口黄金,既保障国内实物黄金供给,又有利于平抑国内外金价价差。第二,商业银行境内和境外黄金业务相互融合趋势明显。近年来,商业银行境外黄金业务量增长较快,交易品种包括黄金远期、掉期、期货、期权等衍生品。商业银行的黄金外盘交易以套保为主,一定程度上推动国内、国际黄金市场的融通。第三,商业银行是"国际板"业务的重要参与者。2014年9月,上海黄金交易所国际业务板块和2016年"上海金"集中定价交易上线,标志着我国黄金市场对外开放取得实质进展。商业银行在上海黄金交易所主板、"国际板"市场和"上海金"定价交易中均非常活跃,在增强我国黄金市场流动性的同时,促进了主板市场和"国际板"市场的良性互动。

商业银行主要通过加强对黄金市场研究分析、内部授权,控制每个交易员的敞口量和黄金业务敞口总规模,对单笔交易和总敞口分别设立额度并严格执行止损等制度来规避价格风险。商业银行主要通过敞口控制和调整原料金来源的方式规避汇率风险。

为防范流动性风险,从政策上可采用适度放开黄金进出口管理的方式，商业银行可以根据黄金库存和未来黄金实物增长情况，合理发展需要实物黄金支持的黄金业务。

商业银行为规避信用风险，会根据每种黄金业务的风险特点，将其信用风险纳入全行授信管理体系，并根据每个交易对手的情况，核定其交易额度，并要求在核定的额度内做交易。同时，密切跟踪交易对手和客户经营情况。

商业银行主要通过加强相关制度建设，严格内部风险控制，加强对相关人员合规性培训等多种方式规避操作风险；通过加强交易系统和交易机制建设，规避交易系统风险。商业银行开展黄金业务时，通过准确把握相关税收政策，合法合规地开展业务，防范政策风险。

第五节　积极推进黄金市场对外开放

中国黄金市场的对外开放是中国金融市场对外开放的重要组成部分，黄金全球等价物的特性也决定了中国黄金市场与国际黄金市场的接轨和融合是必然趋势。2004年，周小川行长提出要实现"黄金市场由国内市场融入国际市场的转变""加大黄金市场开放的力度……加快中国黄金市场与国际黄金市场接轨的步伐，积极为中国黄金市场成为国际黄金市场的重要组成部分创造条件"。人民银行以实现黄金市场从国内市场向国际市场转变为目标，积极稳妥有序推进黄金市场的对外开放，出台黄金进出口和外汇政策确保黄金进出口业务平稳有序开展，推动上海黄金交易所推出黄金夜市交易、引进国外投资者、推出黄金"国际板"，推动上海黄金交易所、商业银行开展跨市场合作，扩大黄金市场总体容量、开辟多样化的投资渠道，拓展市场开放空间，使我国黄金市场的国际影响力显著增强，为我国金融市场对外开放积累了经验。

第十二章 建立功能完备的中国黄金市场

一、开展黄金进出口业务

2001年黄金流通管理体制改革以来，黄金市场进出口业务相关政策不断完善，促进了黄金市场发展。黄金市场政策主要包括黄金进出口政策和外汇政策。

新世纪初，我国黄金进出口业务尚未放开，除首饰用金和工业用金外，黄金的进口由人民银行委托工商银行、农业银行、中国银行和建设银行进行。其中，中国银行于2003年2月开展，工商银行于2004年2月开展，农业银行于2004年4月开展，建设银行于2005年4月开展。黄金进口主要有两种方式：工商银行、农业银行和建设银行采用寄售的方式；中国银行采取直接进口的方式。截至2016年末，人民银行共批准17家商业银行进行黄金进口业务。2014年，上海黄金交易所在自贸区建立了千吨级黄金库，国际投资者可充分利用自贸区相关政策优势，通过黄金"国际板"开展便利的实物黄金进口和转口服务。

伴随国内黄金需求的不断增加，商业银行参与黄金进口的数量和规模都呈现增长态势，不但满足了境内的黄金实物需求，也扩大了我国商业银行在国际黄金市场的影响力。

二、积极推动上海黄金交易所同境外交易所合作

实现"黄金市场由国内市场融入国际市场的转变"，加强黄金市场基础设施国际交流合作，加快与国际黄金市场接轨步伐是重要环节。人民银行积极推动上海黄金交易所探索"走出去"发展路径，通过开展跨市场合作，为境内外投资者开辟多样化的投资渠道，不断拓展市场开放空间，并根据不同市场、不同特点探索不同的合作模式。

2015年7月，上海黄金交易所"国际板"启动"黄金沪港通"项

目，探索并创新与境外同业机构合作的新模式。"黄金沪港通"启动后，香港金银业贸易场以特别会员的身份进入"国际板"，可代理旗下行员参与境内黄金市场交易，这为香港金银业贸易场行员以及其他境外投资者投资"国际板"提供了更丰富便利的渠道。

2016年3月，上海黄金交易所与香港交易及结算所有限公司正式签署"上海黄金交易所与香港交易所合作备忘录"，明确未来将在黄金及贵金属产品研发等多个领域开展深度合作，促进内地与香港市场的联系。

2016年10月28日，上海黄金交易所与迪拜黄金与商品交易所在上海签署了《上海金基准价授权使用协议》。根据协议规定，上海黄金交易所授权迪拜黄金与商品交易所在其开发的以离岸人民币计价的黄金期货合约中，使用"上海金"基准价作为该合约的现金结算价。迪拜黄金与商品交易所正式上线"上海金"期货合约产品后，提高了国际市场对"上海金"品牌的认可度和接受度，扩大了以人民币计价黄金价格的应用场景和影响力。

此外，上海黄金交易所还积极与芝加哥商业交易所（CME）、香港交易所（HKEX）、马来西亚衍生品交易所（BMD）寻求进一步的业务合作机遇。上海黄金交易所利用多个平台、多种途径向国际相关机构介绍推广交易所和"国际板"业务及产品，提升"国际板"在境外市场的影响力和知名度。上海黄金交易所派员参加2016年迪拜贵金属大会、伦敦金银市场协会（LBMA）年会等全球贵金属行业的重要会议，向全球贵金属行业推介交易所和"国际板"的各类业务和产品，推动"国际板"市场获得全球主要贵金属市场主体的广泛认可。

三、创建上海黄金交易所"国际板"

推出"国际板"是上海黄金交易所实践黄金市场向国际市场转变的重要措施。

为了推动我国黄金市场的对外开放，提高我国黄金市场的国际影

第十二章 建立功能完备的中国黄金市场

响力,把我国黄金市场打造成与我国地位相适应的市场,在人民银行的指导下,上海黄金交易所通过多种形式进行了广泛的市场调查,并与上海市政府及浦东新区政府、自贸区管理部门等政府机构进行了多轮次的沟通交流,在此基础上经过认真的分析论证,提出了"扩大市场开放,引进国际投资者,设立'国际板'"的方案。

2014年6月16日,经人民银行批复同意,上海黄金交易所的全资子公司——上海国际黄金交易中心有限公司(以下简称"国际板")在中国(上海)自由贸易试验区注册成立。9月18日,"国际板"正式启动运行。全国政协副主席、人民银行行长周小川,中共上海市委副书记、市长杨雄共同为"国际板"开市并分别讲话。瑞士MKS金融公司及汇丰银行、中国银行、中国工商银行、交通银行等几家银行成为首批参与者。"国际板"的启动掀开了我国黄金市场国际化发展的新篇章。

(一)"国际板"总体框架

1. 面向合格的国际投资者开放市场,发展国际会员。上海黄金交易所通过"国际板"对外开放,逐步扩大国际投资者参与范围。上海黄金交易所在原有会员的基础上,新增国际会员开展自营或代理国际投资者参与交易所的交易。按照严格审慎的市场准入制度,有条件、有计划地引进国际会员,通过国际会员逐步引入合格的国际投资者参与交易,首先吸收瑞士、南非等国大型黄金精炼企业,伦敦市场协会活跃的黄金报价银行,国际上排名居前的贵金属交易机构等市场主体,随后有序引进其他有益于国内黄金市场建设的国际机构和投资者。

2. 设立子公司,集中管理交易所对外开放业务。为防范市场开放对国内市场可能带来的负面冲击,充分利用上海自贸区的开放政策,借鉴国内外其他市场的成熟经验,上海黄金交易所在自贸区设立子公司——上海国际黄金交易中心有限公司,归口管理交易所对外开放业务。"国际板"负责国际业务开发和国际投资者教育工作,提供开户、交易接入、资金结算、实物交割等服务。

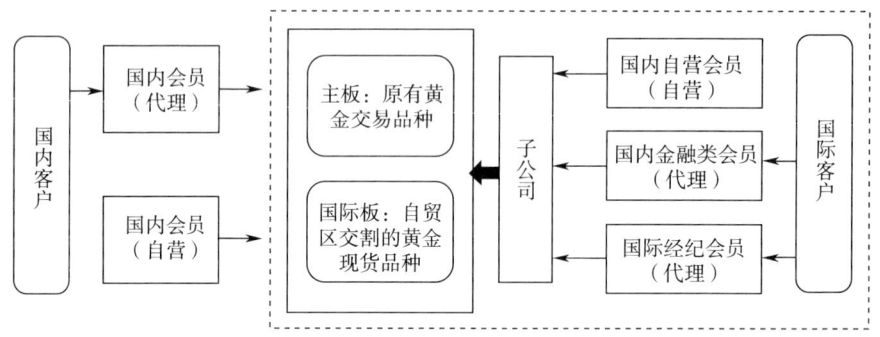

图 12-8 "国际板"业务与主板的关系

(二)"国际板"运营效果

上海黄金交易所"国际板"运营以来,市场运行良好,业务发展平稳,国际会员积极参与且市场占比大幅提升,我国黄金市场对外开放度显著提高。截至 2016 年末,"国际板"累计成交贵金属 1.37 万吨,成交金额为 2.29 万亿元。其中黄金累计成交 8 977.41 吨,成交金额为 2.27 万亿元。

"国际板"的国际会员发展有序,账户管理严格,资金结算安全。截至 2016 年末,交易所已有国际会员 67 家,通过国际会员代理的国际客户 67 户。资金结算严格遵照人民银行等监管机构的有关规定,加强国际会员和投资者跨境资金划付管理。2016 年,净额资金结算量为 797.38 亿元,跨区调拨资金 694.79 亿元,其中从境内净调拨至境外(含区内)150.97 亿元。截至 2016 年末,"国际板"自上线以来共有 53 家国际会员开设了 132 个 FT 账户和 29 个境外账户,累计结算资金为 1 332.47 亿元,跨区调拨资金 1 163.59 亿元。

"国际板"启动后,各项业务均发展良好,大批国际黄金市场参与者成为上海黄金交易所国际会员并积极参与交易,"国际板"业务不断丰富，交易规模稳步攀升，使我国黄金市场的国际影响力显著提升。"国际板"业务逐步开展后，我国黄金市场的国际影响力显著增加，黄金市场进入新一轮的快速发展时期。

四、商业银行首次成为境外定盘价做市商

在人民银行领导下，随着黄金"国际板"和"上海金"的推出，我国黄金市场国际化程度大幅提升，已成为全球黄金市场的重要组成部分。境内金融机构大胆尝试开展与境外金融机构的合作，不断增强我国黄金市场的国际影响力。

（一）"伦敦金"定盘价简介

伦敦黄金市场是国际黄金即期交易的诞生地，每天两次向全球发布即期黄金交易价格成为当日全球黄金交易的基准价。由于历史原因自1919年伦敦贵金属协会的五家主要银行参与了每日发布黄金基准价格，但是伴随黄金市场的发展当时的规则是否依然适用于当今的市场环境特别是在LIBOR丑闻公开后该定价机制也引起了市场的普遍质疑。

2015年3月，洲际交易所（ICE）正式推出伦敦贵金属协会竞价电子平台，取代了原有五家西方银行的每日定盘机制。延续原有每交易日发布两场伦敦定盘价格，定价过程进行了较大的改变，首先洲际交易所通过算法设定当日初始价，随后定价行通过交易平台WebICE进行报单，如果买卖量差在两万盎司以内视为达到市场平衡，随即产生当日伦敦定盘价。

（二）商业银行参与"伦敦金"定盘价

2016年，中国工商银行正式宣布加入定盘价机制。目前，已经有包括中国银行、建设银行等在内的3家商业银行参与定盘业务，更好地在国际市场发出了"中国声音"。

为争取成为具有百年历史的"伦敦金"黄金定价商，工商银行等商业银行前期做了很多准备工作，2015年2月工商银行率先收购伦敦标银公众有限公司60%股权，实现该行全球业务的升级，进一步提升全球商品和货币的市场交易能力。2016年伦敦贵金属协会管理委员会宣布工商银行正式成为该协会黄金与白银即期交易做市商。随后工商银行获得伦敦贵金属清算服务行资格，成为五大国际贵金属清算银行之一。同时，并购了巴克莱银行位于伦敦储量达2 000吨的黄金金库以及相关的全部贵金属仓储业务线。为工商银行最终成为"伦敦金"定价商铺平了道路。

建设银行和中国银行也分别按照国际管理制定内部法律法规和风险管理制度以符合洲际交易所定盘价做市商要求，并顺利成为"伦敦金"定价商。3家商业银行积极参与"伦敦金"定价交易，充分发挥定价商作用，探索业务模式创新，不断增强定价能力，持续扩大对全球黄金市场的影响力。

第六节　初步建立有一定影响力的黄金市场定价体系

长期以来，伦敦黄金现货市场的"伦敦金"价格和纽约黄金期货市场"纽约金"价格是国际上最有影响力的黄金价格，许多黄金产品的定价都以"伦敦金"和"纽约金"为基准，我国的黄金价格是国际黄金价格的影子价格，这与我国黄金实物生产和消费大国的国际地位不相符。是否具有定价权是衡量一个市场成熟度和影响力的重要标准，同时，也只有具有定价权的市场才能真正成为一个交投活跃的市场。在黄金市场发展之初，人民银行就提出，要通过黄金市场自身的发展，逐步增强中国黄金市场的定价权，从而真正使中国黄金市场成为具有国际影响力和话语权的市场，提升市场自身的活力和动力。随着黄金产业的发展和黄金市场功能的逐渐完备，上海黄金交易所、上海期货交易所和商业银行的黄金业务都建立了自己的价格形成机制。我国黄金市场的供需关系对国际黄金价格也有重要影响，商业银行更是参与到国际金价的定价过程中。特别是人民银行积极推动上海黄金交易所推出"上海金"人民币集中定价机制，形成以人民币计价的黄金定价体系，进一步提高了我国黄金市场的国际影响力和话语权。

一、新中国历史上我国的黄金定价

新中国成立后到1993年，我国黄金价格一直由国家规定，新中国成立时国家规定黄金价格为95元/两，维持了很多年，1957年，国务院才开始将黄金收购价调高至130元/两，此后几十年中，官方又多次调整了金价。从1993年起，我国黄金定价体制开始引入市场因素，国务院宣布黄金价格浮动，黄金价格根据国际市场金价确定，其中黄金的配售价与国际市场金价相同，黄金收购价则要低10%。2002年上海黄金交易所建立后，中国的黄金定价权从行政定价剥离出来，重新回归黄金市场，但定价方法仍是以每日伦敦金市的黄金价格为基础，并考虑国内供需状况对其作出适当调整。由此，我国黄金定价开启了市场化进程。2008年1月9日，黄金期货合约在上海期货交易所正式上市交易，我国期金价格紧盯国际期金价格和波动，以此作为我国黄金期货市场运作的依据。由此可见，我国黄金价格市场化是一个逐步推进的过程。

二、上海黄金交易所的黄金价格

上海黄金交易所不同的交易模式有不同的价格形成方式。竞价交易的价格确定方式是由交易双方自由报价，系统按照"价格优先、时间优先"的原则撮合成交。当买入价大于等于卖出价则自动撮合成交，撮合成交价等于买入价、卖出价和前一成交价三者中居中的一个价格。询价交易是由交易双方就相关交易要素进行询问、磋商,达成一致意见后确认成交的交易模式,询价交易的价格由交易双方自行决定。询价交易包括远期、掉期、黄金租借等品种,目前我国黄金市场并未形成覆盖各个标准期限的中远期价格曲线,租借等业务的利率还是取决于国外租赁黄金的利率。

三、上海期货交易所的黄金价格

2008年,上海期货交易所上线黄金期货,黄金期货上市以来,其价格走势与纽约商品交易所黄金期货价格走势基本一致,与上海黄金交易所AU(T+D)价格走势也基本一致。但是,我国黄金期货的价格发现功能不明显,尽管如此,我国黄金期货价格仍然是相关机构关注我国黄金市场的一个重要信息。

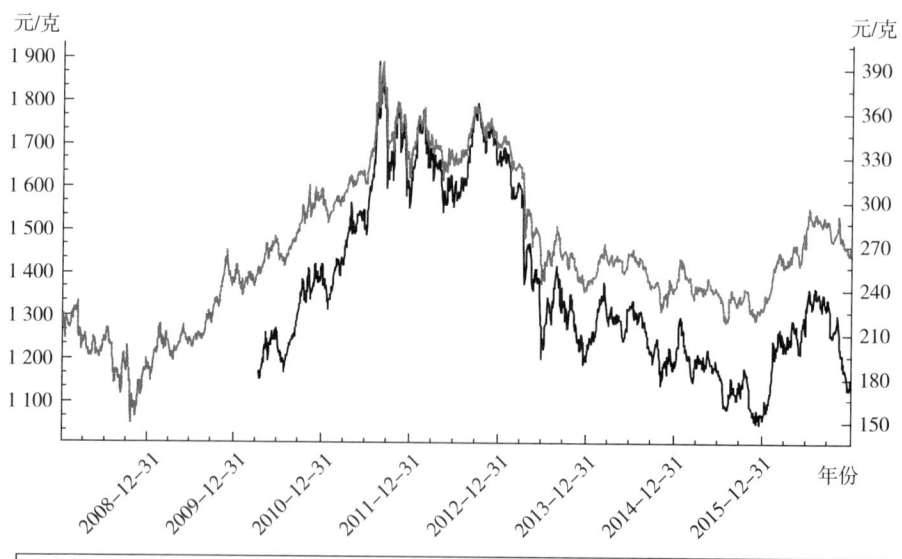

图 12-9 国内外期货价格走势

第十二章 建立功能完备的中国黄金市场

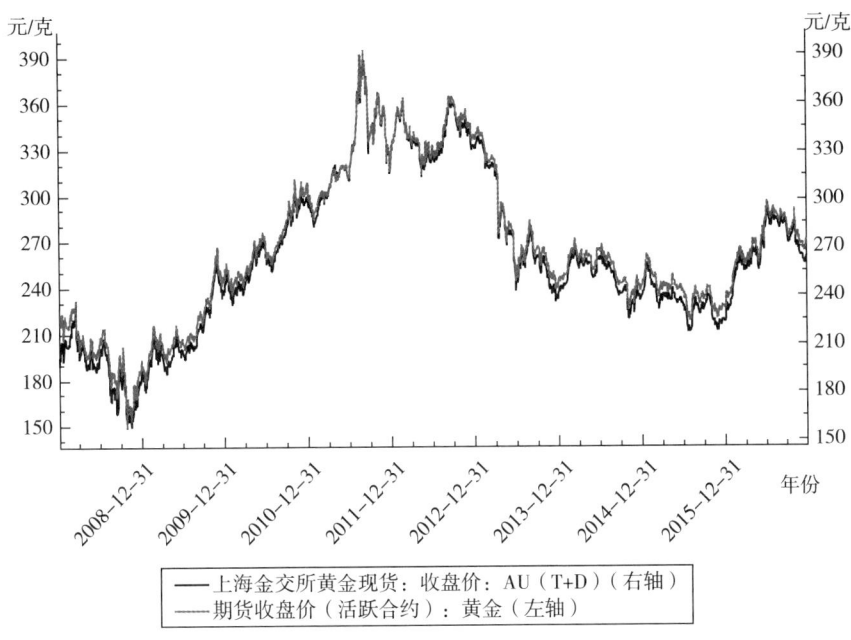

图 12-10　国内黄金期货与 AU（T+D）价格走势

四、商业银行的黄金价格

　　商业银行的积存金、账户金、黄金衍生品等黄金产品的定价，是以上海黄金交易所、上海期货交易所、伦敦金银市场协会、纽约商品期货交易所的黄金价格为基准确定的，如商业银行的品牌金的价格，是在上海黄金交易所黄金现货价格的基础上，加上一定的加工费来确定。商业银行的账户金的价格，是以伦敦金价格为基础，跟踪伦敦金价格的变化而变化。再如商业银行的黄金衍生品多为以美元计价的产品，这些产品的定价，是在国外做市商的报价基础上，收取一定的佣金后直接向境内客户报价。随着我国黄金市场的发展和对外开放的深化，以及商业银行自身实力的提高，工商银行等机构成为了"伦敦金"定盘价的定价商，这表明，中国黄金市场对于国际金价的影响越发重要。

五、"上海金"人民币集中定价机制

在上海黄金交易所"国际板"启动后,建立和推出"上海金"黄金人民币定价机制的条件已基本具备。为了改变"消费在东方,定价在西方"的局面,人民银行积极推动上海黄金交易所进一步加强市场定价体系建设,在定价机制的规则、使用领域、派生功能、发展前景等方面进行全方位、多渠道的宣传、推广,吸引国内外市场主体广泛参与,逐步形成与"伦敦金"美元定价互补的"上海金"人民币定价机制,增强我国在全球黄金市场的话语权。

"上海金"是以人民币计价的、在上海黄金交易所金库交割的、标准重量为1千克且成色不低于99.99%的金锭。"上海金"基准价是指"上海金"在上海黄金交易所定价交易平台通过"以价询量"的集中交易方式,由市场定价主体形成的可交易的、公允的人民币黄金基准价格。"上海金"定价交易,采取保证金交易、T+2日交割,每天由交易系统经过多轮询价产生上午、下午的人民币基准价格,全程公开透明,可经追溯和审计,充分保证价格的合理性和公允性。

"上海金"基准价为黄金相关衍生品提供人民币定价基准,有助于促进黄金市场产品创新,为市场参与者提供更丰富的风险管理工具,从而更好地发挥市场服务实体经济的功能。

"上海金"定价交易引进了国际会员参与。为使价格充分反映人民币黄金市场产用金和投资链的供需均衡,上海黄金交易所选择了12家定价成员和6家提供参考价成员共同报价,包括商业银行、产用金企业等多元化市场主体,地域上包括境内会员和国际会员,范围广泛丰富,体现了人民币黄金市场多元化的特点,价格能够真实反映国内和国际黄金市场各方供需诉求。"国际板"会员与国内会员都能成为"上海金"定价交易定价成员和提供参考价成员,如渣打银行(中国)有限

第十二章　建立功能完备的中国黄金市场

公司、澳大利亚和新西兰银行（中国）有限公司已为"上海金"定价交易定价成员，而中国银行（香港）有限公司和瑞士MKS集团是提供参考价成员。因此，"上海金"定价交易一开始就已实现了国际化参与。

相比较而言，"伦敦金"是在伦敦金银市场协会（LBMA）指定银行清算交割的，质量为400盎司左右（12.5公斤），金含量在99.50%以上，在LBMA注册的金锭；其价格，即"伦敦金价"是以美元/盎司计价。

表12-1　　　　"上海金"和"伦敦金"的比较

	"伦敦金"	"上海金"
定义	在LBMA注册，存放在伦敦且以美元计价的、重量为400盎司（约12.5千克）、纯度为99.50%的标准金锭	在上海黄金交易所注册，存放在上海且以人民币计价的、重量为1公斤、纯度为99.99%的标准金锭
参与者	定价会员及其客户	满足交易所相关规则条件的会员及客户
申报方式	定价行直接申报	分为全市场申报和定价会员补充申报两个倒计时申报时段
结算方式	由（直接）定价行进行场外结算	由交易所集中结算
报价单位	美元/盎司	人民币元/克
客户参与方式	委托（直接）定价行匿名代理间接参与	通过交易所客户编码直接参与交易
基准价	"上海金"基准价	"伦敦金"定盘价

"上海金"与"伦敦金"分别以人民币和美元定价，反映两个地区、两个市场不同的供需状况，以供具有不同需求的投资者参考和使用。同时，"上海金"与"伦敦金"的非排斥性、非替代性的关系，能使二者在全球黄金市场相互补充、共同发展。

"上海金"定价交易推出后，市场交易平稳，市场功能得到体现。2016年全年，"上海金"定价交易成交量为569.19吨，成交金额为1 552.75亿元，参与交易的会员有26家，包括境内外的商业银行、券商、产金冶炼企业及用金企业，在交易规模上以金融类机构为主。"上海金"基准价逐渐为国内黄金企业和商业银行等金融机构所接受,在套保结算、租赁结算、新产品设计等领域越来越多地使用"上海金"基准价。2016年10月,上海黄金交易所与迪拜黄金与商品交易所签署了《上海金基准价授权使用协议》,授权可在其开发的以离岸人民币计价的黄金期货合约中使用"上海金"基准价作为该合约的现金结算价。2017年4月9日,迪拜黄金与商品交易所正式上线以"上海金"基准价定价的黄金期货合约。上海黄金交易所还将继续采取有效措施,进一步推进"上海金"基准价的扩大使用,推动市场主体开发更多"上海金"基准价应用场景,形成自我增强型的"上海金"品牌运用环境,增加"上海金"品牌的受众范围和运用基础,鼓励更多的机构投资者参与"上海金"定价机制。

"上海金"定价过程公开透明、可追溯和审计,产生的"上海金"基准价合理、公允,进一步完善了我国黄金市场的价格形成机制。上海黄金交易所通过稳步发展业务,加大市场推广力度,扩大"上海金"基准价的应用范围,扩大定价的参与主体等措施,提升"上海金基准价"的国内外影响力,力争将"上海金"打造成为与"伦敦金"齐名的国际市场黄金定价基准。

"上海金"定价业务推出后,挂钩"上海金"的衍生业务产品不断丰富。上海黄金交易所询价系统上线挂钩"上海金"基准价的现金结算型询价合约,构建"上海金"基准价在询价衍生品市场的运用场景。2016年以"上海金"基准价成交的场外衍生品累计成交 2 489 吨,"上海金"在人民币黄金场外衍生品市场已发挥出了基准价的作用。

"上海金"基准价为全球黄金市场提供了价格风向标,"伦敦金""纽约金"和"上海金"三个时区的价格为国际市场参与者提供更为全面和客观的全球黄金市场动态。"上海金"基准价受到了广泛关注和高度赞扬,国内外主流媒体先后进行了近 1 500 多篇报道。英国路透、美国彭博等多家全球著名的交易数据平台都向交易所申请发布"上海金基准价"交易、价格数据等相关信息,国际影响力逐步增加。

第七节 完善黄金市场制度建设

2001年黄金流通管理体制改革以来,黄金市场的发展也涉及进出口、外汇和税收等方面的配套管理。人民银行积极加强与相关部委的沟通,推动出台一系列规章制度,为我国黄金市场按照"三个转变"方向发展提供了有力的制度保障,不仅提高了黄金市场运行效率,而且有效防范了各类风险,确保黄金市场在规范中稳步发展。

一、黄金进出口政策

我国是黄金的需求大国,黄金进口是平衡国内黄金市场供求的重要手段。人民银行审时度势地根据市场发展需求调整黄金进出口政策,放宽黄金进出口渠道,保障国内黄金市场与国际黄金市场充分接轨。

2001年我国黄金流通体制市场化改革时,实行了由人民银行代理商业银行进出口黄金的政策,当时代理的4家商业银行分别为工商银行、农业银行、中国银行和建设银行。2010年7月,有黄金进出口资格的银行数量进一步扩大,民生银行、兴业银行、上海银行和深圳发展银行(现已变更为平安银行)获得开办黄金进口业务的资格。具有黄金进出口资格的商业银行向人民银行申请黄金进出口额度,获得批准后,按照有关程序办理相关外汇业务和报关通关手续,进出口黄金。随着黄金市场的发展,更多商业银行获得进口资格。2015年9月,人民银行又批准紫金矿业集团股份有限公司黄金进口资格,将黄金进出口业务的主体从金融机构扩大到大型黄金企业。

二、黄金市场外汇政策

商业银行是我国黄金市场的重要参与者，也是连接国内和国际黄金市场的主要市场主体。商业银行黄金业务涉及的黄金进出口和境外黄金交易都要使用外汇，有关黄金市场的外汇政策包含两方面的内容：一是关于黄金进出口的外汇政策；二是黄金业务汇率敞口外汇管理政策。国家外汇管理局出台了一系列政策，保障黄金市场健康发展。

在黄金进出口的外汇政策方面，外汇管理局于2003年和2004年分别印发了《关于商业银行办理黄金进出口收付汇及核销业务有关问题的通知》和补充通知，明确了人民银行代理商业银行进出口黄金的外汇管理政策。

在黄金业务汇率敞口外汇管理政策方面，外汇局于2007年发布了国家外汇管理局《关于银行黄金业务汇率敞口外汇管理有关问题的通知》，2012年发布了《关于商业银行贵金属业务汇率敞口外汇管理有关问题的通知》，明确了贵金属业务汇率敞口等管理的具体办法和备案要求。

三、黄金市场税收政策

税收政策主要包括以下几个方面的内容：一是对非标准黄金和黄金矿砂销售的税收政策；二是对上海黄金交易所会员销售标准黄金的税收政策；三是对上海期货交易所黄金期货交易的税收政策；四是对金融机构个人黄金交易的税收政策和管理办法。

为规范黄金交易，加强对黄金交易的税收管理，财政部和国家税务总局于2002年出台了关于黄金税收政策问题的通知，明确了黄金生产和经营单位销售除标准黄金外的黄金和黄金矿砂，免征增值税；进口黄金和黄金矿砂（含伴生黄金），免征进口环节增值税。同时规定，上海黄金交易所会员单位通过黄金交易所销售标准黄金未发生实物交割的，免征增值税；发生实物交割的，实行增值税即征即退的政策，同时免征城市维护建设税和教育费附加。

2008年1月上海期货交易所上线了黄金期货品种后，同年2月财政部会同国家税务总局发布了《关于黄金期货交易有关税收政策的通知》，明确规定上海期货交易所黄金期货交易发生实物交割的，比照上海黄金交易所黄金交易的现行税收政策执行。

国家税务总局于2005年发布了《关于金融机构开展个人实物黄金交易业务增值税有关问题的通知》，规定金融机构销售实物黄金，应当照章征收增值税，向购买方开具国家税务总局统一监制的普通发票，并明确了相关管理办法。

四、规范商业银行黄金业务发展的政策

人民银行和银监会先后制定了一系列相关政策，推动商业银行黄金市场业务在规范中稳健发展。

中国银监会分别于2008年和2009年发布了《关于商业银行从事境内黄金期货交易有关问题的通知》和补充通知，规定了商业银行从事境内黄金期货交易的相关条件。

2012年，人民银行发布《关于加强银行业金融机构黄金市场业务管理有关事项的通知》，对商业银行场内场外黄金市场业务实施备案管理，并加强对各项业务的日常监测。2016年，人民银行为规范银行业金融机构账户黄金业务，防范黄金市场交易风险，发布《进一步规范银行业金融机构账户黄金业务的通知》，要求账户黄金业务应为全额交易，不得开展杠杆性交易。

五、促进黄金市场发展的政策

2010年7月，人民银行会同发展改革委、工业和信息化部、财政

部、税务总局和证监会联合印发了《关于促进黄金市场发展的若干意见》（以下简称《意见》），明确了黄金市场未来发展的总体思路和主要任务。《意见》要求充分认识促进黄金市场健康发展的重要意义，明确黄金市场发展定位，要求上海黄金交易所、上海期货交易所和商业银行切实做好相关工作，积极推进黄金市场交易方式、标准认定体系、仓储运输体系和结算服务体系建设；进一步完善黄金市场相关政策，在税收政策方面，上海黄金交易所和上海期货交易所黄金税收政策按现行规定执行，研究推动完善投资性黄金和商业银行黄金业务税收政策，拓宽黄金实物供给渠道，进一步完善黄金市场外汇政策和融资政策；要求相关部门认真履行职责，加大沟通协调力度，加强对黄金市场的监管。要求商业银行加大风险控制力度，加强相关制度建设；要求中介机构加强自律性管理，规范会员行为，维护黄金市场秩序；强调要采取多种形式，加强对投资者的教育，严惩地下炒金活动，切实保护投资者利益。

六、加强黄金交易场所及平台管理的政策

2011年，人民银行、公安部、工商总局、银监会和证监会五部委联合发布《关于加强黄金交易所或从事黄金交易平台管理的通知》（以下简称《通知》），对设立黄金交易所或在其他交易场所内设立黄金交易平台等相关活动进行规范。《通知》规定除上海黄金交易所和上海期货交易所外，任何地方、机构或个人均不得设立黄金交易所（交易中心），也不得在其他交易场所（交易中心）内设立黄金交易平台。《通知》的出台，有利于将投资者引导到合法黄金交易场所进行投资，是保护投资者利益、防范金融风险的内在要求，为规范黄金市场秩序提供了依据。

附录一
大 事 记

2000 年

4月30日，人民银行制定《全国银行间债券市场债券交易管理办法》，以进一步规范债券交易行为，防范市场风险，保护交易各方合法权益。

10月20日，人民银行发布《关于开办债券结算代理业务有关问题的通知》，明确金融机构经批准可办理债券结算代理业务。

2001 年

7月24日，人民银行发布《关于切实加强商业汇票承兑贴现和再贴现业务管理的通知》，对加强票据市场监督检查，进一步规范发展票据市场提出了明确要求。

10月31日，经国务院批准，人民银行正式发文设立上海黄金交易所。

2002 年

4月9日，人民银行发布2002年第2号公告，调整银行间债券市场的准入制度，将银行间债券市场的准入由审批制改为备案制。

4月3日，人民银行发布《商业银行柜台记账式国债交易管理办法》，进一步规范商业银行柜台记账式国债交易行为。

10月30日，上海黄金交易所正式开业。

2003 年

6月30日，人民银行指导同业拆借中心推出中国票据网。

12月27日，全国人民代表大会常务委员会通过关于修改《中华人民共和国中国人民银行法》的决定。

2004 年

5月18日，人民银行印发《全国银行间债券市场债券买断式回购主协议》。

6月23日，人民银行发布《商业银行次级债券发行管理办法》，规范商业银行发行次级债券行为，维护投资者合法权益，并促进商业银行资产负债结构的改善和自我发展能力的提高。

10月，人民银行发布《证券公司短期融资券管理办法》，允许符合条件的证券公司在银行间债券市场向合格机构投资人发行短期融资券。

12月7日，人民银行发布《全国银行间债券市场债券交易流通审核规则》，建立了较为全面的信息披露制度，对信用评级和担保要求作出了相应规定，以促进企业债券市场化定价机制的形成和发行管理方式的转变，对提高直接融资比例，改善我国融资结构具有重要意义。

12月30日，中国人民银行发布〔2004〕第22号公告，就在银行间债券市场发行债券信用评级的有关具体事项进行要求。

2005 年

1月21日，人民银行印发《银行业金融机构进入全国银行间同业拆借市场审核规则》，规范银行业金融机构进入全国银行间同业拆借市场的审批程序。

2月18日，人民银行会同财政部、发展改革委、证监会等部门联合发布了《国际开发机构人民币债券发行管理暂行办法》，允许国际开发机构在境内发行人民币债券。

4月27日，人民银行印发《全国银行间债券市场金融债券发行管理办法》，以促进债券市场发展，规范金融债券发行，维护投资者合法权益。该办法自2005年6月1日起施行。

5月11日，人民银行印发《全国银行间债券市场远期交易管理规定》，以促进我国债券市场的发展，规范债券远期交易业务，防范市场风险，维护市场参与者合法权益。

5月23日，人民银行印发《短期融资券管理办法》，以规范短期融资券的发行和交易，保护短期融资券当事人的合法权益。

5月，经人民银行批准，泛亚债券指数基金（PAIF）进入银行间债券市场开展债券交易业务，成为我国债券市场引入的第一家境外机构投资者。

10月20日，周小川在中国债券市场发展高峰会上发表讲话《吸取教训以利再战》。

10月，亚洲开发银行（ADB）和国际金融公司（IFC）首次获准在我国银行间债券市场发行人民币债券，发行量分别为10亿元和11.3亿元，限定筹集的资金主要用于我国国内企业的贷款。

11月8日，上海黄金交易所夜市交易系统正式上线运行。

2006 年

3月8日，经人民银行授权，全国银行间同业拆借中心对外发布回购定盘利率。

9月11日，人民银行发布《关于调整存款类金融机构同业拆借期限相关事宜的通知》，延长存款类金融机构拆入资金最长期限至1年。

12月29日，人民银行批准中国外汇交易中心建立独立清算所，这将有利于完善金融市场基础设施建设，控制清算风险，提高清算效率和市场流动性。

2007 年

1月4日，上海银行间同业拆放利率（Shanghai Interbank Offered Rate，Shibor）正式运行。

1月11日，人民银行发布《全国银行间债券市场做市商管理规定》。

6月8日，中国人民银行、国家发展和改革委员会共同制定并发布《境内金融机构赴香港特别行政区发行人民币债券管理暂行办法》。6月22日，人民币债券开始在中国香港发行。

7月3日，人民银行颁布《同业拆借管理办法》。

9月29日，人民银行发布《远期利率协议管理规定》，推出远期利率协议业务。

2008 年

1月18日，人民银行发布《关于开展人民币利率互换业务有关事宜的通知》，全面推出利率互换业务。

4月24日，中国人民银行、中国银行业监督管理委员会联合发布《关于村镇银行、贷款公司、农村资金互助社、小额贷款公司有关政策的通知》以改进和完善农村金融服务、培育竞争性农村金融市场。

8月1日，人民银行发布并公布实施《银行间债券市场债券交易券款对付结算有关事项公告》，以进一步提高市场效率，降低债券交易结算风险，推动债券市场健康发展。

2009 年

1月7日，人民银行发布2009年第1号公告，取消债券发行规模须超过5亿元才能交易流动的限制条件，为中小企业通过发行债券进行小额融资创造了较好的政策条件。

3月18日，人民银行发布2009年第5号公告，允许基金管理公司以特定资产管理组合的名义在全国银行间债券市场开立债券账户，并对其业务运作进行了规范。

7月23日，人民银行发布2009年第11号公告。公告要求证券公司在全国银行间债券市场从事证券资产管理业务时，应为其设立的各资产管理计划（包括集合资产管理计划、专项资产管理计划和定向资产管理计划）分别开立单独的专用债券账户。证券公司资产管理计划进入银行间债券市场，不仅有助于提高市场流动性，同时也有利于切实保护投资者的利益，落实相关的监管要求。

2010 年

8月16日，人民银行发布《关于境外人民币清算行等三类机构运用人民币投资银行间债券市场试点有关事宜的通知》，允许境外中央银行或货币当局、港澳人民币业务清算行和跨境贸易人民币结算境外参加银行使用依法获得的人民币资金投资银行间债券市场。

10月29日，为丰富银行间市场信用风险管理工具，完善市场风险分担机制，提高市场效率和流动性，促进市场健康发展，中国银行间交易商协会发布《银行间市场信用风险缓释工具试点业务指引》。

2011 年

4月9日，人民银行发布2011年第3号公告，对全国银行间债券市场交易管理提出了具体要求，引入了重大异常交易披露制度、异常交易事前报备制度等，有利于进一步规范全国银行间债券市场债券交易行为。

4月15日，中国人民银行、财政部联合发布公告，就新发关键期限国债做市有关事宜提出具体要求，以进一步改善市场价格发现机制，有利于完善国债收益率曲线。

12月19日，银行间市场清算所股份有限公司正式向银行间市场提供现券交易净额清算服务，标志着银行间债券市场集中清算机制的正式建立。

2012 年

12月3日，为了维护市场参与者合法权益，促进我国债券回购市场的规范、健康发展，人民银行发布2012年第17号公告，同意中国银行间市场交易商协会发布《中国银行间市场债券回购交易主协议》。

2013 年

1月18日，人民银行宣布启用公开市场短期流动性调节工具（Short-term Liquidity Operations，SLO），作为公开市场常规操作的必要补充，在银行体系流动性出现临时性波动时相机使用。

1月，人民银行创设常备借贷便利（Standing Lending Facility，SLF），对金融机构开展操作，提供流动性支持。

3月13日，人民银行印发《关于合格境外机构投资者投资银行间债券市场有关事项的通知》，允许符合条件的合格境外机构投资者（QFII）向中国人民银行申请投资银行间债券市场。

7月20日，人民银行决定全面放开金融机构贷款利率管制。一是取消金融机构贷款利率0.7倍的下限，由金融机构根据商业原则自主确定贷款利率水平。二是取消票据贴现利率管制，改变贴现利率在再贴现利率基础上加点确定的方式，由金融机构自主确定。三是对农村信用社贷款利率不再设立上限。四是为继续严格执行差别化的住房信贷政策，促进房地产市场健康发展，个人住房贷款利率浮动区间暂不作调整。

2014 年

1月28日，人民银行发布《关于建立场外金融衍生产品集中清算机制及开展人民币利率互换集中清算业务有关事宜的通知》，建立场外金融衍生产品集中清算机制。

5月9日，中国人民银行、银监会、证监会、保监会、外汇局联合印发《关于规范金融机构同业业务的通知》，就规范同业业务种类和会计核算、加强和改善同业业务内外部管理、推动开展规范的资产负债业务创新等方面提出了十八条规范性意见。

9月18日，上海黄金交易所"国际板"正式启动。

2015 年

5月9日，人民银行发布2015年第9号公告，取消银行间债券市场交易流通审批，明确依法发行的各类债券发行完成后即可直接在银行间债券市场交易流通。

6月2日，人民银行发布《大额存单管理暂行办法》，并正式实施。

7月14日，人民银行印发《关于境外央行、国际金融组织、主权财富基金运用人民币投资银行间市场有关事宜的通知》，对境外央行类机构简化了入市流程，取消了额度限制，允许其自主选择中国人民银行或银行间市场结算代理人为其代理交易结算，并拓宽其可投资品种。

12月15日，人民银行就在银行间债券市场发行绿色金融债券有关事宜发布第 39 号公告，银行间债券市场正式推出绿色金融债券。

2016 年

2 月 3 日，《国务院关于取消 13 项国务院部门行政许可事项的决定》发布，取消进入全国银行间同业拆借市场审批。

2 月 14 日，人民银行发布施行《全国银行间债券市场柜台业务管理办法》。

2 月 24 日，人民银行发布 2016 年第 3 号公告，进一步放开境外机构投资者投资银行间债券市场，引入更多符合条件的境外机构投资者，取消额度限制，简化管理流程。

4 月 27 日，中国人民银行发布 2016 年第 8 号公告及配套实施细则，明确机构投资者的合格性标准，拓宽投资者范围，优化备案、开户、联网流程，明确依法对相关业务开展进行检查，强调中介机构与自律组织监测与自律管理职责。

12 月 8 日，上海票据交易所正式开业。

附录二
相关重要文献选编

资本市场的多层次特性[1]

周小川

今天我想谈一个与我们的论坛主题有关的题目,即资本市场的多层次特性。主要内容是,资本市场本身具有多层次特性,有了这个基础才需要有"建设多层次资本市场"的提法。这一提法第一次在党和政府的正式文件中出现,是在 2003 年 10 月党的十六届三中全会《完善社会主义市场经济体制若干问题的决定》中,明确提出要"建立多层次资本市场体系,完善资本市场结构,丰富资本市场产品"。最初建设多层次资本市场的想法还相对比较简单,定义的层次少一些,当时主要考虑建设主板市场和创业板市场,后来逐步认识到,需要建立一个更丰富

---

[1] 本文为周小川行长 2012 年 6 月 6 日在北京大学资本市场论坛上的讲话,后发表于 2013 年第 8 期《金融市场研究》。

的多层次资本市场。下面我讲一下对这个问题的若干认识。

事物的连续性和分层处理

在自然界和日常生活中,很多事物本身是连续的,用数学函数来描述,就表现为连续函数,或者可以用近似连续函数来表达。但是,我们在具体处理这些事物的规则中,一般很难用连续函数处理,而经常用离散的办法来处理,表现在数学上就是分成若干区段来处理。举一个大家都比较关心的例子,G20 金融稳定理事会(FSB)前不久在遴选系统重要性金融机构(SIFIs)时,在全球范围内确定了 29 家系统重要性金融机构,中国银行名列其中,而工商银行虽然看起来规模更大一些,但不在此列。这涉及在确定标准的时候,对"系统重要性"如何划分的问题。国际上主要采用五个指标,具体是全球活跃性、资产规模、复杂性、关联性,以及可替代性,按这五项指标对国际性金融机构进行评估打分,根据一定权重汇总后排队,排在最前面的 29 家纳入了全球系统重要性金融机构(G-SIFIs),并根据其分值的不同分为 5 个组别,也称为分组法。

对于上述划分方式,当时争论很大。有人提出,按这种方式"一刀切"划出 29 家作为系统重要性金融机构,在资本要求、杠杆率、流动性比率等方面按照更高的标准强化监管,对排在前面的几家机构自然无太多争议,但对于排在 30 名前后的金融机构而言,可能就存在一个大的落差。特别是排在第 28 家、29 家的机构,很有可能与后面的第 30 家、31 家、32 家金融机构在相关指标上差距并不大,但却要受到一系列更高、更严的外部约束,这个大幅的落差,被称为"峭壁效应"。这似乎不尽合理。

有没有更好的办法呢?中国和美国的参会者提出了"连续法"的划分思路。就是对于一定规模以上的金融机构,按其指标值对每个机构赋予一个介于 0 和 1 之间的系统重要性系数，再用这个系数去乘以额外资本要求等外部监管指标。这样，对一定规模范围内的所有金融机构而言，所接受的额外约束就有连续性了，第 28 家、29 家和第 30 家、31 家、32 家所受到的监管约束就可以与它们的系统重要性相匹配，就不至于出现太大的落差，可以避免"峭壁效应"。但这种方法也有缺点，就是计算和处理起来比较复杂，最后没有被采纳。

在各国考虑国内"大而不能倒"的系统重要性金融机构（D – SIFIs）时，是否也采用划分 G – SIFIs 的方法？对此还是有一些争论。各国国情不同，尤其是大国经济的中等以上规模的金融机构个数较多，像我国既有工行、农行、中行、建行、交行这样的若干大型商业银行，也有十多家像招商银行那样的中等规模商业银行，其经营范围遍布全国，排起队来没有明显的分界点，不同程度上都具有某种系统重要性。如果采用划分 G – SIFIs 的上述分组法，"峭壁效应"可能更突出，会产生更严重的问题。为此，在实施宏观审慎管理过程中，我们更多地使用前面所说的"连续法"，即计算出各机构的系统重要性系数，再来对它们施加额外约束。

以上是一个与金融相关的例子，下面举一个日常生活中的事例。现代体育运动有各种各样的竞技比赛项目，种类繁多，其中有些项目划分为若干级别。比如举重，首先要分男女，其次按体重进一步分层，如分为重量级、次重量级、中量级、轻量级、次轻量级等。这样，就把具有连续函数特性的体重指标划出了若干个档次、层级，可以分门别类地组织比赛，既有利于增强公平性，更好地衡量参赛者的体能表现，也有利于增强观赏性。

当然，并不是所有的体育运动和竞技比赛都有多层次的划分，有的划分十分复杂，有的划分则比较简单。比如篮球运动，除了有男篮和女篮的区分外，似乎就没有其他更细的划分了。那么，为什么不管参赛者身高多少，篮球比赛中篮筐都是 3.05 米高呢？能不能根据不同的参赛者身高水平设计不同的篮筐高度？设想一下，如果真的有所区分，可能也有其优点。排球略有区分，男排和女排的网高就不一样，除此以外也没有别的层次了。不过，现在竞技体育具有很大程度的观赏性，要体现娱乐性，因此目的性有所不同，相比较而言可能对进一步分层的要求就没有那么高了。

还有一些运动，用举重比赛这种分等级衡量的办法还不行，需要通过多个裁判员打分来评价和衡量，比如跳水、体操等。这些靠裁判打分的计分方式更具有连续性特征，不同参赛者的得分差别有时非常小。理论上甚至完全可以允许连续性计量，不妨碍进行名次的比较。从数学上讲，对于举重这样的比赛，也可以不作具体分层而采取连续函数来评价的方法，即可以用一个函数来反映参赛者体能表现，包括性别、身高、体重以及所举起的重量，纳入这个函数进行计算，然后排出名次。

现实中不这么做。为什么呢？有很多原因，其中有两个比较重要的原因：第一，如果这么做，这个比赛很可能就不好看了，缺乏观赏性，举重运动员们各举了多少，观众很难直观作出判断，而要耐心等待最后的测算结果。而且会有很多观众数学不那么好，很难理解计算方法及其合理性，也会影响比赛规则的公开和透明。第二，不好实施。按分层的办法来比赛，举重杠铃边上挂几个重锤，每个多少公斤是清清楚楚的，很容易操作，如果要按照连续的办法来设计比赛，器械不好做，也不容易进行透明的计量，所以实际上很难设计比赛规则。

分层的办法在其他领域也有广泛的运用。如在制定法律和条例时，通常把各种可能的情况按性质、程度分若干类别、档次，然后根据具体情况来套其符合的类别、档次，从而来定性。这样，规则就比较简易，但也有"峭壁效应"式的缺点。

上面的例子表明，很多事物本身是模拟量（Analog），具有连续性或近似连续性，但在管理这些事物的实际规则中，往往按照分层次的办法来处理。在规则设计中，如果规则列举的条件很难穷举或涵盖连续化的状态,往往按照多分层次、多分区段来近似地反映这些状态,并设计相应的规则。对于金融市场而言,金融市场及产品的某些特征是连续的,包含着各种可能的供给和需求,但在设计和实施金融市场规则时,就无法完全体现市场运行的这种连续性,一则技术上可能难以实现,二则在规则制定中可能也难以操作。因此,在现实中,大多数情况下都只能以离散方式、划分台阶进行处理,并设计相应的规则。

金融产品的层次特性

资本市场的多层次性可以从很多方面来衡量,比较常见的是从供给方和需求方来考察。从融资需求方看,像中国这样的大国,企业数量非常多,企业类型也是各种各样,其融资需求必然也千变万化,最后综合起来体现为一个多变量、连续的需求函数,但操作上往往用多维、分层的方式来分类,而在每个维度或层次里还可能需要划分更细的子维度、子层次。比如,行业是个维度,行业内还可以按传统型、创业型、高科技型等再作区分。这样,企业的融资需求就会划分出多个层次,每个层次都体现着不同的特征。从投资者角度看,投资者对金融市场产品也有各种各样的期望,这些不同的期望往往体现在风险偏好、投资期限、回报率以及产品本身的复杂程度等多个方面,不同的投资者对这些指标具有不同的偏好组合。金融市场要满足投资者不同种类的投资偏好,就需要一个多层次的资本市场及其所覆盖的多样化产品。

公司债券的多层次性

债券市场怎么分层?从发行者的角度来划分,如国债、公司债、中小企业债、住房抵押债、银行附属资本债等。对于公司类债,中国又进一步细分,如上市公司债、企业债、中期票据、短期融资券等。有人认为这些产品实际上都是一回事,只是因为一些制度安排的原因,市场不得不搞出这些不同的产品。实际上,对公司债券市场需要有分层的认识。在多数成熟市场,公司债(Corporate Bond)从清偿的维度来看也是分层次的,包括有担保高级债(Secured Senior Bond)、有担保低级债(Secured Junior Bond)和无担保高级债(Unsecured Senior Bond)、无担保低级债(Unsecured Junior Bond)。此外,还有多种不同条件的可转换债(Convertible Bond)等。这些产品之间还可以有各种组合。

为什么会有这些不同层级、不同种类的公司债?原因有很多,一个重要的因素是清偿顺序不一样,特别是在涉及发生违约或破产清算时,有抵押品的和没有抵押品的、优先级债和非优先级债、可转换的和不可转换的债券,在清偿的顺序安排上所处的位置不一样。当然还有其他各种分层的原因,往往在公司法、破产法里会有相关的规定。还涉及一些SPV(特殊目的公司)的具体安排,分层的要求和体现就更加明显,后面还会进一步谈到这个问题。

此外,公司债的层次还可以按其信用评级来分层,这既涉及债券本身的信用评级,也涉及发行主体的信用评级,同一公司发行的债券其信用评级也会不同。目前市场上比较常见的各种信用评级级别在分层(Notch)结构上大体是大同小异,如从AAA到AA、A,到BBB、BB、B,还有CCC、CC、C,以及带上"+"和"-"的相应级别,形成各种不同的组合,看起来在一定程度上去逼近连续性函数。可见,不同分布的信用评级也使得公司债体现出各种层次变化,从而具有多样性。这些情况表明,对于有些人认为是单一的债券类产品,如果去深入考察,就会发现它们也都是分层次的,甚至还有很多逼近连续的层次。

金融产品设计的分层方法

搞金融工程的人往往用很多复杂的金融工程技术来开展金融产品

的设计和创新，其中一个很重要的方法就是分层。金融工程人员设计了某个层次的金融产品后，更换一个外部条件，就可以设计另一层次的金融产品。如不断更换外部条件，就可以设计出很多不同种类、不同层次的金融产品，满足投资者的多层次需求。当然，这次国际金融危机表明，金融工程带来的产品创新也不见得都是好的，一些金融产品过于复杂，很大程度上偏离了基本面，甚至成为危机的诱因。

担保债务权证（Collateralized Debt Obligation，CDO）是金融工程分层设计的典型例子。CDO产品本身有现金型CDO、合成型CDO，以及担保贷款权证、担保债券权证、担保保险权证和结构性金融担保债务权证等种类，常把担保品分成若干层（Tranche）来产生不同的产品。而且，CDO做完了还可以做CDO平方、CDO立方等更多层次的产品。现在来看，CDO作为一种复杂的证券化产品和信用衍生产品，其评级和定价建立在复杂但未必可靠的数学模型基础上，CDO透明度不够，投资者对于产品本身知之甚少，因此被认为是这次危机的罪魁祸首之一。不过，我们还是要看到这些产品，特别是那些简单透明的CDO产品有用的方面，如帮助企业筹资、管理风险等，至于产品的透明度，以及相关的监管、投资者教育等问题，当然也不容忽视。在这方面，现在已经有很多研究论文作了比较深刻的分析、反思和总结。

从上述例子可以看出，金融工程开展金融产品创新实际上很大程度上是设计一些新的不同层次的金融产品。通过更换外部条件，不断加以发展演化，形成各种不同层次的产品，在客观上也推动了多层次市场的形成和发展。

在解决欧洲债务危机和开展救助过程中，可以发现，在2011年11月G20戛纳峰会期间，欧洲方面给峰会推介的方案也是用了分层的做法。欧盟设计并推销一种与欧洲金融稳定基金（EFSF）合作的共同投资基金（CIF），近期这个机制将进一步演变成欧洲稳定机制（ESM），成为欧元区的常设金融稳定机制。CIF在风险承担方面，则体现了典型的分层方法，具体模式是，由 EFSF 对首先出现损失的 30% 给予担保，形成这个安排后，其他国家的投资者可以直接购买意大利或者西班牙的国债。当出现损失时，EFSF 按照预先设计的比例率先承担损失，这样损失超过 30% 的概率会明显降低，如果出现了，则由投资人自己承担。当然，中间还可以作一些更具体的分层安排。对于不熟悉情况的人来说，可能不太理解这种担保的含义，会提出 EFSF 既然作为救助机制，怎么能只管 30% 呢？一旦出了问题，绝大部分损失不还是要由自己来承担吗？比较熟悉 Tranche 的业内人士就能体会到，这种分层担保的办法实际上是提供一种降低风险的产品，相当于增加了一层保险，可以提高投资的安全性，不管从风险管理还是投资策略上，都给投资者更多的余地去选择。

金融市场和金融产品，包括其需求和供给本身都具有复杂性、多样性，并通常以连续或近似连续的特征表现出来，只不过从业务安排和规则设计的角度来考虑，需要进行适当的分层处理。最开始处理得往往比较简单，分的层次比较少；随着认识的深化和技术的提高，层次可能分得越来越多、越来越细。当然，也不是层次越多、越细就越好，分层的情况往往与经济金融发展状况、市场条件等因素有关，后面还将会进一步提及。总之，适当的分层可能是发展和管理市场、满足供需关系的一个重要基础。

资本市场运行的分层次特性

除了上面讲到的债务资本市场产品的分层特性，资本市场的分层特性还表现在资本市场运行的多个方面。下面主要从资本市场融资的需求和供给、市场组织、发行与交易机制等几个维度来谈一谈资本市场多层次特性的若干主要方面。

银行业资本工具的多层次性

在我国推进经济体制改革的早期，人们一谈到要发展资本市场、搞直接融资，马上就会想到两种融资工具，一个是股票，另一个是债券，其他的就不太清楚了。确实，从中国刚开始引进资本市场的那个年代看，能把股票、债券这两种基本的工具搞明白，把这两件事做好就很不容易了。而且，如果一开始就搞得很复杂，可能人们也接受不了。但随着市场经济的发展，人们逐渐认识到，资本市场仅有股票和债券就不够用了，还有不少产品可以发展，特别是一些介于股票和债券之间的产品会有发展的需要。

其中，一种产品是优先股。优先股虽然也叫股，但和普通股票有点不一样，在一定条件下具有债的性质，在清偿时具有优先权。还有一种产品是可转债，虽然也称作债，但和普通债券不一样，按一定条件可以转换，转换以后就从债券变成了股票。这次国际金融危机后，又出现一个与可转债有点像，但达到触发条件时必须转换为普通股的产品，称作应急可转债（Contingent Convertible Bond，CoCos），在一定条件下强制转换为金融机构的普通股，从而被称为应急资本，成为在应急条件下增加金融机构股本、增强吸收损失能力的稳定机制。可见，股权产品的分层也是随着市场发展的需要不断发展细化的，市场没有发展到一定阶段时，很难认识并设计某种类型的产品。

根据媒体报道，2012年6月6日国务院召开常务会议，讨论了新一版商业银行资本要求。可以发现，新资本要求分了很多层。过去大家都比较熟悉一级资本、二级资本，具体如普通股、附属资本债等概念。这里顺便提一下，附属资本债（Subordinated Debt）过去有人称为"次级债"，后来发现这个词容易和这次国际金融危机最初被称为次债危机（Subprime Crisis，也称次贷危机）的说法相混淆，所以还是称附属资本债好些。

这次国际金融危机后，人们吸取教训，在银行资本方面提出了一些新的要求，如要求建立包括资本留存缓冲、逆周期资本缓冲、系统重要性机构的额外资本要求，以及应急（可转换）资本等一系列分层次的资本分类。这些资本层次的具体内容我在不同场合作过介绍，这里就不再详细展开了。刚才说到应急资本机制，这个机制主要由应急可转债来实现，即前面提到的 CoCos。商业银行在发行 CoCos 时应向投资者明示其性质和风险：银行一旦进入某种危机情况，比如因金融市场动荡而导致资产盯市价值出现大幅减记，或资本充实率低于某个水平，该 CoCos 就要自动转换成普通股，用来承担损失。这是典型的介于普通股和普通公司债之间的产品，其价格也是低于同等条件的普通债券。此外，还有一些金边债、金边股之类的产品。

在我国股权市场，目前大家呼吁得比较多的是我们缺少优先股这个工具。为什么当初没有优先股的设计呢？在改革开放早期制定《公司法》时，大家认为股份制本来就是一个新事物，股权结构、股东权益这些概念还没有完全弄清楚，再搞一个优先股，会不会更加忙中添乱？所以当时就没有正式提优先股。后来由于法律上没有优先股这一提法，一直难以突破，也使资本工具缺少了一个层次。

优先股是有其用处的。在美国处理 AIG 危机时，国家需要对 AIG 开展救助。国家如何介入呢？一些欧洲国家采用国有化、国家注资的办法，但美国人比较反感国有化，认为国有化会影响私营企业的积极性，会影响市场效率，因此就需要一种安排，既体现国家投入资金的成本，又要保持公司的私人治理，防止国家资本干预企业经营。在这种情况下，优先股是个有用的工具，在救助 AIG 时美国政府就采用了这一工具，实现了上述目标，体现了优先股作为一种重要的资本市场工具层次所能发挥的独特作用。

发行方式的多层次性

对于股权市场的多层次特性，最普遍的理解可能是区分大、中、小企业，大企业上大市场，中企业上中市场，小企业上小市场。但问题没有那么简单，企业规模只是一个维度，还有其他的一些维度需要考虑。首先是市场组织的情况是不一样的。

在我国资本市场，一说上市公司，人们就理解为IPO并在交易所挂牌交易的股份制企业。后来发现"上市公司"这个词其实不太准确，想要纠正也很难，人们都形成习惯了。实际上，公众公司有很多类型：有只挂牌不做公开发行的，也有公开发行后不挂牌交易的。这就是说，上市这个概念还可以再细化一些。

从发行的角度来说，企业可以私募筹集股份，比如在中关村股份代办转让系统发行。当然私募的概念各国规定也不尽相同，一些国家规定50人以下属于私募，超过50人则是公募；美国证监会Regulation D第506条款，满足特定条件的发行企业可以向任意数量的"合格投资者"和不超过35个非合格投资者进行不受金额限制的私募发行，豁免向证监会注册登记；我国《信托法》的规定是200人，200人以下属于私募，超过200人就是公募。因此，在中关村股份代办转让系统挂牌的公司，股权投资者就不能超过200人。经过多年的发展，企业公募的基本要求、条件、手续等已广为人知，这也是公众上市公司最基本的要求。后来，在发展中小企业板和创业板的时候，这些要求开始进一步细分出更多的层次，包括在规模、盈利能力、信息披露、外部审计等方面，不同的板块有不同的层次要求。

近来，资本市场发行又有了新的层次要求。人们发现仅有公募或私募两类还不够，还需要有所谓的"次公募"，或者称为"小公募"。如在美国，符合条件的证券公司可以代中小型的发行者进行公募，这种中小型发行者发行前不必到美国证监会（SEC）去注册备案，其真实性由代发行的证券公司负责。当然，证券公司要从事这个业务必须符合一定的条件并向 SEC 申请。与在纽交所、纳斯达克上市的公司相比，发行企业的融资规模必须限于一定的水平以下，受的约束更低一些，披露标准也适当简化。另外，对投资者也有要求，必须要有一定规模的财富，对每笔投资规定了下限，以避免特别小的散户进入。这样，一个企业通过"小公募"获得融资，就不用像公募那样须具备很高的条件，到处去路演，这样可避免过高的融资成本。可见，市场根据供给和需求的发展变化，往往会从既有分层市场间创新出新的层次，满足市场融资者和投资者的需要。

对于私募而言，其发行也有层次。在美国，证券法 144A 规定了私募和相关交易的基本条件，这种私募无须在 SEC 注册，但必须受美国证券法规对于发行和交易私募证券的一系列要求和限制，发行规模比较大。是不是还可以有规模更小、规则更简单的私募发行呢？实际上也已出现了。在今年 4 月美国宣布生效的《初创期企业推动法案》（以下简称 JOBS 法案）中，明确了"众募"的合法地位。根据该法案，美国国内的非报告公司可以通过券商或"融资门户网站"，向数量不限的投资者销售和推销股份，但必须满足一定条件，如每年募集的资金总额不得超过 100 万美元；对具有不同年收入或净财产的投资者每年购买金额比例有限制性规定；发行人不得直接进行销售和推销，而是必须通过符合法定条件的中介机构，同时向美国证监会、券商、融资门户网站和投资者履行披露义务等。

JOBS 法案还有一些值得关注和研究的内容，涉及多方面的对美国现有证券监管规定的改革，其主要目的是放松美国对创业公司和中小企业的监管规定，鼓励更多的风险投资者投资初创期企业，并更为便捷地融资和上市，从而给美国经济带来更大的活力，创造更多的就业机会。比如，JOBS 法案针对年收入低于 10 亿美元的新兴成长型公司（Emerging Growth Company），规定了一系列发行和合规便利设计。再如，针对私募市场及现有融资规定进行诸多改革，除了刚才提到的"众募"合法化，还包括：允许以公开劝诱或公开广告形式进行私募，也就是私募发行可采取公开方式进行；提高小规模融资触发信息披露义务的上限；对"报告公司"进行较大幅度松绑等。

在我国，存在类似的需求，可作进一步研究，要看一看实际需求怎么样，有无必要性和可行性。

投资者的分层次性

从投资者角度来看，投资者也是普遍分层次的。对投资者划分层次往往容易使人感觉存在歧视，但从另一个角度看，必要的划分在某种程度上也是一种保护。比如对一些财富不太多的，或者是已经退休的投资者，可以限制他去投资某些高风险的产品。作为一种投资者保护手段，很多国家都这么做。比如，智利的养老金制度，所有人都有个人账户，其所有者可以委托某个基金从事某一类投资，对于较年轻年龄段的个人账户持有者，投资范围不受限制，但对于接近退休年龄的个人账户持有者，就开始限制投资范围，比如股权的比例不得超过某个规定的限值，其主要目的是保护投资者。

对投资者分层中，最常见的就是个人财富规模。现在一些私募股权投资基金（PE）、对冲基金等都对个人投资者资产规模有要求，这一方面是要明确参与者有这个投资实力，另一方面也是要确保参与者有相应的损失承受能力。另外还有地域性的分层，在中国比较多见的是对投资者户籍的界定。多数国家没有户籍的概念，但强调市民的概念，比如某些市政类债，往往希望主要由本市居民购买，因为该类项目的受益者一般是本地居民，如果非本地居民来投资，从吸引资金的角度而言应该受欢迎，但容易导致监督不力，从而危害其他投资人的利益。一些产品对投资者地域、身份有要求会有助于形成合理的定价和风险识别。

这次欧洲主权债务危机也反映了这种投资者身份的意义。危机中，一些国家主权债务过高而出了问题，即债务余额与 GDP 的比例过高。单纯就这个比例而言，应该说日本是最高的，但在日本百分之九十几的国债都是由国内居民持有，所以不太会出现跨国风险传递的问题。如果日本要下决心解决国债问题，那也是日本人内部的事情。相比之下，某些欧洲国家的债务与 GDP 的比例不仅过高，而且投资者大量都不是本国人或本国机构，出了问题以后，投资者非常关心自己的投资是否安全，如没有发言权还不如及早撤离。债务国政府也想尽快解决债务问题，采取了一些财政紧缩政策，但往往面临本国居民不同意的困境。在债务国的一些居民看来，反正这些债务持有者大多是外国人，这就出现了较大的道德风险。基于这些情况，国际上开始形成一些认识，其中有一条是，一国国债最好主要对本国居民发行，由本国居民持有；如果实在要向外国人发行，可以考虑由欧洲金融稳定基金（EFSF）或者欧洲稳定机制（ESM）出面发债；还有人建议发行所谓的欧洲共同债券，但有的国家不同意。

当然，投资者也是多样化的，可能不乏有一些对冲基金会有很强的投机兴趣，这其实也是对投资者的某种分层，其目的不一样，所以另当别论。

交易机制的分层次性

从交易机制看，过去人们强调区分场内交易和场外交易，或者说场内交易和 OTC 交易。这实际上是针对交易方式而言的，场内交易通常以连续报价、自动撮合为特征；场外交易一般更多样化，可以是非连续交易。而对于断续交易，其本身含有分层的概念，一分钟交易一次？一小时交易一次？一天交易两次？还是一星期交易一次？这些都是断续交易，能分出不同层次。还有是否允许做空的问题，也涉及结算方式，如我们所知的T+0、T+1，还是T+2等。如果限制交易的间隔，交易就会慢下来，短线投资者不来光顾。如果是连续交易、自动撮合，再加上搞T+0，即当日可回转交易，可投机的机会就比较多，价格波动也会比较大，但定价和价格发现机制也可能会更好一些。

现在很多人在讨论高频交易，高频交易主要是靠计算机进行操作，因为交易频率太高，人脑已经反应不过来了，只能靠计算机程序来交易，这些程序都由专门的软件公司开发销售，在市场上买了就直接可以用。很多人对高频交易持怀疑态度，认为高频交易大都是技术派，很少去关注发行人产品的基本面及其经济特性。而经济基本面本身并非是高频的，因此高频交易比低频交易更容易脱离经济基本面。很多人认为，2000年纳斯达克泡沫的一个重要原因就是源于程序交易（Program Trading），而程序交易的顺周期性很强，在科技股高涨的时候，会更加追捧对科技股的投资，从而将其股价推得更高，以至于形成泡沫。

对于交易频率，不同的市场参与者有不同的要求。有的投资者、市场组织者希望交易频率低一点，更偏向于断续交易，这样的长线投资牵扯的精力少一些，更有利于进行基本面分析和比较，判断的余地大一些。另外一些市场参与者拥有更先进的计算设备和交易设施，希望交易频率越高越好，这样可以凭借高科技手段来对实时交易数据进行快速加工处理，掌握市场先机。对于交易所而言，它按交易额收取手续费，因此自然是希望交易频率高。

卖空作为一种交易机制，也体现了交易的层次性。但即使是发达的成熟市场，对卖空机制也有负面评论。这次国际金融危机中，曾对卖空行为施加了限制。如2008年在美国，交易所列了一个股票单子，在什么期限范围内禁止裸卖空；欧债危机以来，德国等国规定，对于欧元区国家的国债禁止裸卖空。

关于交易机制的分层除了交易所交易方式，还有涉及做市商的方式，这里就不再展开了。另外，最近还有个现象，就是除了中关村在搞"新三板"试点以外，很多地方都有很高的积极性去建立一些区域性的交易市场，在交易机制选择上与上交所、深交所选择的方式不一样。总体来看，中国国家非常大，需要在规范的前提下发展更多层次的市场，这方面，有关部门也正在研究如何通过市场建设和规范管理，更好地满足各种不同的市场需求。

多层次的产生要靠金融创新

对于具有连续特征的金融市场、金融产品及其交易机制，出于实际操作和制定规则的需要，我们在处理中往往分出一些层次。各个层次间可能有比较明显的差别；有的则不太明显，差别较小。总体而言，随着人们认识的深入、技术的发展，层次变得更多、更丰富。这个过程中，金融创新往往发挥了重要的作用。这些创新就好比在两个层次间打了一个楔子进去，随后成为一个新的层次。这里面，典型的例子是证券化。

证券化和 SPV

证券化这个课题现在已有很多教材，这里就不详细说了。而证券化中经常用到特殊目的机构，即人们常说的 SPV（Special Purpose Vehicles）。在很多非金融专业人士看来，SPV 似乎不是个好东西，因为很多金融乱象好像都涉及 SPV，一些广为人知的金融市场上违规行为、诈骗性产品似乎背后都有 SPV 的影子，如 2002 年美国安然公司出事，就是利用 SPV 做了很多表外业务，次贷危机也在很大程度上与 SPV 有关系。但对于金融专业人士而言，对 SPV 恐怕还是要一分为二地看，既要认识到 SPV 对于满足市场投融资需求、规避和管理风险、提高资金配置效率的好处，也要清醒地认识到 SPV 可能带来的问题。应该说，很多融资业务创新都是通过 SPV 实现的，SPV 加上资产证券化在各国都有大量成功的实践。因此，SPV 有其积极的意义，特别是在创建多层级金融市场、金融产品和交易机制方面，可以发挥重要作用。

SPV 是怎么产生的？大体可以概括三个方面的原因。

一是资产隔离。母公司要拿出一块资产，以此作为一个特殊载体来发行债券。为此，就要创建一个 SPV，从母公司隔离出一块独立的资产纳入其中。比如对于银行住房抵押贷款业务，银行可以设立一个 SPV，把这些房产抵押贷款纳入作为一项独立的抵押资产，凭借未来收取的本金和利息现金流去发放住房抵押证券（Mortgage – Backed Security，MBS），形成证券化产品。再如，银行把符合一定条件的信用卡应收款隔离出来，形成一个 SPV，凭借其未来的现金流发行资产支持证券（Asset – Backed Securities，ABS），同样也形成了新的证券化产品。为什么要这么做？主要是为了管理和隔离风险。一方面，银行通过 SPV 和资产证券化将原有表内的信贷业务转移出来，并将这块资产通过证券化卖给市场投资者，及时变现为现金资产，既减小了自身风险资产规模，从而可以更好地符合资本监管要求，同时也将原承担的风险分散给了其他投资者。另一方面，SPV 和资产证券化还隔离了破产风险，一般来说是隔离了母公司的破产风险。也就是说，SPV 资产在法律上是独立的，与母公司资产实现了隔离，母公司如果破产，一般不影响 SPV 的证券质量。因此，SPV 所发行的债券信用等级仅取决于 SPV 资产及其回报本身，与母公司的信用评级无关，即使母公司有问题，投资者也可以放心买。当然，反过来解释也有一定道理，独立的 SPV 如果破产，一般也不至于拖母公司的后腿，影响母公司的正常经营。

二是税收合理化。为了规避既有的税收规定，可以设计一个 SPV，使之不属于原有母公司业务的纳税范围，从而合理避税。有人批评这么做不道德，但既然有规则，那么只要不违反规则，就意味着允许和容忍按规则避税。金融界的人才都非常聪明，经常能琢磨出一些现有规则的漏洞和合理避税的途径，这在很大程度上也是金融创新的重要动力之一。从规则本身或者规则制定者而言，要么应该查遗补漏，完善规则，防止避税行为；要么应进行税收改革，使其更科学合理，使得合理避税行为阳光化。

三是创造性地满足市场需求。简单地说，在资本市场乃至整个金融市场上，有一些过去看来难以实现的投融资做法，可通过利用 SPV 成为现实。一些市场需求由于政府管制、客观条件等制约而无法实现，但在金融市场不断深化、金融工程技术日益发展的条件下，很多投行的聪明才俊可以通过设计特定的 SPV 和相关的结构化产品，来满足过去看来难以实现的个性化需求。这个过程涌现了大量的金融创新，这些创新产品和交易机制在现有的经济金融环境下依靠现代金融工程技术手段运行，把很多供求关系联系在一起，对满足一些领域的风险管理和投融资需求起到了一定作用。当然，这里面 SPV 既可以发挥积极作用，促进市场的运行和发展；也可能成为风险诱因，表现出负面影响。例子有很多，这里介绍一个比较典型的正面例子，即飞机租赁。

飞机租赁一般都是通过 SPV 实现。对任何一家航运企业来说，购买飞机的成本都很高，因此更多地选择以飞机租赁的方式开展经营。据统计，全球航空运输业大概有 2/3 的飞机都是通过租赁方式运营的。大多数企业资产负债率一般不超过百分之六七十，否则杠杆率过高会导致太大的经营风险。但考察航空公司的财务报表则会使我们吃惊：大多数航空公司资产负债率超过 90%。普通投资者看到这个数据时往往觉得不可思议，但如果对这个行业有了更深入的了解，就会发现，这个行业有其特殊性，新旧程度不同的飞机有极具流动性的转让市场，加上保险后，一般都不太需要靠高资本来支撑。

具体怎么操作？航空公司在正常经营并做了充分保险的状况下，运营飞机可以获得稳定的现金流，转让市场透明可靠，这给飞机租赁企业带来了机会，可选择设计一个某个避税的 SPV 来经营飞机租赁业务。一方面，申请贷款或发行债券以获得融资，用以购买飞机；另一方面，将飞机租给航空公司，获取租金的同时，还可以帮助航空公司合理规避一些税费，大大降低其资本需求。对于航空公司而言，如果自己购买飞机要通过进口获得，这个过程中需要承担进口的各项税费：一则购买飞机本身要求较高的股本，二则进口环节还要缴纳关税和增值税。而如果通过租赁获得飞机，在使用上几乎和买的差不多，但可以用较低的股本来运行，还节省相关的税费开支。因此，飞机租赁非常流行，租赁公司通过设计 SPV 解决了很多问题，满足了各方面的需要，可以说是 SPV 发挥好作用的范例。

当然，SPV 要运行良好，还涉及相关的法律和税收制度安排，要有合理避税的空间，让那些金融工程的专业人士能够充分体现技能，创新出好的产品，满足各方需求。

城镇化融资创新

实际上 SPV 当前在我国也有运用，与典型 SPV 比较类似。但还有不那么准确的一个例子就是地方政府融资平台。对于地方政府融资平台，最初外国人的理解就是 SPV，在语言上也翻译为 Local Government SPV，这是因为地方融资平台的机制符合 SPV 的基本特征和定义。后来人们在翻译时取了一个更符合中文表达的名字，即 LGFV（Local Government Financial Vehicle）。但不管怎么翻译，其实质还是 SPV。

在我国快速城镇化过程中，一些地方政府想加快推进城镇化建设，需要大量的投入，但财政资金有限，怎么办？就考虑是否可以用未来的收入沿时间轴平移而用于现在，以弥补当前的支出缺口。城镇化发展后，基础设施、公共设施的不断完善会在未来得到稳定的回报，会使城市地价和租金提高，商业活动越来越繁荣，相应的其他税收也会提高，如果可以把未来可预期的收入挪到现在来用，可据此设计一个SPV。对于这个SPV，在我国现有条件下，通常通过向银行贷款的方式获得融资，也有发债获得融资的，以此来支持当前城镇化建设的资金投入。在地方融资平台这个SPV里面，放入的主要是城镇土地及其所代表的未来收益，并以此获得银行贷款。

应该说，这么做的确有不规范的地方，存在风险，有一些批评意见。在成熟市场经济中，实际上政府也做类似的事情，但一般不通过这种方式，而更多的是通过发行项目类市政债来实现，这些市政债通常也是通过SPV来发行的。城市政府在规划和建设某项市政基础设施或公共设施时，可合理预期周围土地未来会升值并得到商业开发，从而可以获得稳定的房地产税或物业税。这样，可把这一块未来的税收收入专门划出来，据此发行市政债，实际上就是用未来的税收收入来源作为当前发行市政债的偿还保证，从而获得融资，用于当前的市政建设投入。可见，市政债的操作在原理上与我们的融资平台差别并不大，但显然更规范一些，它依赖于未来合法的税收收入来源，而不是取决于一片土地的升值和出售。我们现在的地方融资平台更多地寄希望于这块土地未来的价值，借此偿还当前的贷款，这固然是一种SPV，但导致了很多问题。

当然，之所以出现这种现象，也与我国的相关法律环境有关。地方融资平台实际上很大程度上是为了规避现有的一些法律法规。如，我国《预算法》明确规定，地方政府不准打赤字，所以地方政府就想办法搞一个融资平台。在一些分析人士看来，这种行为实际上就是地方政府的隐性负债。我国《担保法》规定，地方政府除国务院批准外不得做担保，而融资平台就让这些界限变得模糊了。在财产税方面，目前我国还没有严格意义上的财产税，现在已经在上海和重庆实施房产税试点，但还没有上正轨，需要摸索一个阶段。而且，即使有了房产税，能不能据此设计SPV并用以筹资呢？恐怕还不行。这是因为我国现有的税收法规还没有相关规定,可允许房产税用于特殊目的,并可以放到 SPV 里。此外,目前我国也未允许城市政府发行市政债。

总之,要实现这样一种创新还有很多工作要做。这也与前面提到的体育运动例子相类似,即规则还没有发展演变到一定阶段时,很难开展新的竞技比赛项目,而只能限于原来的运行层次。规则的演变往往与需求有关,有时候进度比较慢,所以就有人想办法创新,在现有的层次之间提出一些新的办法,创造出介于中间的层次。回过头来看,多层次市场需要创新精神和环境,而创新既可能产生正作用,也有可能导致风险,需要我们认真研究。

影响金融创新的因素

前面说到金融创新时,实际上已经涉及了一些推动创新的基本因素,如法律上的规定、管制和税收规避等。下面重点从会计准则、资本充足率和金融监管等角度探讨影响金融创新的因素。

会计准则

在衡量金融创新的收益和风险时,很重要的一点就是用什么样的会计标准。现在全球主要有两个比较通行的会计准则,一个是美国的财务会计准则委员会(FASB)及其一般公认会计原则(GAAP),另一个是以欧洲为主的国际会计准则理事会(IASB)及其国际财务报告准则(IFRS)。这两个会计准则迄今仍有争吵。G20 峰会和金融稳定理事会(FSB)要求这两个准则能够尽快合起来,实现统一,这样才有助于全球资本市场发展得更加顺利。

中国过去实施的会计准则与国际会计准则相比,差距比较大,以至于现在回过头来看早期资本市场发展时,会觉得过去的一些做法匪夷所思，在当时那种不能真实反映企业财务状况的会计制度下，企业上市就这么一路发展起来了。不过，早期的案子还是非常多，后来花了很大的工夫来改进。1993年有了新版的会计准则和企业财务通则；亚洲金融危机之后有了新的认识，进一步推动了会计准则的修改完善；到2002年、2003年在减记和减值准备计提上有了更大的改变，实施了一系列的改革，也表现了与国际准则全面趋同的走势。这次国际金融危机后，我国正在推动会计制度向国际会计准则全面趋同，这将会使我国和国际上的差距越来越小。

为什么要提及会计准则呢？这关系到鼓励创新的利弊比较，会计制度好，创新时干好事多；会计制度差，创新则干坏事多。这涉及金融机构表内表外资产的会计和财务处理问题，涉及资产证券化和SPV怎么设计的问题，是与前面提到的金融工程产品创新紧密联系在一起的。因此，这方面的基础工作要跟上。

资本充足率

资本充足率要求可能大家都比较熟悉，这方面的要求比较明确，但实际上对于金融市场的不同分层，资本充足率要求也有比较复杂的方面。对于类似的金融产品、大体相同的金融交易，比如某个企业在某个市场通过不同的产品进行融资，其融资性质近似，但有些产品需要有资本支持，另外一些产品则基本不需要资本支持。这就是说，针对相同的融资目的来设计不同的金融产品，有可能节省资本，从而还能提高股本回报率。在当前，尽管金融危机后各国普遍加强了对资本充足率的监管要求，但这种基于节省资本的产品创新仍然非常活跃，是金融创新的一个重要方面。

举个例子来说明。现在商业银行大量从事自营交易和代客交易等业务活动。几个星期前，J. P. 摩根发生了20亿美元的交易损失，举世震惊。之所以发生这样的交易损失，有很多原因，这些原因也可以有不同的解读，但有一条是金融稳定理事会（FSB）和巴塞尔银行监管委员会（BCBS）都特别强调的，就是过去对交易（Trading）部门所需要的资本要求被大大低估了，所以这次危机的一条重要经验教训是要加大对交易活动的资本要求。过去计算资本充足率的时候，交易活动很多都不体现在资产负债表上，因此也不纳入所谓风险加权的资产来计算相应的资本要求。这样，交易部门可以用很小的资本，开展很大规模的交易活动，并往往能给商业银行带来很大的利润，从而得到各种激励。也正因此，我们可以看到，华尔街很多大明星、知名CEO都发迹于交易部门。事实表明，交易部门的确可以给银行赚很多钱，但在金融产品日趋复杂、杠杆率不断提高的情况下，一旦发生损失，也非常可怕，往往还会导致系统性风险。所以，要对交易部门及其交易活动提出更高的资本要求。

金融风险及监管

创新的一个重要目的是更好地管理风险，但创新也容易导致新的风险，这是这次国际金融危机的一个重要教训。这涉及金融监管问题，需要我们在支持金融创新的同时加强监管，否则容易出事。从我国的经历看，金融创新一旦出了大的问题，往往影响深远，所谓"一朝被蛇咬，十年怕井绳"，跌倒以后爬起来很不容易。因此需要处理好金融创新、风险防范和加强监管等方面的关系。

处理好创新、风险和监管的关系与我国市场经济的发展阶段有关。在我国改革早期，能搞清楚什么是股票、什么是债券已经很不容易了，那时候根本就不具备创新复杂产品和多层次市场的条件。如果贸然前行，就会有很大的风险。这方面我们也是有惨痛教训的，典型的例子就是国债期货。最近有人提出要恢复国债期货，之所以说要恢复，是因为这个产品过去曾经搞过，直到1995年发生"327国债期货"事件导致这个本来应该有用的债券衍生品被关闭了，到今年已17年。可见，金融创新要处理好风险问题，尽量少出事，需要加强监管。

我国市场经济发展阶段性的一个重要特征是伴随着体制转轨的过程，转轨总会有一定的摩擦，有改革的痛苦。要从过去的集中型计划经济向市场经济转轨，让市场在资源配置中起基础性作用。但这个过程初期会缺乏明确、有效的规则。比如刚才说的会计准则，一度与国际标准相差甚远；税收制度，还是停留在过去的产品税体系，1994年才开始施行增值税；银行不良资产分类还是传统的"一逾两呆"，直到1997年才开始试点五级分类法（真正实施还是到亚洲金融危机的影响差不多结束后）等。在这种制度建设相对滞后的转轨过程中，跌跟头、出乱子就特别多，而且金融业出事涉及的金额都很大，社会震动和对国民经济的影响也非常大，所以就容易导致过度反应，压制创新，在金融业实施过分严格的管制。

过去的这个历史过程也有其合理性，因为我们毕竟是从体制转轨一路发展成为新兴市场这么过来的。但是，经过这么一个阶段的改革发展，应该说，现在我们开始进入新的阶段。这时候人们就会感到现有的制度、规则开始束缚手脚了，就需要考虑如何推动更多的创新。这时候外部环境也给创新提供更充分的条件，往往可以创新出更多的产品及其层次，更好地为国民经济服务，更安全地融入经济全球化。

今天的题目是讨论资本市场的多层次特性，但并不是要去讨论如何建设多层次资本市场的问题，而是想通过一些例子说明，资本市场从产品、市场组织方式、投资者风险偏好、发行与交易方式等各个方面来讲，本身都具有多层次的特点，只是我们过去把这种特点简化了。随着经济越来越复杂化、越来越多样化，这些多层次特征正在不断自我表现。在这个过程中，是离不开金融创新的。如果我们的制度能支持金融创新，资本市场的层次就会比较丰富。如果制度障碍比较多，就不太敢支持金融创新，资本市场的多层次特性就不容易发挥出来。不管怎样，当前我们还是要重视和顺应资本市场多层次发展的要求和潮流，进一步推进改革，为金融创新扫除体制、机制上的障碍，以利于市场创造出更多的资本市场层次，为国民经济提供更好的服务。

| 金融市场创新与发展 |

吸取教训 以利再战[①]

周小川

很高兴参加本次"中国债券市场发展高峰会"。今天我主要谈一下中国的公司债发展问题,并对过去的经验教训做一个简单的回顾。

公司债涵盖了企业债等若干债券,其市场发展一直是大家普遍关注的问题。过去,我们在企业债市场发展问题上犯了不少错误,导致公司债市场发展极度低迷、尚未崛起。与我国发展较快的其他金融工具相比,尤其是在我国储蓄率较高、广义货币(M2)占 GDP 比例较大的背景下,我国公司债发展较慢,使其在国民经济中发挥的作用确实相当有限。同时,公司债市场发展滞后,还使我国金融市场融资结构很不合理,整个金融体系隐含了相当大的风险,很可能给社会经济发展带来比较严重的后果。当然,过去我们所经历的挫折和失误也有其时代背景,当时我们处在经济转轨的早期,计划经济色彩比较浓重,市场经济的思维、环境都还没有很好地建立起来。所以,回顾历史,我们并不是要追究谁做得不对,而是要从中吸取经验教训。党的十六届三中全会通过的《中共中央关于完善社会主义市场经济体制若干问题的决定》(以下简称《决定》)指出,要扩大直接融资,建立多层次资本市场体系,积极拓展债券市场,大力发展机构投资者。我们只有对过去存在的问题、犯过的错误有了深刻的认识,理出了清晰的分析主线,才能找到解决问题的有效途径,才能真正把党的十六届三中全会的《决定》精神落到实处。

[①] 本文为周小川行长 2005 年 10 月 20 日在中国债券市场发展高峰会上的讲话,后发表于 2005 年第 11 期《中国货币市场》。

一、过去我国发展企业债券过程中存在的问题

我们的企业债市场发展早期,即从20世纪80年代末到90年代上半期,可以说犯了一系列比较严重的错误,这些错误导致后来在市场的发展建设上"摔了跟头",一蹶不振。对此,我们需要进行充分的讨论。在此,我想列出"一打"(十二点)失误:

1. 对企业债券的发行额度、发行企业的个数等进行计划分配,而不是遵照市场经济规律决定企业债的发行。比如,企业债的发行额度是由政府逐级分配的,国家分配到省一级,然后再逐级往下分配。

2. 在对企业债的发行额度进行行政分配时,往往按"济贫"原则,把企业债额度作为一种救济,分配给有困难、质量较差的企业。

3. 没有完善的债券信用评级制度,无法给投资者一个准确的风险程度考量。

4. 不能向投资者提供可供分析的信息披露。一方面,在当时市场环境下,我国的会计准则不到位,企业做账和外部审计都不健全,能够提供的信息非常有限;另一方面,当时也没有强调信息披露,没有强调投资者应对披露信息进行充分的分析后再确定投资决策。

5. 行政性定价和对价格限额的管制。这样的定价既不能有效反映风险状况,也使债券的发行方和购买方无法进行有效的风险管理。

6. 行政性要求企业发债必须要有银行担保。当然,这和前面所说的问题密切相关,既然债券发行是计划分配的、价格是管制的,没有充分的信息披露和信用评级,又是面对大量散户来发行,自然就需要银行担保。但问题是一旦银行进行了担保,这个产品就不是典型意义上的企业债了。

7. 债券发行面向散户,而不是像国际上公司债的做法——主要面向有分析能力的机构投资者,即 QIB(合格机构购买者)。散户往往缺

乏足够的市场分析能力，风险承担能力也较差。

8. 没有建立有效的市场约束。市场机制能够对公司债的发行和交易产生自我约束作用，这种力量来自投资者对产品的判断和选择。这就是说，应该是由市场决定哪些企业的债发得出去，哪些企业的债发不出去，价格应该怎样，违约会有什么样的后果等。如果无法形成有效的市场约束，就会导致我们把过多的约束力量集中在行政监管上，从而产生一系列的问题。与市场约束相对应，在交易机制上应该建立以OTC（柜台交易）为主的、能够衡量对手风险同时又在价格判断上有相当大的灵活性的交易模式。

9. 没有进行足够的投资者教育。很多投资者当时在很大程度上把企业债券当做储蓄产品的变种，一旦出现违约等问题，往往就找政府，并要求承销商兑付。

10. 缺少一个完善的《破产法》。目前的《破产法》不能够在企业违约的时候由"破产"这个最后的威慑手段来对其产生约束，债权人在《破产法》中的权利也往往得不到正当保护。如果企业真正关闭破产了，起码这个企业的剩余资产是能够追究的。而我们目前的状况是，很多企业的剩余资产悄无声息地就消失了，一些发行企业不经过法定程序也无声无息地消失了。

11. 没有正确定位承销商的角色。过去在承销兑付方面计划色彩和行政干预也比较严重，承销商必须代管兑付，而且兑付不了还要承担责任。实际上，在公司债发行过程中，承销、代理销售、代行兑付的角色和承担债券兑付的角色责任上应当是完全不同的，是两个概念。对这些概念的混淆造成了很多后续的难题。

12. 在处理发行人违约问题上，行政干预更严重。对发行企业的违约行为通常不是通过市场约束原则来解决，而是出于保持社会稳定的目的，通过行政干预，要求承销商后续发行。这样，发行企业的违约责任就转嫁给了承销商，并导致承销商陷入泥潭。当前一些证券公司出现问题,需要清盘或重组,都可以看到当年承担企业债违约所留下的历史包袱。

二、对过去失误的分析主线

上述一系列失误是相互关联的,我们不能零星地、孤立地去考虑,而应当有整体思维,从中抽出分析问题的线索。我认为,我们可以从以下三条主线来分析:

一是思维主线。由于我国相当一段时期处于经济转轨过程中,经济生活中大量体现的是计划经济的思维。问题在萌芽时期之所以没有引起足够的重视,是因为我们自然而然地按照计划经济的思路去分析和解决问题。过去我们的一些做法,包括行政性的指标分配、价格管制、角色错误、信息披露缺乏,和对违约的处理等,都是计划经济思维,是不太了解市场经济及其环境,不了解市场经济下的做法和要求,研究得也不够,所做的努力也不足。当前看待这些问题时,我们就要尽量避免简单化,避免再重复计划经济的思路。

二是逻辑主线。市场定位错误可能是我国企业债一系列错误的逻辑根源。应该说,公司债应当卖给 QIB,因为 QIB 有较强的市场分析能力和风险承担能力。公司债发行往往比较快,手续简单。散户投资者由于分析能力和风险承担能力不足,必然导致依赖政府,政府就可能转而要求银行担保;还可能由于定价能力缺乏,导致行政性定价;当散户投资者面对违约时,又没有正当手段自我保护,就会把责任推回给政府,而政府为避免社会不稳定,又会通过行政干预的办法强制承销商承担责任,由承销商续发兑付,由此导致一系列扭曲和更为严重的后果。如果我们是由 QIB 来投资公司债,也就不存在上述那些相关联的问题。由此,从逻辑主线上来看,投资者定位问题可能是最关键的。

当然我们在新推出一个金融产品时,应该考虑尽可能丰富普通散户投资者的产品选择和投资渠道,但并不是所有的金融产品都适合普通投资者,我们应该开发或者引进一些更适合散户投资的金融产品。比如,今后我们可能还会推出更复杂的金融衍生产品,如果也对普通散户投资者放开,恐怕是很不合适的。

从国际经验看,在发达国家,公司债主要面向 QIB 发行,绝大部分是在 OTC 市场(柜台交易市场)进行交易,并强调对手风险和交易价格自主决定。当然也有一小部分的小额高等级债券通过交易所市场交易,采取自动撮合方式交易。由于这样的公司债等级较高,所以违约风险很低。此外,交易所往往对公司债交易设有限额,只允许进行小额交易,所有大额交易都通过 OTC 实现。也就是说,公司债主要是采取 OTC 交易机制。

以美国这样发达的债券市场为例,其 90% 的公司债是由机构投资者持有的,剩余 10% 是由个人持有的。这些个人投资者往往还是很富有、性质上接近于机构投资者的个人,并且他们购买的也基本上是等级非常高的公司债。之所以也有很少一部分低等级公司债在个人手中,往往是购买后企业业绩下滑,债券等级下降的缘故。

这样的局面就构成了以 QIB 和 OTC 为逻辑主线的公司债市场建设。如果违背这个基本逻辑的话,就会出现一系列问题。

三是环境主线。正如金融生态,公司债生存也需要有一个合适的生态环境,主要是指制度建设以及在制度方面的保障,包括好的法规(能够把公司债的相关内容进行清楚的法律界定)、会计制度提升(能够提供投资者需要的信息且不误导投资者)、信息披露的规范,以及破产法的完善等。

如果我们的思维对了、逻辑对了、环境也好了,就用不着那么多的管制,QIB 和 OTC 交易自然就会引导公司债市场得到长足发展,监管的任务也会相对减轻,因为市场约束力比较强。但是,当公司债大幅度扩延到中小企业、创新企业和创业企业时,监管任务会加重,包括一部分创新型中小企业是依赖债务融资发展起来、发展之后再通过发行上市和退出来取得回报的，这个过程中往往会有不公开、不透明、包装上市等操作。在这方面，美国的高收益债券（Junk Bond，又名垃圾债券）的发展可以提供一些借鉴。

三、解决问题的途径

如果我们分析问题的主线是清晰的，那么我们解决问题的途径也就会明确。

第一，我们一定要转变思路，必须从计划经济思路转向市场思维。如果过去的计划分配、行政审批和干预还继续存在的话，这个市场的发展前景还是非常令人担忧的。同时，不能再用老的计划经济思维来看问题、来分析过去的失误。有一些观点把非根本的、枝节的甚至是衍生出来的问题归结为上一轮债券市场发展失败的原因。因此像今天这样的会议把这类问题讨论清楚，显然是有好处的。

第二，入手解决问题的逻辑关系要找准。从逻辑上看，一个最佳的切入点就是让这个市场面向 QIB、交易以 OTC 为主，使有较强分析能力和风险承担能力的机构能够在这个市场中唱主角。从 QIB 和 OTC 入手，很多问题可以迎刃而解。在这种情况下，公司债券发行就不需要太多的审批和行政管制，因为它不是靠审批机构的把握，而主要是依靠信息披露、靠市场的约束，也不需要商业银行进行担保。即使是发行以后公司变坏，甚至出现违约，机构投资者也应能够判断和识别，并具有相应的风险管理能力，而不需要政府过多担心。

第三，加强环境建设、制度建设和改善生态，这是一定要做并需要不断完善的。应该看到，我们在这方面已经有非常大的改善，但是还需继续努力。这些年我们的会计准则有了持续改进，与国际水平不断接近；在披露和对披露的监管方面，要求提高了很多；《破产法》正在修订之中，估计新《破产法》对债权人的利益会有更好的保护。

总之，关键的切入点还是要发展 QIB 和 OTC，要通过发展 QIB 和 OTC 来培育我们的市场。

最后顺便说一下相关的一个问题，即中小企业融资问题。现在大家已经普遍认识到发展中小企业的重要性，对中小企业融资难问题也非常关注。对这个问题，我们应避免简单化的看法。发展债券市场和解决中小企业的融资问题，通常有两个办法。

一个办法是通过一些外部约束，使商业银行重视对中小企业的贷款。国际经验表明，当那些大公司、大企业和好企业开始更多地利用债券市场进行融资的时候，银行自然会觉得必须进一步面向中小企业，为中小企业提供融资服务。也就是说，市场分段是竞争机制"挤"出来的。现在商业银行认为对大型企业、好企业贷款是改善资产质量、降低不良资产的努力方向，所以我国的四大银行和一些股份制银行都很重视对大企业、好企业的贷款，这种判断和做法没有错。但是，一旦大企业、好企业更多地倾向于通过债市融资，商业银行对大企业、好企业的贷款就会受到影响，商业银行会得到信号，必须设立中小企业部，加强研究中小企业融资问题。从实践经验看，这种效果会很明显。

另一种办法就是发行中小企业债券。中小企业债券通常属于高收益、高风险的债券，在实际操作中风险较高，容易出问题。如果没有充分的准备，没有合理的市场定位和定价机制，发行中小企业债就不那么简单，匆匆发展中小企业债就难保不出问题。这涉及整个社会对公司债产品的了解程度，如果一开始发展的产品都是投资级别以下的、风险高的产品，是不是可行？这实际上关系到我国公司债市场的发展顺序问题，也就是说，我们是先把具有较高等级的公司债市场发展好了，然后再逐渐去发展信用等级低的、投资级别以下的债券市场，还是两种市场同时发展？对此，我们还需要进一步研究。从国际经验看，世界上很多国家都未能成功发展中小企业债券，真正比较成功的主要是在美国，但也曾出现了米尔肯（Michael Milken）事件，对市场发展产生了双面的影响。我认为，要想发展中小企业债，应认真研究一下米尔肯事件的那段经验教训。

总的来说，债券市场的发展是需要我们花很大力气去做的一件事，是市场前进的方向，前提是要把上面提到的历史教训基本弄明白。以上意见供会议讨论，并请大家批评指正。

| 金融市场创新与发展 |

总结经验，继续发展中国债券市场[①]

周小川

一、中国经济形势总体向好

从 2010 年前三季度的宏观经济数据来看，中国经济继续朝着宏观调控的预期方向发展，经济向好的势头进一步巩固。主要表现在：消费平稳较快增长，投资结构有所改善，对外贸易继续恢复，消费、投资、出口拉动经济增长的协调性增强；农业生产稳定发展，工业生产保持较快增长；就业形势好于预期，居民收入稳定增长。前三季度，实现国内生产总值（GDP）26.9 万亿元，按可比价格计算，同比增长 10.6%，增速比 2009 年同期提高 2.5 个百分点。总的来看，当前国民经济运行态势总体良好。

但也要看到，当前经济发展环境仍比较复杂。世界经济运行中的不确定因素不时出现，发达经济体复苏有所放缓，货币条件持续宽松，部分新兴经济体增长较快，但面临一定的资本流入压力。国内需求回升的基础还不平衡，民间投资和内生增长动力有待强化，持续扩大居民消费、改善收入分配、促进经济结构调整优化的任务依然艰巨。价格上行的压力需引起各方关注。

针对上述形势，我们将继续做好宏观调控，着力提高政策的针对性、灵活性和有效性；加强流动性管理，保持货币信贷适度增长；加大金融支持经济发展方式转变和经济结构调整的力度；稳步推进利率市

---

① 本文为周小川行长 2010 年 11 月 16 日在中国全球债务资本市场研讨会上的讲话。

场化改革，进一步完善人民币汇率形成机制；进一步推动金融市场健康发展。

二、中国债券市场取得长足发展

近年来，党中央、国务院出台了一系列政策措施，大力推动债券市场发展。2004年，国务院发布《关于推进资本市场改革开放和稳定发展的若干意见》，明确提出要积极稳妥发展债券市场，鼓励符合条件的企业通过发行债券筹集资金。历次全国金融工作会议文件和多次政府工作报告都强调发展债券市场。前不久发布的《中共中央关于制定国民经济和社会发展第十二个五年规划的建议》明确要求"加快多层次资本市场体系建设，显著提高直接融资比重，积极发展债券市场"。

根据国务院的统一部署，2005年以来，人民银行会同相关部门和业界按照市场化方向，在推动债券市场发展方面采取了一系列措施：减少行政审批，完善债券发行市场化机制；依托面向机构投资者的场外市场，发展公司信用类债券市场；建立健全市场化约束机制，逐步完善信息披露制度；建立信用评级制度和风险分担机制；完善投资者合法权益保护机制，加强投资者教育；强化市场自律管理，成立中国银行间市场交易商协会，对债券场外市场实施自律管理；大力加强托管结算、交易、清算等基础设施建设；稳步推进市场对外开放。

在业界和市场参与者的推动下，中国债券市场自2005年以来得到了快速发展。经过5年的发展，中国债务资本市场从小到大，取得了长足的进步。一是市场体系日益成型。已经形成了以银行间场外市场为主、交易所场内市场为辅，场内外市场并存、分工合作、互通互联的债券市场体系。二是产品品种日益丰富。顺应市场需求的短期融资券、中期票据、中小企业集合票据、地方政府债、汇金债等创新产品不断涌现。三是市场规模快速扩大。2010年前10个月，债券发行量达8.2万亿元，同比增长25%；截至2010年10月末，托管量达20.5万亿元，同比增长21%。市场规模已跃居亚洲第二、世界第六。四是市场主体不断丰富。市场发行主体从政府、大型国企、金融机构拓展到民营企业、中外合资企业、外资企业，市场投资主体现已涵盖银行、证券公司、基金公司、保险公司、信用社、企业等各类机构。五是基础制度不断完善。法律法规和有关市场规章制度互为补充，为维护市场秩序、保护各方权益提供了有力的制度支持。六是市场运行机制不断健全。债券发行管理不断优化，部分债券品种已采用注册制的市场化发行管理方式；市场化定价程度逐步提高，国债、金融债的市场化发行定价机制已经形成，信用债券的市场化发行定价模式也已初步建立并在逐步完善中；市场约束与激励机制逐渐发挥作用，信息披露制度对相关利益主体的约束力持续强化；推出信用风险管理工具，提供市场化的风险分散和转移手段。

三、市场自律组织开始发挥积极作用

根据政府管理市场方式转变的要求和市场发展的现实需要，市场成员于2007年9月发起成立了中国银行间市场交易商协会（NAFMII）。协会自成立以来，围绕"自律、创新、服务"的宗旨，组织市场成员发挥积极性和创造性，在加快中国债务资本市场发展方面发挥了积极作用。

协会从市场自律管理实际出发，按照市场化、专业化的原则，建立了非金融企业债务融资工具注册管理制度。注册制的实践和发展，大大提高了中国非金融企业直接债务融资的效率，市场规模迅速扩大。协会充分调动市场成员的积极性、主动性、创造性，初步实现了由监管主导型创新向市场主导型创新的转变，产品创新、制度创新、组织创新全面突破。在中期票据推出并快速发展的基础上，组织市场成员研究推出中小企业集合票据。为建立信用风险分担机制，组织市场参与者在充分借鉴国际经验的基础上，研究推出信用风险缓释合约。为加强市场基础设施建设，在充分调研市场需求的基础上，推动设立专业信用增进机构和信用评级机构。协会通过积极开展各项自律管理和服务，开始发挥有效和重要的作用。

四、中国债券市场发展仍有许多差距需要填补

近几年，中国债券市场的发展卓有成效。但与发达市场相比，债券市场在资源配置中的基础性作用发挥得还远远不够，仍然无法满足中国经济持续发展的需要，主要表现为：避险工具不足，风险分担的市场机制不完善，金融衍生品市场发展滞后；市场流动性有待提高，市场价格尚不能真实反映市场供求关系，收益率曲线有待进一步完善；机构投资者类型相对单一，同质化现象仍然比较严重；信用评级的社会公信力还有待提高；制约市场发展的法律、政策问题还有待解决，会计、税收等配套制度急需根据产品创新需要进行调整。总之，与成熟金融市场相比，发展不足仍是中国债券市场面临的最大问题。

五、总结经验，继续发展中国债券市场

必须尽快建立与国家经济发展相适应、与市场需求相吻合、具有国际竞争力的中国债券市场。

第一，继续坚持市场化改革方向，着力减少不必要的行政管制。当前制约我国债务资本市场快速发展的首要问题仍然是行政作用过度。不仅发行债券受到行政管制，而且金融机构投资债券也受到各种限制措施的管制。世界各国债务资本市场发展的经验表明，只有处理好有效监管和市场化发展的关系，才能有效地推动金融市场发展，防范市场

风险。

第二,继续坚持主要面向机构投资者和以场外市场为主的发展模式。信用类债券的违约风险是客观存在的,无法通过行政审批等手段消除,应通过市场化的方式进行识别和承担。机构投资者有专业化团队,具备风险识别、承担和处置的能力,而个人投资者限于专业能力往往无法有效识别风险。因此复杂金融产品不宜面向个人投资者,其他市场中发生过的教训要认真研究与吸收。债券产品由于信用风险、产品结构各不相同,难以标准化,而且交易规模大、交易需求多样,因此决定了债券交易适合机构投资者以询价方式在场外达成。综观世界各国债券市场,场外市场的比重相当大,多数超过90%。

第三,继续坚持夯实市场基础设施。国际金融危机爆发以来,各国都对危机成因进行了反思,美国于今年7月通过了新的金融监管改革法案。与美国金融基础设施建设不足不同,中国的场外债务资本市场自建立以来就有统一的中央托管体系、集中的交易平台,这些基础设施保障了中国场外债务资本市场运行透明、风险可控,但仍需要理顺市场托管机构的管理体制,实现交易、清算、托管结算系统的一体化和"无缝对接"。此外,还需要提高承销机构、评级机构、会计师、律师等中介机构的执业标准,实现与国际标准趋同。

第四,让市场自律发挥更大的作用。国际市场的经验表明,强化自律管理有助于完善市场监管体制。市场自律组织的作用集中体现在三个方面:一是自律组织更贴近市场需求,能持续有效地推进创新,可以避免政府部门推动创新不可持续、易于扭曲的缺点;二是自律组织可以促进政府监管部门与市场参与者的有效沟通;三是自律组织贴近市场、与市场参与者联系密切,可以更早地发现和识别重大风险。

第五,继续坚持对外开放。近年来,我国债务资本市场在"请进来"和"走出去"方面都取得了一定的进展,先后允许境内机构发行美元债券,允许国际开发机构境内发行人民币债券,允许亚洲债券基金、合格的境外机构投资者（QFII）和境外人民币清算行三类机构在境内投资债券市场，允许内地企业和金融机构赴香港发行人民币债券等。实践证明，债务资本市场对外开放在加快市场成熟化和市场建设方面都具有积极的意义，已有更大空间。

女士们、先生们，中国债务资本市场发展成就斐然、前景广阔、任重道远。我们将会同有关部门，继续推动金融改革，积极支持鼓励市场自律组织和市场成员开拓创新，努力吸收有益的国际经验，集思广益、锐意进取，推进中国债务资本市场的持续健康发展。

金融市场创新与发展

关于信用评级的若干问题及展望[①]

周小川

今天,我主要想讲讲信用评级的若干问题及展望。这是国务院布置,由人民银行牵头、有关部门和金融各界参加的一个研究课题。这个题目与当前的研究工作比较相关,也是需要予以前瞻性考虑的,信用评级不仅是对以前发生的现象进行评判,更需要对未来进行前瞻性预估。同时,这个题目可能也不像有些人想象的那样面很窄,信用评级很大程度上像一面镜子,可以照出本次国际金融危机中所暴露出来的很多问题,从而提供镜鉴、回顾和反思,并且从一个侧面观察金融市场演变的方向。

一、危机以来对评级业的评价和展望

这次国际金融危机以来,人们对评级业非常关注,特别是对国际三大评级公司的评级行为及结论给予了高度关注。从最初的次贷危机发展到国际金融危机,再到欧洲主权债务危机,全球金融市场对评级业总体来讲不太满意。人们本来希望评级公司能够事先发现重大潜在问题,但事实上评级公司并没有及时发现,其评级水平、方法和机制等受到了广泛质疑。有人对评级公司的评级程序及其内部使用的模型提出了质疑,认为需要改革和完善。有人提出了评级公司所面临的利益冲突问题(过去对会计师事务所也有过类似的批评),认为应该和其他第三方专业服务一样去审视其收费模式,避免潜在的利益冲突。此外,人们还普

[①] 本文为周小川行长 2011 年 12 月 25 日在中国经济前瞻论坛上的讲话。

遍认为，对于经济未来前景的看法应该是多样化的，在全球经济走势不确定的情况下，个别几家大的评级公司有过大的发言权是不太正常的，总体而言这个行业应该更加具有竞争性，也让评级使用部门更具有选择性和自我判断。

对此，评级公司也作了一些自我辩解，强调评级公司开展评级并不是对市场上的机构作出全面的评价，而仅仅是对其违约概率作出事先的估计，提供参考意见。

总体看，国际上对评级公司及其评级结果有以下几个方面的看法和意见。

一是对评级的水平和效果不甚满意，特别是对其前瞻性不甚满意。

二是评级业有可能在整个经济周期变动过程中起到顺周期作用，加剧宏观经济的周期性波动。宏观经济形势好的时候大家都很乐观，评级公司也未能例外，不断调升评级，导致市场过度乐观，出现经济过热和资产泡沫；出现经济衰退时，评级公司往往突然大幅下调评级，误导公众加重对形势恶化的估计，扩大波动性。从信息来源看，评级机构开展评级的重要依据之一是看企业的盈利能力和还本付息能力。在景气上升周期时，这些数字会比较好看，但在危机爆发或是危机深化阶段，这些数字就会变得比较难看。评级公司如仅参照这些数字而不能有更科学的分析框架和信息基础来开展评级的话，也会扩大顺周期性。危机后人们普遍认识到，应减少经济中的顺周期因素，宏观调控以及微观方面的投资应该更多地体现逆周期性。这里所指的周期，一般是指宏观经济的周期，是相对比较长的周期。

三是从短期的角度看，敏感时期的评级调整会加大经济金融系统的不稳定性。评级机构的风险评估如缺乏前瞻性，而在事中或事后进行评级调整，可能在较短时间内加大市场上下波动的振幅。在形势已发生变化时，评级结果剧升剧降，结果起到了什么作用呢？就是在情况好的时候，放大了对评级对象的乐观情绪，但事实上情况往往并不是那么好；而一旦暴露出了问题，马上予以降级，看起来就像落井下石，加重了事态的恶化。可见，评级公司可能在短期内放大评估对象的真实状况，加剧市场震荡。

四是评级机构运用的方法论与内部程序不够透明，行业垄断程度高，缺乏竞争性，评级机构内部业务之间有可能存在利益冲突，影响其独立性。典型的一个关切是目前发行人付费的评级收费模式，这实际上反映了评级机构商业化运作和保持独立性之间的矛盾。评级机构内部容易受到利益驱使而偏向发行人。

五是部分监管者和投资者过度依赖外部评级，容易产生道德风险和责任推诿，也使评级业对市场的影响力过于强大。这在后面还要进一步讲。

以上是从这次国际金融危机中国际、国内出现的对评级业的反思和评论。在这次危机中，尤其是在欧洲主权债务危机过程中，欧盟中一些国家对评级公司的评级调整和结论相当不满，美国人也对今年标普下调美国主权信用评级的做法提出了异议。G20 峰会一开始就把这个题目正式提出来，作为需要研究并进行改革的一个课题，特别指派金融稳定理事会（FSB）做专门研究并拿出方案。FSB 也已经向 G20 峰会提交了关于对金融稳定性评估的报告以及未来改革方向的建议，其中包括评级业。

在当前对评级业不甚满意的情况下，已出现各种努力，试图探讨建立更具有竞争性的评级行业，欧元区以及欧盟都提出要研究设立新的欧洲公共评级机构，打破现有国际评级机构的寡头垄断。同时还有意见提出，当前三大评级公司的模式并不是最佳的选择，可由政府性的研究部门在评级中发挥更大的作用。还有国家的领导提出，欧洲中央银行（ECB）应利用其独立超然的地位和丰富的信息资源在评级中发挥作用，开展评级业务。可见，评级业未来的体制及其前景，很可能将是丰富多彩的，会有很多新内容。

二、人民银行牵头研究课题的若干观点

下面我简单介绍一下由人民银行牵头、有关部门和金融界共同参加的关于信用评级课题研究的一些主要观点。这些观点也曾在一些国际场合上提出，并已反映在有关评级机构后续改革的讨论、建议和措施中。

(一) 减少对外部信用评级的依赖性

这是和 G20 以及 FSB 的主张相同的。在面对一件比较复杂、分析起来有困难、前景不确定的事物时，人们往往自觉或不自觉地寄希望于"高人指点"，期望按其意见行事。但是实际上经济中的复杂现象以及人类认知的有限性决定了很难有那样的"高人"。金融市场上也是如此，有很多研究机构和知名学者，但他们的看法不见得比市场参与者高明很多。这里有个逻辑判断：是否存在比其他人高明很多的智慧型评级机构？这个问题本身就是一个挑战。

在金融市场和各金融机构中，有很多人处于需要承担责任的状况，如各种风险管理人员或者交易人员，但他们可能不太愿意承担过大的责任，如果有第三方评级作依据，不管管理或交易做得对不对，都可以把责任推卸掉。现在金融机构内部有很多规定，如风险管理要依照评级机构的评级结果，内部激励机制（包括奖金的发放）也往往与投资品是否能够稳定在某个评级上有关。这样，管理人员或者交易员自己作判断就会减少。商业银行也有类似的情况，存在着责任推诿的现象，商业银行本来应该有能力搜集信息，对客户的经营和信用状况作出判断，但信贷员在决定是否发放贷款时，不愿意自己承担过多责任，于是就依赖客户的评级状况以及是否有担保来决定放贷，这样就可以减轻承担的责任。

无论是我们的课题研究还是国际上的研究都有一条结论,就是要降低对外部评级的依赖,特别是大型金融机构更是如此。大型金融机构不同于小型金融机构或一般的零售投资者,其内部应该有更充分的信息,有更强的研究能力,就应使内部评级占更大的比重,更多地作出自己对产品及其风险的评估。这样在一定程度上就可以减少由于少数机构做评级所导致的顺周期性和投资者盲目跟风状况。

大型金融机构降低对外部评级的依赖,需要清理过度使用评级的监管规定和内部规章制度。从监管规定看,有很多监管要求在对风险进行判断时要依靠外部评级,这一点需要改变,要尽量减少监管规则中对评级的过度使用,防止为其贴上"官方铅印"。从金融机构内部风险管理和激励机制角度而言,首先应要求大型金融机构大幅度减少对外部评级的依赖性,更多地依靠自身的研究,建立内部评级体系。当然,每个金融机构在数据收集、内部研究方面可能有不同的特色,若某机构在某些领域收集的信息比较多、研究能力更强一点,那在这些领域就应该更大幅度地减少对外部评级的依赖;在其他研究能力相对薄弱的领域,则可在一定程度上参考外部评级。这样,就可以加强大型金融机构的自主判断,让金融机构自己的主见在市场上占有相应的地位。

(二)避免评级的利益冲突

现有的评级行业收费模式是值得研究的。评级机构如何收费?向谁收费?由谁来选择指派评级机构?一种模式是发行人付费,哪个企业或机构要发债,就由该企业或机构付费并选择评级公司进行评级。这种模式前面已经分析了,可能会存在利益冲突,容易影响信用评级的独立性和客观性。另一种是现在我们正在探讨中的投资者付费并选择评级机构的模式,由投资者出钱给评级机构。这里面可能也有问题,如投资者的面比较大,今天你投了,明天他投了,很难确定谁应付费。一个解决的办法是可以由投资者的代表性机构，比如代表投资方的行业协会来作出选择并集中付费。这样，就有可能改变评级行业内部潜在的利益冲突问题，特别是改变过去广受指责的出钱买评级现象。

评级所承担的责任需要进一步加大。现在人们对评级机构，特别是国际性评级机构的期望值比较高，而评级机构则辩称其只是对机构或产品未来违约概率进行评估和提供参考意见，评估错了也不承担责任。从商誉角度看，如果某评级机构的评级经常出错，错误率高，其市场信誉自然就会下降，甚至面临淘汰，就很少有人使用其评级。因此评级机构实际上会十分注意其评级的正确性、注重自己的商誉。但从其承担经济责任的角度而言，评级机构不像那些市场参与者，在进行投资决策时不仅自己要作判断，同时也把自己的资金押到里面，需要真正承担风险。目前我们正在探讨的由机构投资者协会出资的评级收费机制，会有助于加强评级机构的责任意识，增加其正确评级的压力。

要建立适当的评级业竞争格局，不排除政府性机构、行业协会或社会研究机构等比较中立的部门参与设立新型评级机构，以加大市场竞争，打破垄断。前些年我国曾有过有效尝试，由中国社科院对一些地方和城市的金融生态状况进行评价，由人民银行研究经费出资，而不向地方政府收取任何费用。这个评价体系主要是考虑到中国在城镇化发展过程中，地方政府特别是城市政府会有大量的融资活动，这些融资活动涉及政府的信用问题。评价的内容主要是对一些地方和城市金融生态的评估，包括过去债务偿还的历史记录、公共建设项目选择的优劣、涉及债务诉讼时司法执法的力度等多个方面。这样，就可以给判断地方政府融资特别是市政债融资的风险性提供参考依据。

总之，我们要考虑尽量避免利益冲突，利益冲突的一个重要方面就是处理好业务指派和收费模式的问题，这是需要认真研究改进之处。同时，一些政府型或公众型的机构，以及代表投资人的机构，参与评级时在动机上较少受到发行利益的驱动。这些可有效加大评级市场的竞争性。

(三) 适度支持本土评级机构发展

与欧洲一样，今后我们要支持本土评级机构的发展，给本土评级机构发展留下更多的空间，促使它们未来成长为国际型的评级机构。评级行业需要依靠人才，依靠信息和数据积累，依靠丰富的经验，而且最后要由金融市场、由更广泛的投资者认可，因此是个中长期的过程。总体而言，我国评级业开展业务时间短、缺乏长时期的历史数据积累，反映违约概率的评级结果尚未得到实践检验，在技术改进、公信力建立等方面都还存在较大的差距。因此发展本土评级业还需要花工夫。本土评级机构最后能不能得到很好的发展并被市场广泛接受？还要在未来时点上看其历史记录，如果之前做的评级基本上总是正确，就会赢得认可和尊重，就会有很大的成长空间。反之，如果之前做的评级错误太多，就会面临被淘汰的危险。

可见，发展本土评级业很难一蹴而就，更不能拔苗助长，要脚踏实地、一步一个脚印地做。首先，要鼓励本土评级机构练好内功，加强自身内部建设，做好数据储备和分析，提升服务能力，不断积累商誉。要坚持开放式发展，国内评级机构可通过不同方式吸收国际评级技术和管理经验，增加外部竞争和内在动力，通过优胜劣汰、兼并收购等不断发展壮大。

同时，为本土评级机构提供更多发展机会，一个好的做法是，借鉴国际经验，实行双评级制度。对涉及本土金融市场的评级和金融产品的评级，如果需要选择国际三大评级机构，我们应在制度上规定，实行双评级模式，就是在选取一家国际评级机构的同时，须选取一家国内评级机构。当然这种模式可能又存在投资者如何参考国内的评级的问题，还有一个逐步发展的过程。在这方面，人民银行做了一些尝试，我们要求国际开发机构在境内发行人民币债券时，应进行双评级，其中一个评级结果须由我国本土评级机构评出。

此外，还有一些空白领域，本土评级行业可大有作为，因此，有一个领域选择和比较优势的判断问题。在主权评级方面，中国的主权评级历来比较低，我们也不满意，这些年逐步有所提高。好在中国目前外汇储备比较多，外债比例相对较低，也不怎么到国外去发债，因此主权评级的高低实际上意义并不是很大。今后随着我国金融业"走出去"步伐不断加快，在对一些与我国经济往来较为密切的新兴市场和特定国家，国际评级机构往往评级很差、区分不足，我国评级机构正好可以有所作为。另外，我国国内债券市场有很大的发展潜力，2004年国务院就有"国九条"，提出要大力支持直接融资的发展，提高直接融资的比重，其中一个重要的方面就是加快债券市场的发展。债券市场，除了国债、金融债以外，更重要的是公司类债券的发展，还有就是地方政府或城市级政府的融资活动，这些方面的评级有很大的工作量和潜在优势。而国际上的大机构对此不见得有什么特长，也没有太多的信息积累，应该说是相对空白的领域，确实有能发展起来的机会。在这些领域，应该支持国内评级机构发挥更大的作用。

在对国内评级机构予以扶持的同时，还要确立一条评判它们最终能否顺利成长起来的尺度，那就是市场的认可，是大多数投资者说了算，或者说投资者愿意参考其评级。这是最终的衡量尺度，不可能完全由行政或政府意志来强加。从这个角度也应认识到，评级机构的成长是一个中长期的过程。

（四）完善评级业的监管

评级业的监管方面，有一些工作需要开展并完善，主要是监管政策要能够协调和促进评级业朝着健康的方向发展；尽可能避免出现利益冲突；要求在方法论和评级程序方面提供充分的透明度，让公众了解评级的依据是什么，是用什么方法得出评级的；要有详细的历史记录，以通过这些历史记录，使公众和金融市场参与者能够考核评级机构评级效果的优劣，也可以看出投资者在多大程度上愿意参考评级机构的评级结论。

金融市场历来有各种不同的板块，不同的金融板块及其产品对评级的依赖程度是不一样的。一些产品不太需要依靠评级，但总体而言债券类产品需要较多地依靠评级。不同金融市场的板块、不同金融产品的评级在管理上有可能处于分散状态，涉及多个部门，因此存在分工协调的问题。从完善监管的角度来看，应该注重规则，加强协调，做好分工合作，发挥好各部门的合力，来更好地推动评级业的健康发展。

以上我介绍了关于评级业发展的一些情况及其展望。作为一面镜子，评级业发展状况反应的不仅是简单的评级行业自身发展问题。事实上，这个行业本身规模不太大，就业面也相对有限，但评级业联系了广大的金融市场，广泛地涉及金融市场板块及其产品，这些金融市场板块和产品对全球经济的作用是相当大的。正是从这个意义上来说，评级业务联系着广大的研究部门，需要去作认真深入的探讨。通过本次论坛我希望这个题目得到更多的关注，成为经济前瞻研究的内容之一，也更多地涌现前瞻性研究成果。

充分发挥黄金市场的投资避险功能[①]

周小川

我代表中国人民银行并以我个人的名义对"伦敦金银市场协会2004年全球贵金属年会"的召开表示衷心的祝贺。上海依靠其在全国经济中的凝聚力和不断改善的基础设施，正在发展各种类型的金融市场，无论外汇市场、债券市场、期货市场还是黄金市场，在中国都有着很强的连接与辐射能力。因此，能在上海召开2004年全球贵金属年会实在令人感到鼓舞和愉悦。

伦敦黄金市场是世界上最大的黄金市场，也是历史最悠久的黄金市场。1804年，伦敦取代阿姆斯特丹成为世界黄金交易的中心，1919年伦敦黄金市场正式成立，1982年伦敦黄金期货市场宣告成立。目前，伦敦黄金市场每周的交易额高达20亿～30亿美元，在世界黄金市场交易总量中的比重为43%，不仅是世界上最大的黄金销售市场，也是大多数国家中央银行进行官方黄金交易的场所，更是世界其他国家和地区黄金市场价格的主要决定者。

作为伦敦黄金市场行业的管理者，LBMA在世界黄金界中享有崇高的地位和良好的声誉。伦敦金银市场协会每年都要在世界不同的城市举办全球性的贵金属年会，这一年会已成为世界黄金领域中最重要的国际性会议之一。此次伦敦金银市场协会选择在上海举办2004年年会，为中国与世界黄金业的交流与合作创造了条件，必将进一步推动中国黄金市场的改革和开放。

[①] 本文为周小川行长2004年9月6日在伦敦金银市场协会2004年年会上的讲话。

与伦敦黄金市场悠久的历史相比，中国的黄金市场刚刚起步才两年。但在不长的时间内，中国黄金市场取得了长足的进步：市场规模明显扩大，投资比例较快增加，定价机制逐步形成，投资品种不断丰富，市场参与者数量增加。2003 年末，上海黄金交易所共有会员 108 家，2003 年黄金总成交量为 235.35 吨，金额为 229.62 亿元，实际交割量为 148.62 吨，而同年我国的黄金生产量为 200 吨，黄金市场显示出了良好的前景。

国际黄金市场和与会的黄金界同仁非常关心中国黄金市场的过去和现在，但大家更关心中国黄金市场改革开放的未来。借此机会，我想与大家一起讨论、探索未来中国黄金市场的发展方向。在我看来，中国黄金市场应当逐步实现三个转变：一是实现中国黄金市场从商品交易为主向金融交易为主的转变；二是实现中国黄金市场由现货交易为主向期货交易为主的转变；三是实现中国黄金市场由国内市场向国际市场的转变。

第一，实现中国黄金市场从商品交易向金融产品交易的转变。黄金是一种兼具货币、金融商品和一般商品多重属性的商品。虽然在世界范围内，黄金作为货币的功能逐渐减弱，但各种以黄金为标的的投资活动的活跃与发展表明，黄金仍有很强的金融性质，也是不可缺少的投资工具。在世界各大国际金融中心，黄金市场与货币市场、证券市场、外汇市场一起构成了金融市场的主要组成部分。

改革开放以来，黄金作为一般商品，特别是作为消费品已经进入我国城乡居民的消费领域。中国黄金市场形成后，社会公众和产金、用金企业的消费需求通过市场得到了满足。但是，黄金的投资和保值等金融特性的需求尚未得到充分满足，对作为金融产品的黄金交易还存在着一定的管制，黄金市场的投融资功能未能得到充分发挥。

如何实现中国黄金市场从商品交易向金融产品交易的转变？就目前的情况看，发展个人黄金投资业务是一个较为现实的选择。目前中国国内居民储蓄余额已高达12万亿元，推出个人黄金投资，将百姓手中的货币资产转变成黄金资产，从宏观上讲，可以拓宽储蓄转化为投资的渠道，调整货币供求；从微观上讲，通过藏金于民，可以提高社会福祉，利国利民。而且，由于黄金具有一般商品和货币商品的双重属性，是一种保值避险的良好工具，因此发展个人黄金买卖业务具有现实性。

第二，实现中国黄金市场从黄金现货交易向黄金衍生产品交易的过渡。目前国际黄金市场交易主要分为两大类型：一是传统型的黄金现货交易，在伦敦黄金市场、苏黎世黄金市场、香港黄金市场上交易较多；二是黄金期货交易，包括黄金期权、黄金远期和互换等，主要在芝加哥期货交易所、纽约商品交易所、中美洲商品交易所、东京工业品交易所进行交易。黄金衍生产品市场的发展和完善，可以有效地提高黄金市场规避风险和投融资的功能。

目前上海黄金交易所的主要交易形式是实盘黄金现货交易，随着中国黄金市场的成长，我们将逐步推出包括远期和期货在内的各种黄金衍生产品业务。今年2月和8月，上海黄金交易所已经在现货交易方式的基础上分别推出了T+5和延期交收业务，在一定程度上为满足企业锁定成本、增加保值功能，规避由于价格变动而引起的生产成本不确定性进行了有益的尝试。目前试交易的延期交收业务以首付款方式进行交易，可以由买卖双方协商提前交收，也可以按期交收或延期交收，成交价格为当日撮合价。此项业务的推出，一方面为产金企业和黄金需求企业提供了套期保值的可能；另一方面也为投资者提供了多元化的投资工具，丰富了市场的交易品种。在此基础上，人民银行还将研究在有效防范金融风险的前提下，逐步推出黄金远期和黄金期货产品。

第三，实现中国黄金市场由国内市场融入国际市场的转变。众所周知，目前中国的黄金市场还是一个较为封闭的市场，一是参与交易的会员仅限于国内的产金、用金企业和商业银行；二是黄金还不能实现自由进出口；三是不能同步与国际市场进行24小时的交易。因此，下一步，我们将加大黄金市场开放的力度，研究解决上述问题，加快中国黄金市场与国际黄金市场接轨的步伐，积极为中国黄金市场成为国际黄金市场的重要组成部分创造条件。

　　从中央银行的角度看，黄金市场的发展和完善还有利于完善货币政策调控工具和宏观调控体系。一方面，在现代金融制度下，黄金仍然具有明显的货币属性。虽然布雷顿森林体系解体后，黄金货币的价值尺度职能有所减弱，但目前黄金价格的变动依然是世界各国中央银行判断通货膨胀水平的重要参考。另一方面，各国中央银行仍持有相当数量的黄金作为国家储备。黄金储备与外汇储备以及在国际货币基金组织的份额共同组成了一个国家的国际储备，共同承担了抵御风险的职能。中国黄金市场的建立和发展，标志着包括货币市场、证券市场、保险市场、外汇市场在内的中国主要金融产品交易市场基本建成，中国金融市场体系更加完整，而一个完整的金融市场体系将为中国的宏观经济调控提供更加坚实有效的微观基础。因此，我们的目标是通过实现上述三个转变，建立安全、高效的黄金交易系统，充分发挥黄金市场的投资避险功能，促进黄金市场的发展。我们将与国际金融界人士，尤其是黄金界同仁为之共同努力。

附录三
词 汇 表

资产支持票据，Asset–Backed Medium–term Notes，ABN

证券公司资产支持专项计划，Asseted–Backed Security，ABS

亚太中央托管组织，Asian–Pacific Central Securities Depository Group，ACG

亚洲开发银行，Asian Development Bank，ADB

美国国际集团，American International Group，AIG

自动化交易系统，Auto Trade System，ATS

小额批量支付系统，Bulk Electronic Payment System，BEPS

国际清算银行，Bank for International Settlements，BIS

巴西期货交易所，The Brazilian Mercantile & Futures Exchange，BM&F

马来西亚衍生品交易所，Bursa Malaysia Berhad，BMD

中央对手方，Central Counter Party，CCP

全球中央对手方协会，Central Counter Party 12，CCP12

同业存单，Certificate of Deposite，CD

担保债务权证，Collateralized Debt Obligation，CDO

信用违约互换，Credit Default Swap，CDS

信用联结票据，Credit-Linked Note，CLN

企业贷款资产支持证券，Collateralized Loan Obligation，CLO

芝加哥商业交易所，Chicago Mercantile Exchange，CME

债务工具中央结算系统，The Central Money Markets Unit，CMU

支付结算体系委员会，Committee on Payment and Settlement Systems，CPSS

信用风险缓释工具，Credit Risk Mitigation，CRM

信用风险缓释合约，Credit Risk Mitigation Agreement，CRMA

信用风险缓释凭证，Credit Risk Mitigation Warrant，CRMW

中央证券存管机构，Central Securities Depository，CSD

美国存管信托和结算公司，The Depository Trust & Clearing Corporation，DTCC

券款对付，Delivery versus Payment，DVP

美国金融业管理局，The Financial Industry Regulatory Authority，FINRA

欧洲资产担保债券交易商协会，European Covered Bond Dealers Association，ECBDA

电子商业汇票系统，Electronic Commercial Draft System，ECDS

欧洲金融稳定基金，European Financial Stability Facility，EFSF

欧洲高收益债协会，European High Yield Association，EHYA

欧洲稳定机制，European Stability Mechanism，ESM

交易所交易基金，Exchange-Trade Funds，ETF

欧元银行同业拆借利率，Euro Interbank Offered Rate，Euribor

美国财务会计准则委员会，Financial Accounting Standards Board，FASB

金融部门评估规划，Financial Sector Assessment Program，FSAP

金融稳定理事会，Financial Stability Board，FSB

商业银行内部转移定价，Funds Transfer Pricing，FTP

二十国集团,Group of Twenty,G20

一般公认会计原则,Generally Accepted Accounting Principles,GAAP

国内生产总值,Gross Domestic Product,GDP

香港银行同业拆借利率,Hong Kong Interbank Offered Rate,HIBOR

香港交易所,Hong Kong Exchange and Clearing Limited,HKEX

大额支付系统,High Value Payment System,HVPS

国际会计准则理事会,International Accounting Standards Board,IASB

洲际交易所,Intercontinental Exchange,ICE

国际资本市场协会,International Capital Market Association,ICMA

国际金融公司,International Finance Corporation,IFC

国际财务报告准则,International Financial Reporting Standards,IFRS

国际货币基金组织,International Monetary Fund,IMF

国际证监会组织,International Organization of Securities Commissions,IOSCO

国际掉期与衍生工具协会,International Swaps and Derivatives Association,ISDA

日本证券交易商协会,Japan Securities Dealers Association,JSDA

伦敦金银市场协会,The London Bullion Market Association,LBMA

地方政府融资平台,Local Government Financial Vehicle,LGFV

伦敦同业拆借利率,London Interbank Offered Rate,LIBOR

贷款基础利率,Loan Prime Rate,LPR

抵押支持债券,Mortgage–Backed Security,MBS

中期借贷便利,Medium–term Lending Facility,MLF

宏观审慎评估体系,Macro Prudential Assessment,MPA

美国市政债券规则委员会,Municipal Securities Rule–making Board,MSRB

MVC 设计模式，Model View Controller，MVC

中国银行间市场交易商协会，National Association of Financial Market Institutional Investors，NAFMII

债券担保协会，National Association of Surety Bond Producers，NASBP

场外市场，Over the Counter，OTC

泛亚债券指数基金，Pan Asia Bond Index Fund，PAIF

私募股权投资，Private Equity，PE

金融市场基础设施原则，CPSS－IOSCO Principles for Financial Market Infrastructures，PFMI

支付管理信息系统，Project Management Information System，PMIS

抵押补充贷款，Pledged Supplementary Lending，PSL

合格境内机构投资者，Qualified Domestic Institutional Investor，QDII

合格境外机构投资者，Qualified Foreign Institutional Investor，QFII

合格机构购买者，Qualified Institutional Buyer，QIB

地方债交易商协会，Regional Bond Dealers Association，RBDA

房地产信托投资基金，Real Estate Investment Trusts，REITs

人民币合格境外投资者，RMB Qualified Foreign Institutional Investor，RQFII

清算账户管理系统，Settlement Account Processing System，SAPS

特别提款权，Special Drawing Rights，SDR

美国证监会，Securities and Exchange Commission，SEC

新加坡交易所，Singapore Exchange，SGX

上海银行间同业拆放利率，Shanghai Interbank Offered Rate，Shibor

新加坡银行同业拆借利率，Singapore Interbank Offered Rate，SIBOR

系统重要性金融机构，Systemically Important Financial Institutions，SIFIs

证券业与金融市场协会，Securities Industry and Financial Markets Association，SIFMA

常备借贷便利，Standing Lending Facility，SLF

特殊目的公司，Special Purpose Vehicle，SPV

全国证券交易自动报价系统，Securities Trading Automated Quotation System，STAQ

直通式处理，Straight Through Processing，STP

东京同业拆借利率，Tokyo Interbank Offered Rate，TIBOR

东京证券交易所，Tokyo Stock Exchange，TSE

世界贸易组织，World Trade Organization，WTO

参考文献

周小川. 国际金融危机：观察、分析与应对［M］. 中国金融出版社，2012：394 – 425.

周小川. 系统性的体制转变——改革开放进程中的研究与探索［M］. 中国金融出版社，2008：384 – 450.

周小川. 资本市场的多层次特性［J］. 金融市场研究，2013（8）：4 – 23.

周小川. 中国发展企业债券要吸取教训以利再战［J］. 中国工商，2005（10）：10 – 12.

周小川. 坚定不移地推进金融改革开放发展［J］. 人民论坛，2012（12）：8 – 11.

周小川. 继续发展中国债券资本市场［J］. 中国科技投资，2011（8）：6 – 7.

周小川. 全面深化金融业改革开放加快完善金融市场体系［J］. 中国金融家，2014（1）：38 – 41.

周小川. 金融危机中关于救助问题的争论［J］. 金融研究，2012（09）：1 – 19.

周小川. 人民币资本项目可兑换的前景和路径［J］. 金融研究，

2012（01）：1-19.

周小川. 金融政策对金融危机的响应——宏观审慎政策框架的形成背景、内在逻辑和主要内容［J］. 金融研究，2011（01）：1-14.

周小川. 金融改革发展及其内在逻辑［J］. 中国金融，2015（19）：11-17.

易纲. 中国改革开放三十年的利率市场化进程［J］. 金融研究，2009（01）：1-14.

易纲. 外汇管理方式的历史性转变［J］. 中国金融，2014（19）：15-18.

潘功胜. 金融生态建设与经济金融发展［J］. 中国金融，2013（13）：12-14.

潘功胜. 关于利率市场化的宏观思考——利率市场化、银行资本充足性与金融市场结构［J］. 金融会计，2014（01）：3-5.

潘功胜. 外汇管理助力"一带一路"建设［J］. 中国金融，2017（09）：9-11.

潘功胜. 中国票据市场的发展与规范［N］. 金融时报，2016-12-08（001）.

潘功胜. 银行间债券市场在改革创新中快速健康发展［N］. 金融时报，2017-8-29（001）.

中国人民银行支付结算司. 中国支付体系发展报告［M］. 中国金融出版社，2012—2016.

中国银行业协会. 中国票据市场发展报告（2014—2015）［M］. 中国财政经济出版社，2015：178-202.

黄金市场分析小组. 中国黄金市场发展报告［M］. 中国金融出版社，2011.

邢莹莹. 黄金本位制·黄金市场［M］. 经济科学出版社，2014.

孙华荣，张立庆. 同业拆借市场理论与实务［M］. 山东友谊出版社，1996.

杨文有，钟起瑞. 中外同业拆借市场比较研究［M］. 中国金融出版社，1996.

纪志宏. 债券市场的机制建设［J］. 中国金融，2017（01）：19－21.

纪志宏. 关于我国信贷资产证券化发展若干问题的认识［J］. 金融会计，2015（08）：5－10.

纪志宏，曹媛媛. 信用风险溢价还是市场流动性溢价：基于中国信用债定价的实证研究［J］. 金融研究，2017（02）：1－10.

徐忠. 中国债券市场发展中热点问题及其认识［J］. 金融研究，2015（02）：29－35.

徐忠. 中国稳健货币政策的实践经验与货币政策理论的国际前沿［J］. 金融研究，2017（01）：1－21.

徐忠. 建设全国统一的票据交易平台［J］. 中国金融，2017（1）：22－24.

邹澜. 进一步强化银行间债券市场的OTC内涵——基于融资格局变化的分析［J］. 中国金融，2007（8）：28－29.

蒋振声，金戈. 中国资本市场与货币市场的均衡关系［J］. 世界经济，2001（10）：32－35.

戴国强. 论我国货币市场发展的目标及路径［J］. 经济研究，2001（5）：38－44.

中国工商银行城市金融研究所课题组. 银行间市场基准利率体系选择及Shibor运行分析——兼析基准利率变动对商业银行的影响［J］. 金融论坛，2008（4）：3－8.

蒋贤峰，王贺，史永东. 我国金融市场中基准利率的选择［J］. 金融研究，2008（10）：22－36.

中国人民银行货币政策分析小组. 中国货币政策执行报告（2001—

2016). http：//www.pbc.gov.cn/zhengcehuobisi/125207/125227/125957/index.html.

焦瑾璞. 中国黄金市场的国际化发展. http：//www.rmb.xinhua08.com/a/20160509/1635933.shtml，2016-05-09.